AM ABGRUND DER UTOPIE

Gespräche
Aufsätze
Selbstporträts

Herausgegeben von

Eberhard Görner

Faber & Faber

für Frauke und Torben

Inhalt

Vorwort von Eberhard Görner

Unsere Nachbarn hängten zum Ersten Mai immer die Staatsflagge der DDR aus dem Fenster. Wir hißten die rote Fahne.
Ein Jahr nach dem Mauerfall, zum Tag der Deutschen Einheit, flatterte bei ihnen die schwarz-rot-goldene Fahne, allerdings prangte in der Mitte ein kreisrundes Loch. Sie hatten das Wappen der DDR, Hammer, Sichel und Ährenkranz, einfach herausgeschnitten. So brauchten sie sich keine neue Fahne zu kaufen.
Als ich im September 1944 das Licht der Welt erblickte, lag das Attentat auf Hitler gerade neunundvierzig Tage zurück. Noch im Dritten Reich geboren, war ich schon neun Monate später ein staatenloses Baby.
Durch die Gründung der Bundesrepublik Deutschland im Mai 1949 – die Amerikaner waren inzwischen, nachdem sie sich mit Stalin in Potsdam geeinigt hatten, aus unserem erzgebirgischen Bergarbeiterdorf abgezogen ins bayerische Hof und überließen uns der Roten Armee – wurde ich aus diesem politischen Vakuum befreit, indem man mir und meinen Eltern im Oktober 1949 die DDR zuteilte.
Mit dem Text ihrer Nationalhymne, die forderte, daß ein gutes Deutschland blühe, damit nie mehr eine Mutter ihren Sohn beweint, war die meinige sehr einverstanden.
Hinter ihr lagen Nationalsozialismus, Weimarer Republik und Kaiserreich, wo sie und die anderen Kinder in der Schule das Lied singen mußten: »Heil dir im Siegerkranz«. – Meine Mutter empfand die deutsche Geschichte als eine Geschichte der ständigen Fahnenwechsel, eines andauernden Verlustes an Liedgut, an Literatur und bildender Kunst.
Und nicht zu vergessen: Verrat und Mißtrauen waren ständiger Gast beim Abendmahl.
Wir Deutschen waren und sind Weltmeister im Zertrümmern von Architektur, wenn wieder einmal die Fahne ausgetauscht werden mußte, und wir schwanken gestern wie heute zwischen Größenwahn und Inferiorität.

Die Utopie vom deutschen Kaiserreich – Windhauch!
Die Utopie von Demokratie in der Weimarer Republik – Windhauch!
Die Utopie des Wahnsinns vom nationalsozialistischen, deutschbeherrschten Europa – Windhauch!
Die Utopie von Sozialismus und Kommunismus – Windhauch!
Die Utopie der Globalisierung ...

Als mir bewußt wurde, wie brüchig der Boden der deutschen Geschichte ist, auf dem die Biographien meiner Großeltern, meiner Eltern, Verwandten und Bekannten gewachsen sind, habe ich mich bemüht, für mein Leben eine Antwort zu finden. Ich bin buchstäblich auf die Suche gegangen nach meinem Wunschbild einer menschlichen Gesellschaftsordnung, auf die Suche nach Menschen, die bereit waren oder sind, etwas zu verwirklichen, obwohl es auf den ersten Blick einer realen Grundlage vielleicht entbehrt, die trotzdem nach dem Unmöglichen, anscheinend Unerfüllbaren streben, ohne in Schwärmerei zu verfallen.
Eine der wichtigsten ethischen Berührungen nach meinem Studium war für mich die Begegnung mit der französischen Sängerin Fania Fénélon in Berlin. Vor den Öfen von Auschwitz hatte sie ein Mädchenorchester gegründet. Die Musik rettete ihr Leben. Von ihr habe ich gelernt, was die Worte Toleranz bedeuten, Solidarität, Hoffnung, Glaube, Liebe.
Doch sie wußte sehr wohl auch um den Abgrund der Utopie unseres Seins. Die Realität ließ Wirklichkeitsfremdheit nicht zu. Bei einem Konzert in Leipzig – sie lebte, bevor sie wieder nach Paris ging, viele Jahre in der DDR – hat sie ein Musiker gefragt, ob die Nummer auf ihrem Arm ihre Telefonnummer sei.
Vor dem ganzen Orchester hat sie den Mann geohrfeigt, um sich danach ans Klavier zu setzen und weiterzuspielen ...

Jiskor Lübeck

Hans Keilson
1998/1999

Man hat mich eingeladen, heute am 9. November 1998 in diesem
Haus, der wiederaufgebauten Synagoge der alten Hansestadt
Lübeck, anläßlich der Wiederkehr des sechzigsten Gedenkta-
ges, an dem in Deutschland Synagogen angezündet wurden und
brannten, zu Ihnen zu sprechen. Die Feuer, weit sichtbar über
die Grenzen, sind Meilensteine, mal schwächere, mal stärkere
Signale eines Brandes, der einst, Jahrhunderte zuvor, nicht nur
in deutschen Landen gelegt war.
Die meisten unserer Feiertage, mit Ausnahme des Jom Kippur,
des Versöhnungstages, sind auch Gedenktage. Ihnen eignet die
besondere Verbindung von religiösen und historischen Faktoren.
Man kann sie nicht voneinander trennen, ohne die Geschichte
und die Existenz der jüdischen Minderheit in der Diaspora seit
der Zerstörung des Tempels im Jahr 71 durch die Römer unter
Titus in Jerusalem mißzuverstehen. Ein solcher Gedenktag ist
der 9. November nicht.
Ohne Zögern habe ich diese Einladung angenommen in der Gewißheit meiner Erinnerungen an die Zeiten, da ich noch mit meinen Eltern und meiner Schwester in Deutschland lebte, bis ich
im Herbst 1936 in die benachbarten Niederlande auswich. Dort
überlebte ich und blieb in der Hoffnung auf die Zeiten danach bis
auf den heutigen Tag und diese Stunde.
Des öfteren wurden in der Geschichte der Juden während der
Diaspora Synagogen angezündet und die Gläubigen, die in ihnen
Schutz suchten, mitverbrannt, wenn sie nicht vorher auf andere
Weise umgebracht worden waren. Die Geschichte der Verfolgung
der jüdischen Minderheit in der Galuth ist zugleich die wenig re-
spektable Geschichte ihrer Verfolger. »Die Geschichte der Juden
in Deutschland« des jüdischen Historikers Ismar Elbogen (1935)
und die unter dem Titel »Die Juden als Minderheit in der deut-

9

schen Geschichte« gesammelte Ringvorlesung des historischen Seminars der Universität Freiburg (1980/1981), herausgegeben von Bernd Martin und Ernst Schulin, berichten von Judengemetzeln und brennenden Synagogen zu Beginn der Kreuzzüge und in den folgenden Jahrhunderten. In dem endlosen Streit zwischen weltlichen und kirchlichen Machtstrukturen empfingen die jüdischen Gemeinden zwar mitunter Hilfe und Schutz von dem jeweilig amtierenden Kaiser, von Städten, Bischöfen. Aber die zwiespältige Haltung der weltlichen Machthaber wie auch die widersprüchlichen, durch Vorurteile präformierten Attitüden der Kirchen mit ihrem ambivalenten Verhalten zur Existenz der jüdischen Minderheiten schufen eine tiefe Rechtsunsicherheit, die auch für die folgenden Jahrhunderte ihre Auswirkung hatte. Die Synagoge war das Symbol, gegen das der Haß sich richtete. Noch in diesen Tagen erreichten mich Berichte aus Ihrem Lande. Vor etwa vierzehn Tagen sah und hörte ich auf einem der Fernsehkanäle die Schuldbekenntnisse protestantischer Kirchen aus dem Raum um Dresden über ihr Schweigen und ihr Abseitsstehen, als 1938 mit dem Anzünden der Synagogen die alten, sattsam bekannten Signale zur dann einsetzenden Judenverfolgung gegeben waren.

Ich erinnere mich genau an den Tag des Geschehens, an die Berichte des holländischen Radios, aber noch mehr an die unmißverständlichen, gesalzenen Kommentare der sonst moderaten holländischen Zeitungen zu den Ereignissen im Nachbarland. Ich erinnere mich an die Telefongespräche mit meinen Eltern, die damals noch in Berlin lebten, bis es mir gelang, sie zu uns nach Holland zu holen. Daß es schließlich nicht gelang, sie zu retten, auch das ist in diesen Gedenktag eingegangen.

Aber ich erinnere mich auch an meine nichtjüdischen Freunde damals in Berlin, an den unvergessenen Oskar Loerke, Lektor meines Verlages, und an seine Worte, die er mir sagte: »Machen Sie, daß Sie rauskommen, ich befürchte das Schlimmste!«

Auch andere, mein Freund Karl Friedrich Weiß zum Beispiel, Atomphysiker und Mitglied der Bekennenden Kirche, gaben ihren Befürchtungen für die Zukunft, nicht nur der meinen, sondern auch der Ihren, der Nation, Ausdruck und bestärkten meinen Entschluß, Deutschland zu verlassen, und halfen mir dabei. Nicht zuletzt gedenke ich meiner verstorbenen Frau Gertrud Manz.

Aber nicht über die Geschehnisse jenes 9. November 1938 will ich zu Ihnen sprechen – nicht über die Zerstörungen und die Ereignisse davor und danach. Sie sind in Ihrer Allgemeinheit und Aktualität bekannt. Ich stehe hier wieder in einer Synagoge in Deutschland. Dieser Umstand versetzt mich in Zeiten zurück, da ich als Kind mit meinen Eltern und meiner Schwester in einem kleinen Städtchen im Oderbruch lebte und wir dort unsere Feiertage in der Synagoge und im häuslichen Kreis begingen. Es sind wehmütige Erinnerungen, gewiß, sie tun weh wie so manche Erinnerungen, die später folgten. Es erfordert Mut, sie aufs neue aufzurufen.

Davon will ich Ihnen in Kürze berichten, von dem unscheinbaren Synagogengebäude, denn wir waren nur eine kleine Landgemeinde, und was ich darin erfahren habe von der Wärme, der Vertraulichkeit und Herzlichkeit, aber auch von der Bezauberung und Besonderheit eines althergebrachten Lebensstils, wie er sich dem Kind in den synagogalen Riten, den häuslichen Gebräuchen, den Segenssprüchen über Wein und Brot, jedoch am überzeugendsten in der Entzifferung der hebräischen Lettern darbot. In diese Buchstaben wurde eine Sprache eingeschrieben, deren Laute im Umgang des alltäglichen Lebens nicht gehört wurden. Daß es so etwas gab, wovon meine Mutter sagte, es sei eine heilige Sprache und Schrift, bleibt unvergessen. Der Einbruch des Religiösen in die Welt des Kindes läßt sich mit dem Begriff »heilig« nur unscharf beschreiben, aber auf jeden Fall war er gebunden an das Haus, in dem diese Schrift und Sprache neben der deutschen Sprache auch zu Hause war.

Im oberen Teil des Städtchens führte von der Hauptstraße eine kurze Seitengasse zu einer breiten, ausgetretenen steinernen Treppe, »Judentreppe« genannt, die an beiden Seiten von eisernen Geländern flankiert wurde. Sie begann am obersten, rechten Teil des Synagogengartens und lief, von diesem durch einen hölzernen Zaun getrennt, bis hinunter in die mit Kopfsteinen gepflasterte Fischerstraße, wo sich der Eingang zur Synagoge befand. Der Name »Judentreppe« kündete von der Nähe einer religiösen Stätte. Über diese steinerne Treppe gingen meine Eltern und wir Kinder und andere jüdische Familien mit ihren Kindern, um unten das schwer zu gehende Pflaster zu meiden, zuweilen von den Umwohnenden freundlich gegrüßt. Man kannte uns, und wir kannten die, die uns grüßten. Auch das gab es einmal! Zu den hohen

Festtagen waren unsere Mütter und auch wir Kinder festlich gekleidet. Die Männer trugen schwarze Zylinderhüte, wodurch so mancher, wie mein Vater, größer und feierlicher erschien, als es seiner Gestalt und innerem Zweifel entsprach.

Unsere Synagoge lag, etwas abseits, im unteren, kargeren Teil des Städtchens, in dem keine Villen, Geschäfte oder andere ansehnliche Gebäude standen, sondern nur einfache schmale Mietshäuser, ein Magazin, ein Schuppen. Hier speicherten einige größere Geschäfte an den Haupt- und Durchgangsstraßen ihre Vorräte und Materialien. Die Synagoge war gewiß ein etwas größeres und auffälligeres Gebäude als die benachbarten, aber ohne jede äußerliche Verzierung, wenn man es mit den Gotteshäusern anderer Religionsgemeinschaften im Städtchen verglich. Auch der innere Gebetsraum war nicht groß, außerhalb seiner Bestimmung ohne Kerzenlicht unansehnlich, ohne Putz, schmucklos und kahl, mit einfachen Glasfenstern, mit den steifen Reihen von hölzernen Bänken und aufklappbaren Pulten, Aufbewahrplätzen für Gebetbücher und Gebetsmäntel.

Auch der mit Gold schön bestickte Vorhang des erhöhten Thoraschreins hinter dem Altar vermochte diesen Eindruck nicht zu mildern. Nur die Anwesenheit von Menschen brachte die kühle Monotonie des Raumes zum Schwinden. Wenn zu den Festtagen die Juden aus den umliegenden Dörfern des Oderbruchs und von den märkischen Höhen aus Werneuchen und Tiefensee sich einfanden, begann der festlich erleuchtete Raum zu leben und zu glühen. Hier saßen oder standen die Männer in ihren Gebetsmänteln, beteten, bewegten ihre Körper hin und her, beugten sich tief oder unterhielten sich flüsternd, während der Vorbeter seines Amtes waltete.

Was man mit diesen Pultdeckeln zum Beispiel alles anstellen konnte, erfuhr ich erst viel später in den siebziger und achtziger Jahren nach dem Zweiten Weltkrieg in Budapest, wo man zu Purim die Pultdeckel in einem Heidenspektakel klappern ließ als Zeichen an »kodesch bocher«, wie man etwas salopp in gewissen jüdisch-holländischen Kreisen sagt, das ist »kadosch baruch hu«, der Heilige, gelobt sei ER – als Zeichen, sage ich, daß man überlebt hat, nicht viele eben, aber was soll's, die überlebt haben. Nicht als Dank oder Gelöbnis. Denn ein gläubiger Jude rechtet nicht mit den Menschen, den andern, sondern rechnet nur, wie Rachel einst, und, wie einer der verzweifelten jüdischen Kriegswaisen in den Niederlanden mir aufschrieb, mit dem Einen, der alles hört, wenn man zu ihm schreit. Aber ER antwortet nicht. Von der Eingangshalle her gelangte man über eine knarrende Holztreppe hinauf in das obere Stockwerk, wo eine Art Balkon in einem rechten Winkel entlang an zwei Wänden lief und den Innenraum in halber Höhe in ein Oben und Unten teilte. Hier, auf dem zweireihigen Balkon saßen die Frauen. So verlangte es die Tradition. Dem Kind jedoch bot diese Trennung neue Möglichkeiten zum phantasievollen Kontakt. Der Blick von oben nach unten und umgekehrt war offen und ungestört, man sah einander, nickte sich zu und verständigte sich auf diskrete Weise. Ich konnte von unten meine Mutter, meine Schwester und die anderen Frauen sehen, wenn sie standen oder sich über die Brüstung beugten und hinab auf uns schauten. Oder wir Kinder gingen hinauf, um sie zu besuchen. Meine Mutter hatte in ihrem Elternhaus eine gediegene religiöse Erziehung erhalten. Ich glaube, daß sie zutiefst empfand, wenn sie, versunken in stille Gebete, ihre Augen schloß. Sie war, im hergebrachten Sinn des Wortes, eine »glaubensstarke Frau«. Sie konnte die hebräischen Texte auswendig hersagen.

Ich sah, wenn meine Mutter an einem Fasttage, den sie treu auf ihrem Platz verbracht hatte, sich vor dem Schlußgebet erhob, uns verschmitzt zunickte und den Tempel verließ. Auch dies ein sich jedes Jahr wiederholendes Ritual. Wir Kinder fasteten zunächst einen halben Tag, bald rechneten wir es uns zur Ehre an, es den Erwachsenen gleichzutun. Wir wußten, daß der frühe Aufbruch der Mutter das Zeichen für die hungrigen Heimkehrer war, daß, wie jedes Jahr, ein festlich und reich gedeckter Tisch sie erwartete.

Unsere Synagogen hatten von jeher nicht nur eine religiöse Bestimmung im Leben der Gemeinden, sondern auch in der Welt. Sie waren oder sind ein Lehrhaus, ein Versammlungsplatz, ein »beth hamidrasch« der Gemeinden, wo ihre Mitglieder sich auch zu anderen Zusammenkünften einfanden, ein sozialer Treffpunkt, Ort der Zusammengehörigkeit, der Geselligkeit, des Ernstes, der Diskussion. Wenn während der religiösen Andacht im flüsternden, abseitigen Gespräch von Mann zu Mann, von Frau zu Frau, es zu bunt wurde, gebot der ehrwürdige Vorsteher, der alte Herr Putzig, von seinem Platz am ersten Pult durch ein schneidendes »Psst!« diesem Treiben ein Ende. Aber auch anderswo muß es so zugegangen sein. Hier, in einer sephardischen Synagoge in den Niederlanden, muß Spinoza die Idee des Pantheismus zuerst gedacht haben, von der Allgegenwart des Göttlichen selbst noch im banalsten Outfit.

Ungefähr seit meinem sechsten Jahr war ich unten in der Synagoge, wo die Männer ihr Reich hatten, an der Seite meines Vaters und sah mit Bewunderung – oder war es doch mehr Verwunderung? –, wie er mit dem Zeigefinger seiner rechten Hand dem Text des Gebetes, den der Vorbeter vortrug, zu folgen trachtete und dabei, wie es die übrigen Männer taten, leise eine Melodie mitsummte, die ich bisher noch nie gehört hatte. Er war kein großer Sänger. Aber er konnte gut pfeifen. Als Soldat im Ersten Weltkrieg wurde er bei Nachtmärschen in Frankreich zusammen mit anderen ausgewählt, pfeifend an der Spitze der Truppe zu marschieren. Ja, mein Vater war Soldat im Ersten Weltkrieg. Er wurde sogar mit dem »Eisernen Kreuz« dekoriert. Der Dank des Vaterlandes ist euch gewiß!

Die »Jüdische Rundschau – Allgemeine jüdische Zeitung«, Berlin, den 7. August 1914, veröffentlichte damals folgenden Aufruf: »Deutsche Juden! In dieser Stunde gilt es auch für uns zu zeigen, daß wir stammesstolzen Juden zu den besten Söhnen des Vaterlandes gehören. Der Adel unserer vieltausendjährigen Geschichte verpflichtet. Wir erwarten, daß unsere Jugend freudigen Herzens freiwillig zu den Fahnen eilt.

Deutsche Juden! Wir rufen euch auf, im Sinne alten jüdischen Pflichtgebotes mit ganzem Herzen, ganzer Seele und ganzem Vermögen Euch dem Dienste des Vaterlandes hinzugeben.« Unterzeichnet: »Der Reichsverein der deutschen Juden. Zionistische Vereinigung für Deutschland.« Und: »Wir schließen uns dem Aufruf des Reichsvereins der Deutschen Juden und der Zionistischen Vereinigung für Deutschland an. Wir vertrauen, daß unsere Jugend durch die Pflege jüdischen Bewußtseins und körperlicher Ausbildung in idealer Gesinnung und Mannesmut erstarkt, sich in allen kriegerischen Tugenden auszeichnen wird. Das Präsidium des Kartells jüdischer Verbindungen. Der Ausschuß der jüdischen Turnerschaft.« Vielleicht ist es sinnvoll, auch dieser Texte zu gedenken.

Außerdem enthielt die Titelseite der Zeitung noch einen redaktionellen Kommentar mit der Überschrift »Feinde ringsum!«. Er strotzt von Gehässigkeiten gegen das »Moskowitertum«, gegen

»alte europäische Kulturstaaten ..., die sich mit den Erbfeinden aller Gesittung und aller Freiheit verbinden, um das ›Land der Kultur‹ zu vernichten«, und »wir kämpfen für die Wahrheit, wir kämpfen für das Recht, wir kämpfen für die Freiheit menschlicher Kultur«.

Im Tempel jedoch konnte mein Vater seine Künste nicht beweisen. Mir wurden in der Folgezeit die Gesänge vertrauter, und ich sang sie »aus voller Kehl und frischer Brust« mit, wie in späteren Jahren, als Stütze der zweiten Stimme im Schulchor, die Lieder mit ihren völlig anderen Inhalten und Tonarten unter dem unvergessenen Musiklehrer Edgar Rabsch. Sein Name soll auch hier genannt werden, er ist einer der fünf Männer, derentwegen Ninive nicht verwüstet wurde. Rabsch war auch Organist an der protestantischen Nicolai-Kirche oberhalb des Marktplatzes, gegenüber unserer Wohnung. Wir sahen ihn jeden Sonntagmorgen, wenn er, eilenden Schrittes, unter dem Arm die verschlissene Tasche mit Noten geklemmt, sich mit seinem Gefolge zum Dienst in die Kirche begab. Oft holte er mich an Wochentagen, um den Luftbalgen zu treten, wenn er Orgel spielte. Eines Tages erschien er im Geschäft meines Vaters. Er fragte meine Eltern, ob sie gegen meine Mitwirkung an einem Chorwerk unter seiner Leitung während des Dienstes in der Kirche etwas einzuwenden hätten. Anderthalb Jahre zuvor war ich »Bar Mitzwah« geworden, aufgenommen in die religiöse Gemeinschaft der volljährigen jüdischen Männer.

Ich konnte den Minjam komplettieren. Das heißt, wenn zum Gottesdienst nur neun Männer anwesend waren, und ich kam hinzu, war ich der Zehnte. Und der Gottesdienst konnte beginnen, aus der Thora vorgelesen werden. Ich war sehr stolz, der zehnte Mann zu sein. Meine Eltern stimmten zu. Sie hatten nichts gegen meine Mitwirkung einzuwenden. Sie wußten, daß ein Mensch mit einer festgefügten Identität mehrere Loyalitäten haben kann, ohne Verrat zu begehen. Und ich lernte, daß der Begriff »heilig« etwas mit Respekt vor dem »anderen« zu tun hatte. Aber nicht nur im Tempel, auch im häuslichen Kreis waren es Festtage. An den »Jamin Noraim«, den hohen Festtagen, hatten mein Vater und die anderen jüdischen Geschäftsleute ihre Läden geschlossen. Man ging draußen im Brunnental spazieren, besuchte einander, wir Kinder hatten offiziell schulfrei, oft zum Neid der anderen Schulpflichtigen. Es war, als halte auch unser

Städtchen mit uns seinen Ruhetag, als bestünde ein stilles Einvernehmen zwischen den Bürgern.

Daß sich die Verhältnisse später anders, gewalttätiger anließen, straft die im nachhinein offenbar gewordene Wahrheit der hier dargestellten Idylle nicht Lügen. So erfuhr sie das Kind. Älter geworden erkannte es, daß die brüchige Wahrheit nur die halbe Wahrheit war.

Ich erinnere mich – es muß im letzten Kriegsjahr 1918/19 gewesen sein –, als plötzlich zwei russische Soldaten während der Feiertage im Tempel erschienen. Sie suchten auf der hintersten Bank ihre Plätze. Es waren zwei hochgewachsene, schlanke, noch junge Männer. In ihrer Uniform sahen sie gut aus. Es waren Gefangene, natürlich, aber niemand wußte, wo sie eigentlich herkamen. Der Vorsteher gab ihnen zwei Gebetbücher. Sie nahmen am Gottesdienst teil. Am Ende der Andacht, wenn sich alle Anwesenden ein »Gut Jontef« wünschten, das heißt einen guten Feiertag, und sich die Hände schüttelten, reichte man auch ihnen die Hand. Es waren Gefangene und Juden.

Sie blieben verlegen in ihren Bänken stehen. Plötzlich waren sie wieder verschwunden. Ein paar Tage später sah ich sie hinter dem Rathaus auf einer Bank vor einem kleinen Gebäude sitzen, das einmal als Gefängnis eingerichtet war. Sie lasen. Ich wagte nicht, mich ihnen zu nähern. Es waren schließlich gefangengenommene Feinde. Nach einer Woche sah man sie nicht mehr.

Am »Jom Kippur«, am Versöhnungstag, einem der »Jamin Noraim«, der hohen Festtage, wurden wir Kinder kurz vor dem Ende des Morgengebetes von unseren Eltern angehalten, den inneren Raum der Synagoge zu verlassen. Plötzlich veränderte sich im Raum, auf eine geheimnisvolle Weise, die Haltung der Erwachsenen. Als ob wir Kinder auf einmal nicht mehr dazugehörten, hieß man uns auf eine umsorgte, liebevolle Weise gehen. Im Laufe der Jahre lernten wir von selbst, wann der Zeitpunkt gekommen war, in den hinter der Synagoge höher gelegenen terrassenförmig angelegten, kleinen Garten hinaufzusteigen und zu warten, bis man uns wieder einließ, die Knaben unten zu den auf harten Bänken sitzenden Männern, die Mädchen oben auf die Galerie zu den Frauen.

Wir Kinder kamen als strahlende Helden zurück zu unseren Eltern. Sie empfingen uns, als kämen wir wohlbehalten von einer großen Reise zurück. Sie liebkosten uns, und wir waren froh, wieder bei ihnen zu sein. Viele Frauen hatten geweint. Wir wußten nicht warum. Jedes Jahr vollzog sich das gleiche Spiel von Trennung und Wiedersehen. Natürlich versuchten wir Kinder von außen, Laute von drinnen zu erforschen. Aber wir hörten nur den verhaltenen Gesang des Vorbeters und die gedämpfte Antwort der Gemeinde. Es blieb ein Geheimnis.

Bis ich, dreizehnjährig, den Raum nicht mehr zu verlassen brauchte. Meine Eltern und die anderen Erwachsenen gedachten ihrer Toten, ihrer Eltern und all derer, die ihnen nahegestanden hatten. Wir Kinder hatten ja noch unsere Eltern, was sollten wir mit ihrem Gedenken der Toten anfangen? Aber heute erscheinen mir diese Erklärungen nicht mehr hinreichend, nach meinen Erfahrungen mit den jüdischen Kindern in den Niederlanden, die durch Verfolgungen Waisen geworden waren.

Auch die Synagoge, in der ich zu Hause war, wurde in den Tagen des Pogroms zerstört. Sie ist nie wieder aufgebaut worden, es gab ja auch keine Juden mehr in dem Städtchen. Als vor einigen Wochen oben am Anfang der »Judentreppe« ein Gedenkstein gesetzt wurde, lud man mich ein. Ich war der einzige Jude in der Stadt bei dieser schlichten Feier. Vor Jahren hatte man mich zum Ehrenbürger ernannt. Eine ausgestreckte Hand kann ich nicht verweigern. Schien es lange Zeit, daß die Brände nur den Juden als Opfer galten, heute weiß man, daß schließlich auch die Brandstifter, diejenigen, die den Brand gelegt hatten, Opfer ihrer eigenen Taten sind. Jedes von einer Obrigkeit angezettelte Pogrom ist ein urtümliches Harakiri, lautet ein Satz des schweizerischen Dichters und Kritikers Max Rychner. Er enthält eine Wahrheit, die auch das heutige Gedenken durchzieht. Bereits der Historiker Theodor Mommsen hatte im Berliner Antisemitismusstreit 1880 auf die Forderung seines Kollegen Heinrich von Treitschke, die Gleichstellung der Juden aufzuhalten, vor einem selbstmörderischen Nationalismus gewarnt. Von Treitschke stammt der berüchtigte Satz: »Die Juden sind unser Unglück.« Auch Haß kann eine Brandfackel sein.

Was können wir tun, daß unsere Kinder nicht mehr Opfer der Verfolgung werden?

Diese Frage stellte eine Frau dem bekannten Amsterdamer Advokaten und brillanten Schriftsteller Abel Herzberg, der Bergen-Belsen überlebt hatte. Herzberg sah die Frau einige Zeit schweigend an. Dann sagte er, gefaßt und mit voller Überzeugung: »Die

Frage ist falsch gestellt. Sie muß lauten: ›Was können wir tun, daß Kinder nicht mehr zu Brandstiftern, Henkern und Henkersknechten erzogen werden.‹«

Ich gedenke meiner Eltern, sie sahen die brennenden Synagogen in Berlin. Ihr Leben wurde in Auschwitz beendet. In ihrem Tode ist mir der gewalttätige Tod aller Juden gegenwärtig. Und in deren Tod gedenke ich zugleich aller anderen, die umkamen. Aber ich gedenke heute auch meiner Freunde in den Niederlanden, die mich retteten, ich gedenke auch meiner Freunde im vormaligen Deutschland, die mich warnten, noch bevor die Synagogen brannten.

Und ich frage zum Schluß: Welche Sehnsucht lebt in unserem gemeinsamen Gedenken? Welches Verlangen treibt uns an?

Ich hoffe, daß diese Synagoge und alle anderen im wiedervereinten, neuen Deutschland nie mehr angezündet und verbrannt werden.

I

»Der Leutnant Yorck von Wartenburg« oder Antifaschismus in der DDR

Eberhard Görner
1994

Der Grund, mich mit einer Verfilmung der Novelle von Stephan Hermlin »Der Leutnant Yorck von Wartenburg« zu beschäftigen, war unspektakulär. Ich hatte von 1970 an für die Reihe »Polizeiruf 110« als Dramaturg und Autor gearbeitet und die Reihe konzeptionell mit aufgebaut. Sie war sozusagen auch mein Kind, und der Erfolg dieser Reihe war auch mein Erfolg. Mitte der siebziger Jahre wurden manchmal bis zu acht Filme im Jahr gesendet, so daß sich langsam eine gewisse Erschöpfung einstellte. Die Strickmuster, die der Kriminalfilm benötigt, verbrauchten sich.

Gleichzeitig warf die intensive Auseinandersetzung mit der DDR-Realität, die sich in diesen Filmen widerspiegelte, immer mehr Fragen auf: Wohin geht es mit unserem Land, in welche Richtung wendet sich die Kunst, wie ist es um die Wahrheit zwischen künstlerischem Anspruch und wirklicher Qualität bestellt?

1972 waren wir mit dem Honecker-Ausspruch: »Es gibt im Sozialismus keine Tabus, die vom Boden des Sozialismus ausgehen«, alle zusammen ganz glücklich. Wir konnten uns relativ frei in unseren Themen bewegen, und ich kann mich im Zusammenhang mit »Polizeiruf«-Geschichten an wenig Restriktion erinnern. Es wäre gelogen, wenn ich sagen würde, wir hätten da irgendwelche Auflagen bekommen. Wir konnten das, was uns damals bewegte, abbilden, von Sexualität an Kindern und bestimmten Themen, wie etwa der mangelhaften Informationspolitik, abgesehen. Mit so einem Stoff – »Der Messerstecher«, Erich Loest hatte ihn an mich herangetragen – bin ich einmal gescheitert. Aber sonst konnte man das erzählen, was man für wichtig hielt. Man kann sich die alten Filme aus der Reihe »Polizeiruf 110«, die bis heute immer wieder mit Erfolg in den 3.

Programmen der ARD gesendet werden, ansehen. Sie sind nach wie vor spannend, interessant, und sie stellen eine kritische Reflexion der DDR-Realität dar.

Mir allerdings war die Weiterarbeit an dieser Reihe, wie gesagt, zu eintönig geworden. Und so wurden mir Literaturadaptionen als ein anderer Blick auf die Welt wichtiger.

1976 durfte Biermann nach einer Reise in den Westen nicht mehr in die DDR zurückkehren, und das hat auch das Fernsehen regelrecht erschüttert. Ich kannte damals von Wolf Biermann überhaupt nichts und begriff zunächst auch nichts von der historischen Dimension jenes Machtmißbrauchs seitens des Staates DDR. Ich habe diese Aufregungen nur gefühlsmäßig mitbekommen, habe erlebt, wie sich meine Abteilung im DDR-Fernsehen in Fraktionen spaltete, welche Erklärungen in die Zeitungen kamen und was für ein Druck auf uns als SED-Mitglieder ausgeübt wurde. Die Parteiversammlungen verliefen wie im Fieber. Ich geriet zunehmend in Zweifel zur kulturpolitischen Praxis der regierenden Partei.

Im Jahre 1979 ist mir für 1,25 Mark in Bad Freienwalde in einer Buchhandlung, die ich regelmäßig besuchte, weil ich ja seit 1972 in dem märkischen Städtchen lebe, das kleine Buch »Der Leutnant Yorck von Wartenburg« in die Hände gefallen. Ich war davon regelrecht elektrisiert, weil da Gedanken standen, die mit meiner persönlichen Suche nach Gründen zu tun hatten, warum – trotz der unaufhörlichen selbstgefälligen Sprüche – alles immer mehr erstarrte. In dem Büchlein waren Sätze zu lesen wie: »... fast gleichzeitig fühlte er, daß er die Diktatur nicht länger aus den gleichen Gründen verachten konnte, sondern daß er sie neuer Erkenntnisse wegen haßte.«

Bis ich das las, war mir nicht bewußt gewesen, daß ich in der DDR – wenn auch mit dem Nazi-Reich in keiner Weise vergleichbar – tatsächlich in so etwas wie einer Diktatur lebte.

Anfangs hatte ich mich mit diesem Land identifiziert. Ich war stolz auf mein blaues Pionierhalstuch gewesen, dann auf das blaue Hemd der Freien Deutschen Jugend mit der aufgehenden Sonne auf dem Ärmel. Schule, Lehre, Studium, Kandidat der SED – da war kein Bruch. Die DDR hat meine Biographie befördert und mich in meiner künstlerischen Suche nicht behindert. Unter anderen Umständen wäre ich möglicherweise auf andere Themen gekommen. Aber nun riß mir plötzlich so ein Satz den

Schleier weg. Ich habe in der Figur des Peter Yorck von Wartenburg eine Möglichkeit gesehen, mich auf einer anderen Ebene
mit der Frage nach meinem eigenen Gewissen auseinanderzusetzen. Wie weit konnte ich mich noch mit dem DDR-System
identifizieren, wie wäre dieses System zu reformieren und wie
hätte ich mich dabei engagieren können? Als künstlerischem
Mitarbeiter des Fernsehens der DDR, das sich ja, angeleitet von
der Abteilung Agitation und Propaganda beim Zentralkomitee
der SED, als »Instrument der Partei der Arbeiterklasse« verstand, stellte sich mir das Problem, daß mir dieses Instrument
einfach nicht mehr zur Verfügung stünde, wenn ich mich gegen
die sich ausbreitende Agonie zur Wehr setzte.
Ich begann mit der Arbeit am Film-Drehbuch zu »Der Leutnant
Yorck von Wartenburg« ohne Auftrag und ohne Wissen des
Fernsehens, nur mit der Motivation, einen Film zu machen, der
mir wichtig war.
Ich bin mit dem fertigen Drehbuch zu Stephan Hermlin gegangen, den ich bis dahin nicht kannte und von dem ich bisher
nichts gelesen hatte. Ich habe ihn in der Akademie der Künste
angesprochen und ihm gesagt, daß ich nach seiner Erzählung
ein Drehbuch geschrieben hätte und ob er einverstanden wäre,
wenn ich es dem Fernsehen als Vorschlag unterbreitete. Da war
er ein bißchen pikiert und meinte, ich hätte ihn ja fragen können. Aber nun sei es passiert, und ich solle ihm das Drehbuch
zukommen lassen.
Damals habe ich nicht gewußt, daß Hermlin 1979 intensiv darüber nachgedacht hat, die DDR aufgrund der Biermann-Ge-
schichte zu verlassen. Ich habe auch nicht gewußt, was Hermlin
vorher mit der DDR an Konflikten, aber auch an Gemeinsamkei-
ten ausgestanden hatte. Ich wußte zum Beispiel auch nicht – das
wurde mir später gesagt –, daß dem Fernsehen von Honecker
persönlich quasi die Auflage erteilt worden war, mit Hermlin unbedingt etwas zu machen, damit er an die DDR gebunden bliebe.
Nach dem Gespräch mit Hermlin habe ich dem damaligen Leiter des Bereichs Fernsehdramatik beim DDR-Fernsehen, Erich
Selbmann, mein Drehbuch auf den Tisch gelegt und gesagt:
»Das ist eine Geschichte, die ich spannend finde. Lies das mal,
ob das ein Film wird.«
Vielleicht hat Selbmann das Script gar nicht gelesen, sondern
nur den Namen Hermlin, und da ist ihm ein anderer Name ein-

gefallen, nämlich Frank Beyer, der zu dieser Zeit nach seinem Fernsehfilm »Geschlossene Gesellschaft« in heftiger Konfrontation zu Partei und Regierung stand, den man ebenfalls nicht verlieren wollte und mit so einer Regie gut hätte binden können. Frank Beyer hat das Drehbuch gelesen, ihm zugestimmt, und so hatte ich ihn plötzlich mit diesem Projekt zum Partner.

Eines Tages wurde ich zu Erich Selbmann bestellt, weil Frank Beyer gesagt hatte, große Szenen spielen in Westberlin, und da gibt es die Stauffenberg-Gedenkstätte und Plötzensee, wo der Yorck von Wartenburg hingerichtet worden ist. Das muß man sich alles anschauen und Gespräche führen. Und da – ich werde das mein Lebtag nicht vergessen – schiebt mir Selbmann einen Reisepaß zu und sagt, der ist für deinen Film. Und ich habe gefragt, ja, was soll ich denn damit machen? Ich hatte ihn nicht bestellt. Er antwortete, das mußt du mit dem Frank Beyer bereden, ihr beide bereitet den Film vor!

Ich bin zu Frank Beyer gefahren und habe gesagt, du, die haben mir da einen Paß in die Hand gedrückt. Ich weiß überhaupt nicht, was ich damit machen soll. Da hat er gesagt, weißt du, was du in der Hand hast, danach sehnt sich jeder DDR-Bürger. Du kannst ein Vierteljahr lang in die Bundesrepublik, nach Westberlin fahren, in die ganze Welt, so lange du willst und so oft du willst. Da habe ich gesagt, ich fahr überhaupt nirgendwohin, und wenn wir nach Westberlin fahren, dann fahre ich nur mit dir, weil ich das nicht kenne.

Also habe ich mit Frank Beyer die ersten Recherchen angestellt. Er hat sich in der Folgezeit aber Stück für Stück aus dem Projekt herausgezogen, weil er andere Ambitionen hatte. Dann kam der Regisseur Peter Vogel dazu.

Um dieses Projekt herum hat es politische Konstellationen gegeben, die mir überhaupt nicht bewußt waren. Ich erwähne das deshalb so ausführlich, weil ich denke, den Verantwortlichen im Fernsehen der DDR war damals möglicherweise überhaupt nicht bewußt, was sie hinsichtlich des 20. Juli 1944 als historischem Thema mit dem Projekt »Der Leutnant Yorck von Wartenburg« auslösten.

Nachdem ich die überlebenden Witwen des 20. Juli 1944 gefunden und Gespräche mit ihnen geführt hatte, mit Gräfin Marion Yorck von Wartenburg und Marion Reichwein, mit Clarita von Trott zu Solz in Westberlin, mit Freya von Moltke im polnischen

Waldenburg und Kreisau und später in den USA, nachdem der Film gedreht und ausgestrahlt worden war, stand plötzlich das ganze Thema neu zur Diskussion. In der Bundesrepublik konnte sich kaum jemand vorstellen, daß in der DDR ein Film über einen deutschen Aristokraten entstanden war, der als Mitglied des Kreisauer Kreises sein Leben im christlich motivierten Widerstand geopfert hatte. Plötzlich war dieser Vorgang für die DDR zum historischen Thema und für jeden deutlich geworden: Die bis dahin einseitige Basis des antifaschistischen Widerstandes – nur Kommunisten, Sozialdemokraten und vielleicht einige wenige Bürgerliche seien engagiert gewesen und wären zu würdigen – hatte eine Erweiterung und Neuinterpretation gefunden. Mir ist heute natürlich klar, warum die damalige künstlerische Leiterin der Fernsehdramatik, Ingrid Sander, jedesmal, wenn sie mir auf dem Gang entgegenkam, verkündete, dieser Film sei nichts weiter als ein künstlerisches Experiment, das wahrscheinlich schiefgehen würde, aber das DDR-Fernsehen würde sich so etwas eben leisten. Ich habe diese Art Rückversicherung damals als Boshaftigkeit und als Diskreditierung meiner Arbeit empfunden.

Wie dem auch sei, der Film hat wie ein Blitz in die deutsch-deutsche Landschaft eingeschlagen. Er hat das Thema des 20. Juli 1944 von einem Tag zum anderen beträchtlich erweitert, und ich weiß, daß nach dem Film in der Evangelischen Kirche und auch in Verlagen Chefsitzungen stattgefunden haben, auf denen man feststellte: Wenn das Fernsehen der DDR einen Film über den aristokratischen Widerstand des 20. Juli 1944 macht, dann können wir mit unseren Leuten aus dem christlichen Widerstand hinterherkommen und endlich auch etwas zu diesem Thema veröffentlichen.

Jahre später, ich glaube 1987, habe ich erfahren, daß damals im Politbüro sehr kontrovers diskutiert worden war, wie man den antifaschistischen Widerstand in der DDR definieren sollte. Jene Bündnispolitik, die in den achtziger Jahren offizielle DDR-Politik wurde, mit den Kräften der Vernunft zu reden, kam in diesem Film zum Ausdruck. Er war ein Angebot zum Dialog.

Die Abteilung Weltliteratur des DDR-Fernsehens war immer eine Art politischer Seismograph. Als zum Beispiel die Verständigung mit den Juden und ihrem Staat Israel propagiert wurde, durfte der Film »Hotel Polan« nach dem autobiographischen

Roman von Jan Koplowitz »Bohemia, mein Schicksal« entstehen. Vorher hatte jüdische Geschichte oder jüdische Emigration als Teil des geschichtlichen Wahnsinns in Deutschland die Macher des Programms kaum interessiert. Man wollte sich nicht vorsätzlich die Hände verbrennen.

Was produziert wurde, darüber entschied die Abteilung Agitation und Propaganda im Zentralkomitee der SED. Und als die Bereichsleitung Fernsehdramatik gesagt hatte: Görner, Beyer und dann Vogel produzieren den »Leutnant Yorck von Wartenburg« nach Stephan Hermlin, dann wurde das eben gemacht.

Die lange und gute Tradition antifaschistischer Filme, begonnen in der unmittelbaren Nachkriegszeit mit »Die Mörder sind unter uns« von Wolfgang Staudte, »Ehe im Schatten« von Kurt Maetzig und über die Jahre mit sehr guten Werken fortgeführt, wie »Lissy« von Konrad Wolf nach dem Roman von Alex Wedding und »Nackt unter Wölfen« von Frank Beyer nach dem Roman von Bruno Apitz oder »Jakob der Lügner« von Frank Beyer nach dem Buch von Jurek Becker, um nur wenige zu nennen, hat mich, wie viele junge Leute in der ehemaligen DDR, geprägt. Manche der Filme widmeten sich zu vordergründig nur kollektiven Aspekten. Hermlins literarische Vorlage »Der Leutnant Yorck von Wartenburg« hingegen erschüttert wegen der eindrucksvollen Schilderung einer subjektiv-intellektuellen Auseinandersetzung mit den Nazi-Verbrechen – in aller Konsequenz.

Krieg ist das größte Unglück, das über ein Volk kommen kann. Er vernichtet alles: Menschen, schuldig oder unschuldig, materielle Werte, ideelle Bindungen. Seine Auswirkungen sind verheerend, er setzt auch das Sicherheitsbedürfnis der einfachen Menschen außer Kraft. Mich hat immer die Frage beschäftigt, wer in Deutschland eigentlich Interesse an einem Krieg hatte, wer Nutzen aus ihm ziehen wollte und zu guten Teilen auch gezogen hat, sowohl aus dem Ersten wie aus dem Zweiten Weltkrieg. »Rat der Götter« von Kurt Maetzig, aber auch seine beiden Thälmann-Filme haben mich beeinflußt. In diesen Filmen wurde deutlich gesagt, wer die Kriege angezettelt und daran verdient hat. Aber viele einfache Leute wußten das auch so. Von meinem Großvater ist mir die schlichte Feststellung im Sinn geblieben: »Hitler ist der Strohmann fürs Kapital.«

Ich bin in den Konfirmandenunterricht gegangen, habe in alten Büchern, die auf der Kanzel lagen, Gebete gelesen für Kaiser,

Volk und Vaterland und daß Gott die Waffen segne für den Sieg. Damals habe ich erste Zweifel an dieser unheiligen Allianz empfunden. Wie kann der liebe Gott die Waffen segnen, die andere Menschen töten? Solch eine Behauptung empfand ich als falsch und verwerflich. In beiden Weltkriegen sind sehr viele Familien kaputtgegangen. Krieg hat die Teilung Deutschlands gebracht. Jene Widerstandskämpfer, die das Unheil vorausgesehen und vor Hitler gewarnt haben – was ja durch zahlreiche Dokumente belegt ist –, waren und sind mir Vorbilder.

Emotional habe ich mich anfangs auf die Seite derjenigen gestellt, die, wie mein Großvater, Arbeiter gewesen waren: Tischler Pieck, Dachdecker Honecker, Zimmermann Sindermann, Maschinenschlosser Stoph. Sie kamen aus der Arbeiterklasse, die jetzt, wie behauptet wurde, die Macht habe und auf keinen Fall wieder einen Krieg zulassen werde. Warum sollte ich mich gegen so eine Politik stellen? Frühzeitig habe ich mir die Nazi-Konzentrationslager angesehen. Manche waren ja in wenigen Tagen mit dem Fahrrad erreichbar: Buchenwald, Hohenstein, Ravensbrück, Sachsenhausen. Dort hatten die Nazis grauenhaft gewütet. Mit den Leuten, die sich als Antifaschisten bewährt hatten, wollte ich mich identifizieren. Aber die Sicht war einseitig. In der Schule wurde uns gesagt, alle seien antifaschistisch gewesen, so gut wie das ganze Volk. Aber mein Vater erzählte mir etwas anderes. Das hat mich zwar ins Grübeln gebracht, aber erst viel später habe ich begonnen, die größeren Zusammenhänge zu hinterfragen.

Das Hinterfragen begann bei mir eigentlich erst richtig mit der Arbeit an dem Film »Der Leutnant Yorck von Wartenburg«. In diesem Zusammenhang halte ich die Moskau-Passage im Film für eine der wichtigsten Szenen, weil dort noch einmal die absolute historische Utopie einer Alternative beschworen wird. Im Moskau des Films wird vor den Türmen des Kremls, vor dem Bild Stalins erzählt, daß in Deutschland ein Aufstand gegen Hitler, ein Generalstreik stattgefunden habe. Es wird erzählt, die Bauern hätten ihre Sensen genommen, um gegen Hitler loszugehen. Es wird erzählt, die Wehrmacht habe gemeutert, und es wird alles das beschworen, was hätte sein können an Widerstand gegen Hitler und diesen Nationalsozialismus und was eben nicht stattgefunden hat. Also muß und wird jeder, der gegen Hitler gekämpft hat, in der Sowjetunion, als dem Sieger, die historische

Alternative erblickt haben, mit deren Hilfe allein sich diese in Deutschland nicht stattgefundene Utopie würde realisieren lassen. Insofern ist diese Szene in Moskau eine Riesenkritik an dem Unvermögen des deutschen Volkes, unmenschliche Autoritäten und Machtstrukturen rechtzeitig zu erkennen und abzuschütteln. Alle Revolutionen in Deutschland haben versagt. Die Bauernrevolution am Beginn des sechzehnten Jahrhunderts hat versagt, die hochgerühmte Revolution von 1848 war ein Witz. Die Novemberrevolution 1919 war ein Separatistenunternehmen, von dem mir Hermlin erzählte, daß irgendwo Schüsse geknallt haben, gerade als seine Mama im KaDeWe einkaufte. Das war die bürgerliche Reflexion auf diese Revolution. Und der gescheiterte Hamburger Aufstand von 1923 unter Ernst Thälmann – ein politisch konzeptionsloses Ereignis.

Auch unsere Kundgebung am 4. November 1989 auf dem Berliner Alexanderplatz war kaum mehr als eine infantile Veranstaltung von Intellektuellen, Künstlern und deren Anhängern, die an diesem Tag die Macht abschafften, ohne auch nur zu ahnen, daß sie sich jetzt selbst in die Verantwortung zu nehmen hätten. Aber sie sind vom Podest gegangen, haben sich von ARD, ZDF und NBC fotografieren lassen und waren's zufrieden, statt ein paar hundert Meter weiter zu laufen, um dort die Kommandobrücken zu besetzen. Natürlich, auch ich gehörte zu den Anspruchslosen, den Genügsamen, den Bescheidenen.

Dieses Volk ist unfähig zu irgendwelchen Revolutionen, und eigentlich ist es sogar untauglich zum Widerstand. Insofern bilden die wenigen Leute, die ihn in der Nazi-Zeit leisteten, die geistige Substanz Deutschlands. Und es ist in diesem Zusammenhang gleichgültig, ob sie Graf Yorck von Wartenburg oder Ernst Thälmann, Dietrich Bonhoeffer, Julius Leber oder Adolf Reichwein hießen: Sie kamen aus den unterschiedlichsten Schichten des deutschen Volkes. Aber es waren eben viel zu wenige, und der Diktatur fiel es relativ leicht, sie zu vernichten.

Ich habe mich instinktiv mit dem Thema Antifaschismus identifiziert, weil mir dort Humanisten begegneten, die den Mut zum Andersdenken aufbrachten. Um jeden Preis. Das war der ganze Punkt. Es ist ja ungeheuer viel Kraft nötig, um im Kreis so weniger etwas anderes zu denken, als in der Zeitung steht. Und die Fahne nicht mehr zu akzeptieren, die aus jedem Fenster hängt. Der deutsche Geist kommt jedoch über das Denkmodell nicht hinaus. Helmuth James Graf von Moltke hat nach seiner Vernehmung vor dem »Volksgerichtshof« aus dem Gefängnis in Berlin-Tegel an seine Frau Freya von Moltke geschrieben: »Wir werden gehenkt, weil wir zusammen gedacht haben.« Die Männer des 20. Juli 1944 sind liquidiert worden, nicht nur weil sie zusammen praktischen Widerstand geleistet haben, sondern weil sie zusammen gedacht haben. Aber das, was sie gedacht haben, verlangte schon so viel an Mut und strahlt so viel Ethos aus, daß es gar nicht hoch genug zu würdigen ist. Und das Attentat ist ja auch deshalb gescheitert, weil nur ein einziger es gewagt hat, die Bombe dann auch wirklich in die Hand zu nehmen.

Bis zum Dezember 1943 war Klaus von Stauffenberg Hitlers getreuer Gefolgsmann. Man denkt von heute her, es hätte doch sofort erkannt werden müssen, wo das hingeht mit Hitler ...

Alle reden heute davon, wie schlecht die DDR war. Aber warum haben das vorher so wenige erkannt und den Mut gefunden, laut zu sagen, daß es eine zum Scheitern verurteilte Regierung war, die – und das ist das Schlimmste daran – die Utopie für lange Zeit gleich mit in ihren Abgrund riß? Als diese Regierung dann immer schwächer wurde, die andere Seite ihre Stärke immer offner zeigen und nichts mehr passieren konnte, ja, da waren auf einmal viele Leute da ...

Wenn Hitler ein Verbrecher war, und er war von Anfang an einer, hätte es die überwiegende Mehrheit nicht schon 1934/35 erkennen und ihm das tödliche Handwerk legen müssen? Aber es war ja ein aufsteigender Staat. Churchill, zum Beispiel, hat gesagt, England wäre glücklich, wenn es so einen Mann hätte wie Hitler, das war 1938!

Das Inhumane eines Staatssystems zu erkennen, ist außerordentlich schwierig, und den nächsten Schritt zu tun: dagegen zu handeln!, ist das Schwierigste.

Unser Film »Der Leutnant Yorck von Wartenburg« wurde am Totensonntag 1981 gesendet. In der Presse fand er eine relativ breite Resonanz. Es hat Briefe gegeben und Zuschauermeinungen, in denen der Dank dafür zum Ausdruck kam, daß das Fernsehen eine neue historische Sicht gewagt hatte. Aber es hat auch kritische Stimmen gegeben: Jetzt werden die Aristokraten wieder ausgebuddelt, die Junker wieder aufs Schild gehoben und neu geputzt! Es gab hämische und abwertende Bemerkungen. Im Fernsehen selber, im Bereich Fernsehdramatik, spürten wir so gut wie kein Echo. Man hat wahrscheinlich mehr mit Neid und Mißgunst auf den Film gesehen, weil man wußte, daß damit für die Macher ein Reisepaß verbunden war. Innerhalb der Fernsehdramatik waren wir sehr kleingeistig strukturiert. Eine wahrhaftige Diskussion über den Zustand der Medien, der ja Ausdruck des Zustandes unserer Gesellschaft war, hat im Prinzip niemals stattgefunden. Wir haben versucht, uns gegenseitig die »goldenen Eier« abzujagen, die Filme und Verträge. Jeder hat sich auf seine Art bemüht, auf der Couch des Intendanten Heinz Adameck und des Bereichsleiters Erich Selbmann Platz zu nehmen, um für sich etwas herauszuschlagen. Um solch ein Projekt wie den Film über Yorck von Wartenburg zu würdigen, war die Fernsehdramatik der falsche Platz. Sie war nie ein Ort erneuernden Geistes.

Zwar habe ich mich bei der Adaption der Erzählung für den Film sehr nah an die Hermlinsche literarische Vorlage gehalten, aber die Figur eines Gestapo-Mannes habe ich dazu erfunden. Er tritt in der Vernehmungsszene am Anfang auf, und später, in einer Rückblende, ist derselbe Mann in einer früheren Rolle der Lehrer des jungen Yorck. Der Vernehmer ist als eine intellektuelle Person hinzugekommen, die für mich einen gewissen Neuwert hat. Auf geradezu makabere Weise hat er sich geistig auf das faschistische Denken eingestellt.

Die letzten Briefe und die Vernehmungsprotokolle Yorcks vor dem »Volksgerichtshof« haben mich so stark fasziniert, daß ich der Meinung war, ich müsse dem Geschehen noch etwas voranstellen, das die Konfrontation Yorcks mit der faschistischen Macht sinnlich faßbar macht. Bei den Recherchen bin ich auf eine Tatsache gestoßen, die ja die meisten Menschen gar nicht mehr im Bewußtsein haben. Bei der Betrachtung des Nationalsozialismus übersehen wir oft etwas Entscheidendes: Alle Nazi-Machthaber, mit Hitler angefangen, über Goebbels, Göring, Heydrich, Kaltenbrunner, Ribbentrop, Speer, von Schirach – waren junge Leute, die plötzlich Macht hatten. Hitler war vierundvierzig Jahre, als er zum Reichskanzler gewählt wurde. Göring war vierzig, Goebbels sechsunddreißig, Himmler sogar erst dreiunddreißig Jahre alt. Sie standen der anderen jungen Generation gegenüber – den Yorck, Moltke, Reichwein, Saefkow und Bästlein. Sie hatten die gleichen Gymnasien besucht, waren in der gleichen Ausbildung von Kirche und Staat gewesen. Das heißt, sie hatten einen gemeinsamen nationalen Ursprung. Sie waren geprägt vom Ergebnis des Weltkrieges und von den politischen Erschütterungen der Weimarer Zeit.

Plötzlich standen sich der christliche, soziale, kosmopolitisch geprägte Geist und der enge Geist des Nationalsozialismus gegenüber.

Die Nazis waren Menschen aus kleinbürgerlichen Schichten, die mit ihrer Art zu denken, die Welt zu sehen, an die Macht gelangt waren. Die alte Machtelite stand einer neuen gegenüber, beide gehörten sie dem gleichen Jahrgang an. Den Nazis ging es darum, den geistigen Widerstand der anderen zu brechen oder physisch zu vernichten. Darum ist die Vernehmerszene im Film wichtig. Es wird ein Statement über die Einordnung in die Gemeinschaft abgegeben, in der man sich angeblich aufgehoben fühlen kann. Der Einzelne soll sich zum Wohle des Ganzen einem Führerprinzip unterordnen: Die Nazis hatten eine Mission.

Die Biographien der Täter lesen sich genauso spannend wie die ihrer Opfer. Himmler hat Landwirtschaft studiert und war Verkäufer in einer Düngemittelfirma gewesen. Sein Papa war ein frommer und strenger katholischer Gymnasialdirektor, Prinzenerzieher am Bayerischen Königshof. Die meisten Nazi-Führer kamen aus eher einfachen Lebensverhältnissen an die Macht, und die haben sie dann konsequent und mit allen Mitteln bis fünf nach zwölf verteidigt.

So dumm und so primitiv, wie es uns gelegentlich im Geschichtsunterricht erzählt worden ist, waren die Nazis nicht. Sie waren sehr schlau, sehr flexibel und wußten mit der Psychologie der Masse genau umzugehen. Eine auffallende Generation, die sich unter dem Hakenkreuz versammelt hatte! Deshalb müssen wir heute sehr aufpassen, wenn sich unter dieser Flagge erneut welche versammeln, die zwar zum Teil als dumm und dumpf empfunden, jedoch wiederum von klugen jungen Leuten geführt werden. Insofern ist die Figur des Lehrers, des Vernehmers, des Gestapo-Beamten, dargestellt von ein und demselben Schauspieler, in sich logisch, genauso wie der Knecht in sich logisch ist, der Yorck auf dem Gut den Steigbügel hält und seinem Herrn auf dessen Fragen die Politik erklärt, ihn später befreit und auf die russische Seite bringt.

1984 kam als nächster meiner Filme »Die Zeit der Einsamkeit« zur Sendung, ebenfalls nach einer Erzählung von Stephan Hermlin. Ich halte ihn aus dem Zyklus der Hermlin-Verfilmungen für die beste Arbeit des Regisseurs Peter Vogel. Der Film beschreibt das Leben eines deutschen Ehepaares in Südfrankreich in der Zeit nach dem spanischen Bürgerkrieg, wo der Mann als Interbrigadist auf seiten der Republik mitgekämpft hatte. Hermlin beschreibt das Leben des Paares als ein Leben voller Kompromisse, und in ihre Gesichter sind »die Furcht, die Entfremdung, die Vereinsamung eingezeichnet«.

Auch dieser Film hat für mich sehr viel mit damaliger DDR-Befindlichkeit zu tun. Die Zweifel am DDR-Sozialismus waren tiefer geworden. Ich führte zu jener Zeit ein Tagebuch, denn ich fühlte mich so unter Druck, daß ich mir immer wieder Notizen machen mußte. Ich lese in diesen Aufzeichnungen: »Alles in unserer Zeit hat sich verschworen, aus dem Schriftsteller wie aus jedem Künstler so etwas wie einen subalternen Beamten zu machen, der Themen behandelt, die von oben bestellt werden, wobei er nie das ausdrücken kann, was er für wahr hält.« Oder: »Wage es, Daniel zu sein. Wage es, allein für dich zu stehen, ein festes Ziel zu haben und es auch bekanntzumachen, bestehe auf Unabhängigkeit als der Bedingung aller geistigen Integrität.«

Ich habe versucht, mich mit Themen wie Einsamkeit, Abhängigkeit von Autoritäten und Machtstrukturen auseinanderzusetzen, aber auch mit dem Problem, »an der Leine der Partei zu hängen«, wie das die Hauptfigur des Films, jener deutsche Antifaschist und Emigrant tut. Auch in dieser Geschichte Stephan Hermlins habe ich sehr viel für mich entdeckt. Ich habe damals in mein Notizbuch geschrieben, daß »in der DDR zu viele lebende Tote wohnen«.

Das Drehbuch zu »Zeit der Einsamkeit« entstand unter Zuhilfenahme von Sekundärliteratur und im Verlaufe vieler Gespräche mit Zeitzeugen, die in der französischen Emigration gewesen waren, zum Beispiel Hilde Eisler und Stephan Hermlin selbst. Auch mit diesem Film bin ich an politische und künstlerische Grenzen gestoßen.

Dort, wo der Film spielt, in Südfrankreich, durfte nicht gedreht werden, und so mußten wir nach Sibiu in Rumänien ausweichen. Ich war und bin der Meinung, ein Autor, der eine authentische Geschichte geschrieben hat, müßte daran interessiert sein, daß die Geschichte dort nachgestaltet wird, wo ihm und seinen Figuren widerfahren ist, was er erzählt. Nur dann kommt so viel an künstlerischer Wahrhaftigkeit im Film zum Ausdruck, wie in der Erzählung vorhanden ist.

Genaugenommen waren die Arbeitsbedingungen ziemlich unerträglich geworden. Unter dem 12. Januar 1984 habe ich mir aufgeschrieben: »Im Fernsehen hat man mir meinen Reisepaß entzogen. Die Verabredung mit Frau Reichwein in Westberlin, Witwe des vom Dritten Reich hingerichteten Adolf Reichwein, nimmt Hans Bentzien, ehemaliger DDR-Kulturminister, wahr. Er entschuldigt mich wegen Grippe.« Nicht der geringste Ansatz von Fairneß oder seriöser Partnerschaft war noch vorhanden. Den Film habe ich auch gegen diese ganzen Schweinereien gemacht. In der Rolle der Ehefrau des ehemaligen Spanienkämpfers sagt die Schauspielerin Jutta Hoffmann im Film, daß sie es satt habe, hin und her gestoßen zu werden, irgendwelchen Kräften ausgeliefert zu sein, die sie nicht beeinflussen könne. Ihr Mann fragt darauf, ob sie beide sich von der Zeit hätten verbrauchen lassen. Mich hat die Geschichte erschüttert, weil auch ich damals, Mitte der achtziger Jahre, das Gefühl hatte, verbraucht zu werden von unserer Zeit des real existierenden Sozialismus und genau mein Gefühl wiederfand in einer Geschichte aus dem Jahre 1942, die in Südfrankreich spielt. Was war passiert? Wieso werde ich, wenn ich mich mit der sozialen Alternative Sozialismus identifiziere, genauso verbraucht wie jene Emigranten, die 1942 in Frankreich festgesessen haben? In einem Brief an den Regisseur Peter Vogel, der 1983 in der Zeitschrift »Film und Fernsehen« veröffentlicht wurde, habe ich niedergeschrieben, was mich damals beschäftigte: »Solche Sätze wie ›Man muß den Menschen vertrauen‹ sind nicht mehr anwendbar. Im faschistischen Deutschland, das die beiden Hauptfiguren des Films bewußt verlassen haben, mußten sie erfahren, daß Gespräche zweier oder mehrerer Personen in einem Klima der Heuchelei, der Halbwahrheiten und Tricks den Erstickungstod erleiden.« Die Beschreibung der inneren Situation im Dritten Reich hat 1984 genau auf jene in der DDR gepaßt. Eine fürchterliche Erkenntnis, die ich bis dahin verdrängt hatte.

Ich wählte die Form eines öffentlichen Briefes an den Regisseur, weil ich versuchen wollte, die Öffentlichkeit, noch bevor der Film fertig war, in das Thema meiner Arbeit einzubeziehen.

Ich habe die in ihrer Meinung eingeengte Presse der DDR stets weigstens als eine Möglichkeit verstanden, Leser und Zuschauer auf ein Projekt und die damit verbundenen Gedanken aufmerksam zu machen. Das habe ich auch bei meinen DEFA-Dokumentarfilmen zu Lion Feuchtwanger (1984) und Heinrich Mann (1987) so gehalten. In einer gedruckten, genau überlegten Formulierung steckt eine andere konkrete Kraft als in einem mündlich geführten Gespräch. Zwar wurde ich gelegentlich von Kollegen verhöhnt, die mich für hochmütig hielten, wenn ich meinen Regisseuren Briefe über die Zeitung schrieb, aber ich wurde halt mißverstanden. Daß die Presse als Multiplikationsfaktor für ein künstlerisches Projekt von wesentlicher Bedeutung ist, weiß inzwischen jeder.

Stephan Hermlin bedient sich in seinen Erzählungen einer assoziativen, verbindenden Schreibweise. Diese Prosa ist in starkem Maße reflexiv und für eine einfache Übernahme in einen Film ungeeignet.

»Der Leutnant Yorck von Wartenburg« wird als ein Traum erzählt. »Die Zeit der Gemeinsamkeit« – in dieser Erzählung geht es um den jüdischen Aufstand im Warschauer Ghetto – wird aus der Erinnerung berichtet.

Für »Die Zeit der Einsamkeit« war mir nach dem Studium des Materials und der Geschichte der Résistance in Frankreich keine andere Variante denkbar als die chronologische Erzählweise.

Wenn man Reflexionsliteratur in eine chronologische Abfolge eines Stücks umsetzt, sind immer Defizite festzustellen: die Verschränkung der Sprache findet nicht mehr statt und Löcher entstehen. Man nimmt das Satzgefüge auseinander und ordnet alles für eine Handlung. Plötzlich stellt man fest, daß Entscheidendes fehlt. Aus diesem Grund wirkt die Figur des Parteiarbeiters mit der Baskenmütze am Ende dieses Films vielleicht etwas blockhaft, und man hat als Zuschauer das Bedürfnis nach mehr Informationen über die Figuren, als der Film liefern kann.

Deutlich wird im Zusammenhang mit dieser Figur jedoch eines: Es war ein unglückseliger Einsatz in Spanien, zu dem viele deutsche Antifaschisten geschickt wurden, weil sie in Deutschland in der Illegalität lebten, weil sie in die Sowjetunion emigriert waren und nirgendwo eine Heimat hatten.

Die deutschen Kommunisten waren ja Asylanten, Flüchtlinge, Störfaktoren in Europa. Der Kontinent war insgesamt so faschistisch infiziert, daß sie nirgendwo hingehen konnten, ohne Probleme zu bekommen. Manchmal wurden solche Leute wie das Ehepaar aus »Zeit der Einsamkeit« mit Mühe und Not zum Beispiel in Frankreich aufgenommen. Dann ist Hitler einmarschiert, da war es mit diesem Schlupfwinkel wieder vorbei.

Die Kommunistische Partei Deutschlands hat versucht, ihre Schäfchen zu zählen und zusammenzuholen. Und der Mann, der eigentlich mit seiner Partei schon gar nichts mehr zu tun hat, weil er um seine Existenz und um die seiner Frau kämpfen muß, wird von diesem Parteiarbeiter ins Fadenkreuz genommen und Stück für Stück zurückgeholt und wieder abhängig gemacht. Und so passiert etwas Schreckliches mit ihm.

Vielleicht hätte er sich als Individuum auch selbst befreien können und wäre allein durchgekommen, aber er braucht die Partei, die ihm ihre Macht demonstriert, indem sie Pässe, Adressen zur Verfügung stellt. Und da hat er sogar noch Glück – und es ist ja Stephan Hermlin selbst, um den es geht –, daß er in die Schweiz fliehen konnte: Viele andere wurden überzeugt, nach Deutschland zurückzugehen, um – welch ein Wahnsinn – Parteigruppen in Hitlers Konzentrationslagern aufzubauen ...

Natürlich kann man die Figur des Parteiarbeiters, sein Angebot, den Einsamen wieder an die Leine zu nehmen und ihm und seiner Frau die Flucht in die Schweiz zu ermöglichen, unkritischer betrachten. Aber jeder sieht den Film so, wie er ihn sieht. Und ich habe den Film so gemacht, wie ich ihn machen wollte. Spielfilme, Kunst überhaupt, werden doch sehr unterschiedlich aufgenommen.

Ich halte Konrad Wolfs Film »Ich war 19« für einen bedeutenden, sehr eindrucksvollen Film. Trotzdem habe ich ihn für mich selber nie richtig angenommen, weil das Schicksal dieses Helden wenig mit mir zu tun hat. Ich habe mit jemandem, der als Deutscher in der Roten Armee aus Moskau wieder zurück nach Deutschland kommt, mit diesem Schicksal von Konrad Wolf nichts zu tun. Ich kann mich natürlich in das Schicksal des deutschen Rotarmisten hineindenken, identifizieren kann ich mich nicht mit ihm. Es ist nicht mein Problem. Für alle, die in die Sowjetunion geflüchtet und dann zurück nach Deutschland gekommen sind, muß der Film hingegen eine Offenbarung gewesen sein. In jedem Film, in jedem Kunstwerk wird es wohl zwei Ebenen geben: den Erkenntnisstand der Schöpfer des Films und den Erkenntnis- und Wissensstand der Zuschauer. Das geht selten übereinander, und es wird beim Zuschauer zumeist eine andere Reflexion stattfinden als bei denjenigen, die den Film gemacht haben. Ich meine nicht, daß ich die Partei durch die Figur des Parteibeauftragten im Film hindurch unkritisch sehe. Der Beauftragte bringt auf der einen Seite mit dem Paß Hilfe und Rettung, auf der anderen Seite droht er seinem Genossen mit der Feststellung, er sei »an der Partei vorbeigetrieben«, wie es bei Hermlin heißt. Das bedeutet für jemanden, der die Parteigepflogenheiten einigermaßen kennt: Er hat sich der Parteidisziplin entzogen, er hat den Kontakt nicht gepflegt, wahrscheinlich bekommt er, wenn er in der Schweiz ist, für sein Verhalten ein Parteiverfahren an den Hals mit schwer absehbaren persönlichen Folgen.

Leider haben wir in unserer Auseinandersetzung mit dem Thema Antifaschismus – und selbstkritisch muß ich mich da einbeziehen – nur auf Literatur zurückgegriffen, die staatlich abgesegnet war. Wir durften Stephan Hermlin verfilmen, wir durften Anna Seghers und Bruno Apitz verfilmen. Stets ging es um Schicksale, die auf irgendeine Weise mit der Partei in Verbindung standen. Wir haben keinen Film gemacht über den jüdischen Arzt und Schriftsteller Ernst Weiß, der sich 1940 beim Einmarsch der Deutschen in Paris erhängt hat, weil Freunde ihm am Tag zuvor versprochen hatten, sie nähmen ihn mit nach Marseille, ihn dann aber hatten wissen lassen, das Auto sei voll und er könne entgegen dem Versprechen doch nicht mitkommen. Die Freunde sind geflüchtet, Weiß war allein und hat seinem Leben ein Ende gesetzt. Wir haben keinen Film gemacht über Walter Hasenclever, der im Internierungslager von Les Milles in Südfrankreich neben Feuchtwanger gelegen und dem kein amerikanischer Botschafter zur Flucht verholfen und der sich aus Angst vor der Auslieferung an die Deutschen umgebracht hat. Wir haben keinen Film gemacht über die gewaltige menschliche Anstrengung des neunundsechzigjährigen Heinrich Mann, wie er zusammen mit Franz Werfel und Alma Mahler-Werfel über die Pyrenäen gegangen ist.

Für die Filmkunst in der DDR war es schwer vorstellbar, daß jemand aus sich selbst heraus, allein als Individuum die Konflikte dieser schweren Zeit bewältigt. Es hat auch niemand einen Film über Thomas Mann gemacht, der verzweifelt in der Schweiz saß und unbedingt zurück wollte nach München, weil er nicht einsehen konnte, warum er sein schönes Haus in München verlassen sollte, wo sein Joseph-Manuskript lag.

Über die einsamen Individuen gibt es keine Filme. Eine Ausnahme bildet vielleicht die Verfilmung von Hans Falladas Roman »Jeder stirbt für sich allein«. Aber wurde in den Film über einen kleinen Helden aus kleiner Welt nicht auch ein Genosse hineinerfunden?

Es entstanden immer nur Filme, wo die Partei ihre Hand im Spiel hatte. Das habe auch ich mitbedient.

Richtiggehend zerschlagen worden ist mir bei der DEFA »Der siebente Brunnen« nach der Erzählung von Fred Wander mit einem für die SED-Propaganda typischen Argument: »Wir brauchen keine passiven Helden auf der Leinwand!«

Dem Fernsehen lagen fertige Drehbücher zu zwei weiteren Erzählungen von Hermlin vor: »Die Kommandeuse« und »Die Corneliusbrücke«, dazu »Der Augenzeuge« von Ernst Weiß sowie »Der Vater des Mörders« von Alfred Andersch. Auch über die jüdische Widerstandsgruppe Herbert Baum wollte ich einen Film machen. Das alles ist mir aus der Hand genommen worden.

In dieser Zeit hätten mehr Filme dieser Art entstehen können, aber wir waren von der damaligen Programmpolitik ferngelenkt. Man hat den »Leutnant Yorck von Wartenburg« zugelassen, wohl eher Stephan Hermlins wegen, »Die Zeit der Einsamkeit« 1984 möglicherweise gebraucht und »Die Erste Reihe« sehr unterstützt. Aber das waren von der Leitung des Fernsehens, von der Parteiführung selbst gewollte Stoffe. Alles andere hingegen, was die Partei, aus welchen Gründen auch immer, nicht wollte, ist auch nicht produziert worden.

Manchmal, im Rückblick, denke ich, die Verluste sind größer gewesen als der Gewinn. Und wenn ich mir überlege, daß andere Kollegen ähnliche Erfahrungen gemacht haben, dann war die künstlerische Verlustquote im Fernsehen der DDR sehr hoch. Auch bei der DEFA wurde sehr viel künstlerisches Engagement ausgebremst und die Spielfilmproduktion auf zwölf bis vierzehn Filme im Jahr heruntergefahren. Die SED-Führung hatte immer Angst vor geistigen Auseinandersetzungen. Sie verfügte über alle politischen Möglichkeiten, um zu verhindern, was es zu verhindern galt.

1987, im Berlin-Jahr, kam der letzte meiner Filme nach Stephan Hermlin zur Sendung: »Die Erste Reihe«. Der Film begann mit einer Szene aus der Gegenwart: die Jugend vor der Gedenkstätte in der Neuen Wache, Berlin, Unter den Linden. Diese Szene war weder Folge einer Auflage, noch hatte ich die Idee zu ihr gehabt. Sie war ein Regieeinfall. Aber ich identifiziere mich mit diesem Regieeinfall, weil damals in der Mahnstätte Unter den Linden die Flamme eben nicht nur für die Antifaschisten brannte, sondern dort wurde auch des Unbekannten Soldaten des Zweiten Weltkrieges gedacht. Es wurden diejenigen geehrt, die den Krieg hatten verhindern wollen und dafür ihr Leben gaben, und diejenigen auch, die in den Krieg ziehen mußten und ebenfalls ihr Leben verloren. Ich finde es nicht falsch, einen Film damit zu beginnen, daß über junge Leute nachgedacht wird, die von einem unmenschlichen System in den Tod geschickt worden waren.

Anfänglich habe ich mich sehr gegen diesen Film gesträubt, ihn aber dann doch gemacht, weil ich nach dem ausführlichen Studium der dort beschriebenen Biographien auf eine schmerzvolle Erkenntnis gestoßen bin. Diese jungen Leute aus der »Ersten Reihe« des antifaschistischen Widerstandes waren von einem bewundernswerten Ethos im Sinne von Humanität und Solidarität erfüllt. Sie hatten genaue Vorstellungen davon, was sie verhindern wollten und was für eine Gesellschaft sie erstrebten. Da haben sie sich in keiner Weise voneinander unterschieden: Walter Husemann, Willi Gall, Oda Schottmüller, Anton Saefkow, Bernhard Bästlein.

Hitler hat fünfzehntausend junge Leute liquidieren lassen, die im Widerstand waren, Christen, Arbeiter, junge Intellektuelle – die Blüte der Nation. Ich wollte 1987 der Parteiführung, dem Staat, Honecker und seinen Leuten dieses Ethos, das sie mit ihrem Widerstandskampf zum Ausdruck gebracht hatten, wie einen Spiegel vor Augen halten. Honecker war genau ihr Jahrgang. Wahrscheinlich hat er zu der Zeit, als sie unter das Fallbeil gingen, über das gleiche Ethos verfügt und über die gleiche Klarheit einer politischen Haltung. Aber er ist mit dem Leben davongekommen und nicht im Angesicht des Feindes mit offenem Blick gestorben. Nach 1945 an der Macht beteiligt, waren er und andere bereit, die Idee des Sozialismus zu mißbrauchen und zu verbiegen.

Diese Erkenntnis gewann ich bei den ersten Recherchen im Institut für Marxismus-Leninismus, wo ich auf Vorgänge gestoßen bin, die mir den Atem haben stocken lassen. Zum Beispiel das Schicksal des Herbert Tschäpe, der im Film teilweise in die fik-

tive Figur des Artur Berliner eingegangen ist. Er war als Links-
anarchist im Spanienkrieg gewesen, wurde auf einer französischen Mittelmeerinsel interniert, an die Gestapo ausgeliefert,
hat im Konzentrationslager Parteigruppen aufgebaut. 1944 ist er
im guten Glauben, einen Auftrag seiner Partei zu erfüllen, aus
dem Konzentrationslager Lichtenrade geflüchtet, um Kontakt
mit den Leuten des 20. Juli aufzunehmen. Er war mit einem falschen Paß in Berlin unterwegs. Den hatte ihm aber die Gestapo
ausgestellt, ohne daß er davon etwas ahnte. Im illegalen Zentralkomitee der KPD in Berlin saß ein gewisser »Genosse Müller«,
der jede illegale Maßnahme sofort an die Gestapo weitergegeben hat, so daß die Gestapo über ein weitaus größeres internes
Wissen verfügte als die einzelnen illegalen Widerstandsgruppen
selbst. Solche furchtbaren Geschichten kann man sich gar nicht
ausdenken: Sie haben lebensgefährliche illegale Widerstands-
arbeit geleistet mit Richtlinien in der Tasche, die von der Gestapo ausgearbeitet waren.

Solch ein Verrat, in dessen Folge in dieser Partei ununterbrochen Köpfe rollten, ist einer der Gründe für das tiefe Mißtrauen
der neuen Machthaber Ulbricht, Honecker und ihrer Leute, ein
Mißtrauen, mit dem ein neuer Staat produktiv nicht zu lenken
ist. Mit ihrer Staatssicherheit haben sie versucht, Verrat dieser
Art zu verhindern. Aber genau mit diesem Verhalten haben sie
wieder neuen Verrat produziert, eine Tragik, über deren historische Dimensionen erst in späteren Jahren nachgedacht werden
wird.

Tschäpes Lebensgefährtin hat mir gesagt, ihr Mann habe für die
Partei einfach nicht in deren Sinne funktioniert. Weil sie aber
nicht von ihm gelassen habe, sei auch sie als Störfaktor behandelt worden. Als sie im hohen Alter versucht habe, die Wahrheit
über ihren Mann ans Licht zu bringen, sei sie als unerwünsch
te Zeugin im Wege gewesen. Mitarbeiter des Ministeriums für
Staatssicherheit hätten einen Anschlag auf sie verübt und sie auf
einem Fußgängerstreifen mit dem Auto angefahren.

Der Film »Die Erste Reihe« ist eine Hommage an jene »glück-
lich« aus dem Leben gegangenen jungen Leute, die eine bessere
Gesellschaft wollten. Es haben ja einige überlebt: Kurt Seibt war
Vorsitzender der Revisionskommission beim SED-Zentralkomi-
tee – in unserem Film ist er der Bühnenmeister am Deutschen
Theater. Fritz Reuter hat überlebt. Er war damals zusammen

mit Tschäpe aus dem Konzentrationslager Lichtenrade ausgebrochen. Seibt und Reuter wußten um die ganze Geschichte und haben nie darüber gesprochen. Tschäpe und Reuter hatten gemeinsam den Auftrag der Partei, Saefkow und Bästlein zu exekutieren, weil die in den Augen der Moskauer Zentrale mit den Leuten des 20. Juli »Kumpanei« getrieben haben. Sie sollten getötet werden, weil sie wegen ihrer Kontakte zu Yorck von Wartenburg und Helmuth von Moltke angeblich ihre politischen Positionen aufgegeben hätten. Tschäpe und Reuter sind aus dem Lager geflüchtet, mit dem falschen Paß der Gestapo in der Tasche. Und die ist einfach hinter ihnen her marschiert, um rauszukriegen, wo sich Saefkow und Bästlein versteckt hielten, die sie sonst vielleicht gar nicht bekommen hätten! Der Gestapo ist es nur deshalb gelungen, die beiden festzunehmen, weil die anderen sie im Auftrag der Partei exekutieren sollten. – Diese Filme müssen noch geschrieben und gedreht werden.

Ich für meinen Teil würde »Die Erste Reihe« heute wieder genauso machen wie damals: als Reigen zwischen Leben und Sterben, zwischen politischer Hoffnung, ehrlicher Gesinnung und dem Mißbrauch dieser Haltungen bis hin zum Tod.

Sowohl »Die Zeit der Einsamkeit« als auch die »Die Erste Reihe« habe ich mit der Kenntnis eines für mich äußerst wichtigen Buches geschrieben: »Die Ästhetik des Widerstandes« von Peter Weiß. Mein Problem war, daß ich im Fernsehen niemanden fand, mit dem ich über dieses Buch diskutieren konnte. Es befand sich quasi auf dem Index. Zwar war es 1983 in einer Auflage von gerade einmal zweitausend Exemplaren im Berliner Henschelverlag gedruckt worden, und es erschien mir wie ein Wunder, daß ich es lesen und laut darüber reden konnte, ohne mich dafür rechtfertigen zu müssen. Sie haben es mir auf eine merkwürdige Weise gestattet. Aber ich merkte, wie tief ihnen das Buch zuwider war. Selbmann hat stets abgewinkt, sobald ich irgendwie darauf zu sprechen kam. Sie haben es mir gestattet wie ein Geschenk einer kleinen geistigen Freiheit.

Als »Die Erste Reihe« gesendet wurde, war von den Schauspielern, welche die jungen Widerstandskämpfer darstellten, ich glaube, nur Ulrich Mühe noch in der DDR. Alle anderen waren ausgereist. Das war eine merkwürdige Begleiterscheinung bei allen Filmen, die wir gemacht haben. Die Protagonisten, die Schauspieler, waren nach Sendung des Films regelmäßig im

Westen. Jutta Hoffmann hatte ihre Ausreise beantragt und ist nach »Die Zeit der Einsamkeit« nach Hamburg gegangen. Nach der »Ersten Reihe« ging Dietmar Terne, dann Roman Kaminski. Wir haben die antifaschistischen Filme immer mit hochkarätigen Schauspielern besetzt, und die waren dann, nach Sendung, nicht mehr da. Sie haben sich mit diesen Themen von ihrem Land verabschiedet. Als Roman Kaminski den Artur Berliner in der »Ersten Reihe« spielte, hat er mir gesagt, er habe die Rolle nur übernommen, weil er sich mit dem Satz »Hört doch endlich auf mit diesem Krieg« habe identifizieren können. Er meinte damit auch Krieg gegen den Geist, gegen anderes Denken, gegen andere politische Haltungen. Alexander Lang, Jutta Hoffmann und andere Schauspieler haben über die Figuren, die sie spielten, gesagt: »Es waren gute Absichten und gute Ansätze zu einer anderen Politik. Aber sie ist verraten worden.«

Wer sich mit dem antifaschistischen Widerstand beschäftigt hat, weiß, daß die einzelnen Widerstandsgruppen zum Teil gar nichts voneinander wußten, die Gruppe in Adlershof wußte nichts von der Gruppe Harnack-Boysen, oder die Gruppe um den jüdischen Widerstandskämpfer Herbert Baum wußte nichts von der Gruppe Saefkow-Bästlein. Sie haben an unterschiedlichen Orten innerhalb ganz bestimmter Koordinaten agiert. Aber sie waren doch durch den gemeinsamen Geist und den gemeinsamen Handlungsspielraum des Widerstandes verbunden. Wenn ich in »Die Erste Reihe« Heinz Kapelle mit Oda Schottmüller verbinde oder Willi Gall mit Otto Nelte, dann habe ich zum einen die wahrhaftige Realität erzählt und zum anderen die Figuren frei verbunden. Dieser Reigen ist das dramaturgische Prinzip, das ich gewählt habe. Ein Reigen der Toten, wenn man so will. Erzählt aus dem Totenreich heraus. Und das scheint mir ein legitimes künstlerisches Mittel zu sein, denn der Geist des Widerstandes hat alle untereinander verbunden. Es ist nicht wichtig, ob sie in der Realität immer zusammen waren oder sich kannten.

In Dresden hatten wir anläßlich eines Jugendtreffens der FDJ eine große Aufführung des Films. Das Kino war voll von jungen Leuten. Als der Film begann, die Toten sich vorstellten und ihre Biographie erzählten, gab es Lacher im Publikum. Die jungen Zuschauer haben nicht akzeptiert, daß sich Tote vorstellen und ihre Geschichte erzählen. Das hat mich damals irritiert. Aber dann war die Aufmerksamkeit sehr gespannt, weil die Geschichten die Zuschauer in den Sog ihrer Dramatik hineinzogen.

Die Reaktionen auf den Film waren widersprüchlich, auf jeden Fall hat der Film aber zur Auseinandersetzung provoziert. Da gab es die Fragen nach der Pathetik. Christa Wolf hat sich den Film angeschaut, weil er für sie die Voraussetzung bildete, ob sie uns ihre Erzählung »Selbstversuch« zur Verfilmung überlassen würde. Sie hat das Pathos des Films kritisiert. Ich konnte ihr nur entgegenhalten, für diesen Film zwar eine freie Erzählweise erfunden zu haben, was aber nicht erfunden war, waren die Dialoge und alle anderen Texte. Alles, was man in diesem Film hört, ist authentisches, dokumentarisches Material. Der Brief von Walter Husemann ist authentisch. Er ist im Angesicht des Todes so geschrieben worden. Das Pathos in diesem Brief ist das Pathos Walter Husemanns in dieser letzten Situation seines kurzen Lebens. Die Flugblätter, die Assoziationen, die Monologe – alles stammt aus letzten Briefen, es sind Berichte von Zeitzeugen, Überlieferungen. Erfunden ist nur die Dramaturgie.

Was gedacht und gefühlt und aufgeschrieben wurde, durfte ich nicht redigieren oder in Frage stellen. Ich habe mich ganz und gar auf diese Lebenszeugnisse eingelassen, auf diese letzten Briefe, auf diese Flugblätter. Denn das waren ja gerade der Geist des Widerstandes und das Denken und Fühlen dieser Leute.

Nur was aus zweiter Hand kommt, muß hinterfragt werden. Aber wenn es Lebenszeugnisse sind, dann sehe ich die Lebenszeugnisse als Zuschauer so an, wie sie notiert sind, oder ich akzeptiere sie nicht, weil ich emotional und intellektuell keinen Bezug zu ihnen habe. Das ist dann die Entscheidung des Zuschauers.

Der Film nach Christa Wolfs Erzählung von Peter Vogel und mir wurde bei der DEFA produziert und am 9. Januar 1990 durch das Adlershofer Fernsehen und am 13. Mai des gleichen Jahres vom ZDF gesendet.

Ich für meine Person möchte den Begriff vom »verordneten Antifaschismus«, wie er jetzt durch die Medien geistert, ablehnen. Mit dem antifaschistischen Thema habe ich für mich das Thema des Widerstandes gefunden, den Mut zum Widerstandsdenken, zum Andersdenken. Bei der Beschäftigung mit diesem Thema habe ich Menschen und Biographien entdeckt, die mir durch ihr ethisches, moralisches und menschliches Verhalten Vorbilder sind, die mir Mut gemacht und das System »Reale DDR – Realer

Sozialismus« auf ihre Weise in Frage gestellt haben. Insofern waren mir die literarisch-biographischen Überlieferungen von Antifaschismus ein Lehrbuch über die falsche Richtung, in welche die DDR gegangen ist.

Es scheint mir, daß der antifaschistische Widerstand im Dritten Reich nur funktionieren konnte, weil die Frauen und Männer selbständig denken, selbständig entscheiden mußten, in Situationen, in denen sie mit Leben oder Tod konfrontiert waren. Das waren, nebenbei bemerkt, Situationen von ganz anderer Dimension als jene, in denen sich die Dissidenten der schon längst angeschlagenen DDR in ihrer Gesamtheit befanden.

Die Frauen und Männer des antifaschistischen Widerstandes mußten vollkommen eigenständig und aus sich selbst heraus, jedoch in Abstimmung mit organisierten Gruppen christlichen, kommunistischen oder militärischen Ursprungs, ihre Individualität überblicken. Sie haben als selbständige Individuen Widerstand geleistet.

Genau das ist abgeschnitten worden, als die Staatsstruktur DDR aufgebaut wurde und autoritär zu funktionieren begann. Die Selbständigkeit des Denkens und die eigene Entscheidungsfreiheit, sich gemäß des eigenen Willens zu verhalten, ist diszipliniert, repressiert oder liquidiert worden. Dadurch entstand unter dem Begriff Antifaschismus eine auf Disziplin beruhende Struktur, die gar keine Identifika-tion auslösen konnte, weil jeder Mensch, dem eine autoritäre Disziplin aufgezwungen wird, sich natürlich gegen die Begriffsinstrumentalien dieser Disziplin zur Wehr setzt. Was in der DDR funktioniert und gewirkt hat, waren die autoritären Strukturen. Der antifaschistische Inhalt jedoch, der durch sie vermittelt worden ist, wurde überhaupt nicht angenommen. Die Präposition »anti« vor dem Wort faschistisch haben die Parteiführung und die ihr unterstellten Institutionen selber ausradiert, übriggeblieben ist eine faschistoide Struktur von Rechthabern und Belehrten, von Befehlsgebern und Befehlsempfängern.

In der jetzt im bürgerlichen Sinne »frei« gewordenen neuen Welt stehen die noch immer nach den Bedingungen der untergegangenen DDR funktionierenden Menschen – die inzwischen älter gewordenen ehemaligen Jungen Pioniere, FDJler, GST- und Kampfgruppen-Mitglieder, Volkspolizisten, NVA-Soldaten, die Angehörigen von Zivilverteidigung, Freiwilliger Feuerwehr, Rotem

Kreuz und so weiter – in einer geistigen Landschaft, die für sie zur Wüste geworden ist. Das »Anti« hatten viele von ihnen nie durchdacht, nie verarbeitet, nie angenommen, und das »Faschistisch« ist eben übrig geblieben. Jetzt suchen sie nach einer neuen Autorität, und die finden sie genau in der Ideologie, die ihnen von der vorhergehenden Staatsmacht als gefährlich verboten worden ist. Es ist eine historische Tragik, daß ein Staat, in dessen Verfassung der Antifaschismus festgeschrieben war, diesen Verfassungsgrundsatz selbst so weit ausgehöhlt hatte, bis er nichts mehr wert schien. Bis jeder, der wollte, ungehemmt die Hakenkreuzfahne aus seinem muffigen Keller hervorkramen konnte. Man hat in der DDR positive Werte so entwertet, daß sie offensichtlich durch falsche Politik für die nächste Generation nicht mehr zu gebrauchen sind. Und eine Kraft, die in der Lage wäre, jetzt überzeugenden und wirksamen Widerstand zu leisten, ist nicht zu erkennen. Aber, obwohl fürs erste der Antifaschismus weithin verbraucht zu sein scheint, es bleibt ein Trotzdem.

Was meine Filme betrifft, so habe ich durch meine Gastprofessuren in den USA und in Kanada feststellen können, welch große Wirkung diese Filme dort haben. Dort werden Antifaschismus und antifaschistischer Widerstand als ethische Werte verstanden, nach denen gedacht und gelebt wird. Die Begriffe sind unabgenutzt, mit Inhalt gefüllt, und die von Stephan Hermlin aufgeschriebenen und von uns für das Fernsehen bearbeiteten antifaschistisch-biographischen Geschichten provozieren prinzipielle Fragen, lösen nachhaltige Diskussionen und couragierte Auseinandersetzungen aus.

Auf der Grundlage eines eigenen Stoffes entstand 1987, anläßlich des fünfzigsten Todestages von Lieselotte Herrmann, eine Collage aus Liedern und Szenen. Ich empfand diese Arbeit für mich als so etwas wie einen Verzweiflungsschrei. Lilo Herrmann war die erste Frau gewesen, die in Deutschland aufs Schafott gebracht wurde. Das geschah 1938. Nur wenige wissen, daß dieses Todesurteil einen europaweiten Protest auslöste. Tausende Briefe aus England, Frankreich, der Schweiz und den skandinavischen Ländern wurden damals nach Deutschland geschickt. An Hitler, an Göring, an die BDM- und Frauenschafts-Führerinnen. Europa hat versucht, den Tod dieser Frau zu verhindern, aber nichts half. In Deutschland selbst war es den Leuten offensichtlich gleichgültig, wer da aufs Schafott kam.

Für mich hat sich die Frage gestellt, was die Vernunft denn überhaupt gegen die Unvernunft oder die Brutalität der Macht ausrichten kann. Warum konnte der Tod von Lilo Herrmann nicht verhindert werden? Warum hat denn auch niemand Hitler verhindern können? Was haben die Intellektuellen der Weimarer Republik alles geschrieben über die Gefährlichkeit der Nazis! Was ist alles an Klugem, Eindringlichem gedruckt, komponiert, in Theatern aufgeführt worden! Die besten Geister der deutschen Nation haben gewarnt, alles konnte gedruckt und gelesen werden. Lieder wurden gesungen, Agitpropgruppen waren unterwegs. – Es hat alles überhaupt keinen Effekt gemacht, nichts, im Gegenteil. Die Nazis verbrannten Bücher, jagten die geistige Elite aus dem Land.

Ich weiß nicht, ob der »alltägliche Faschismus« wirklich nur ein besonderes deutsches Phänomen ist. Es gab auch andere europäische Völker, die sich barbarisch aufgeführt haben. Aber ganz offensichtlich sind es vor allem die Deutschen, die an Humanität kein Interesse haben. Sobald ihnen jemand sagt, ihr könnt euch jetzt gewalttätig ausbreiten, ziehen sie das ihrem ansonsten zivilisierten Benehmen vor. Deshalb sind die Brecht-Songs in dem Lilo-Herrmann-Essay von 1987 und die Enzensberger-Gedichte und all die anderen Zeugnisse antifaschistischer deutscher Kultur nichts weiter als ein hilfloser Schrei des Geistes, der zwar formulieren kann, wie Ungeist aussieht, nicht aber verhindern kann, daß dieser Ungeist die Massen ergreift. Sonst hätte ja eine so verheerende Ordnung wie der Nationalsozialismus nicht sechzig Millionen Menschen erfassen können.

Der Tod von Lilo Herrmann ist Ausdruck dafür, daß Vernunft und Humanität keine Chance haben, wenn die Unvernunft erst einmal an der Macht ist.

Dieser Film-Essay für Lilo Herrmann ist ein Spiegel der Hilflosigkeit. Wie auch alle anderen antifaschistischen Filme, die in der DDR und auch in der Bundesrepublik entstanden, nichts weiter sind, als ein Ausdruck intellektueller Hilflosigkeit. Wenn irgend jemand etwas begriffen, diese Kunstwerke als Aufklärung verstanden hätte, dann hätten Hoyerswerda und Mölln und Rostock und die ganze lange Reihe faschistischer Gewalttaten seitdem niemals stattfinden können.

Die ganze tragische Geschichte, die uns jetzt auf die Füße gefallen ist wie ein Scherbenhaufen, über den hinwegzusteigen wir gezwungen sind, hat noch einen anderen Grund: Die sowjetischen und deutschen Väter der DDR haben einen gewaltigen Fehler gemacht, als sie dachten, daß Leute, die zwölf Jahre im KZ, im Zuchthaus, im Gefängnis, in den Arbeitslagern, vor den Verbrennungsöfen gesessen haben – die dem Faschismus in seinen perversesten Strukturen ausgeliefert waren, – in der Lage sein würden, einen humanistischen Staat zu gründen. Jemand, der permanent solcher Brutalität ausgesetzt ist, nimmt einen so gewaltigen psychischen Schaden, daß er gar nicht mehr in der Lage ist, Vertrauen, Humanität, Ethos, Solidarität, Lebensfreude, Toleranz, Ästhetik zu reflektieren. Wenn jemand zwölf Jahre im KZ gesessen hat, dann hat er die Ästhetik dieses Konzentrationslagers, eine Baracken- und Stacheldrahtmentalität, eine anormale Sicherheitsmentalität angenommen. Der psychische Schaden der ehemaligen Widerstandskämpfer, die mit dem Faschismus auf Leben und Tod konfrontiert waren, ist ein historischer Schaden. Aber natürlich weiß ich, daß andere Menschen nicht zur Verfügung standen. – Es sind in der Geschichte nie andere Menschen da als die, die eben da sind.

Für ihre Toten hat die erste Generation derer, die in der DDR die Macht in Händen hielten, Rache genommen. Aber sie haben sich dabei bisweilen ähnlicher Mittel bedient wie ihre ehemaligen Feinde.

Davon, wie es den Faschisten gelungen ist, die deutsche Arbeiterklasse mundtot zu machen, umzupolen oder wenn nötig niederzuknüppeln, müssen sie in nicht geringem Maße fasziniert gewesen sein. Es war doch eine hochqualifizierte, gut organisierte Arbeiterklasse gewesen, die aus der Sozialdemokratie von August Bebel und Wilhelm Liebknecht gekommen war und über eine kampfstarke Partei verfügte. Alle proletarischen Traditionen, alle Bildung nutzten nichts. Die Nazis haben alles in kürzester Zeit zerschlagen. Das Erstaunen über diesen ziemlich leichten Sieg der Nazis ließ sie nach den Mitteln der Beeinflussung fragen, die ihre Todfeinde benutzt hatten: Die Beschäftigung mit dem Instrumentarium des Gegners führt nicht selten dazu, Teile dieses Instrumentariums für die eigenen Zwecke einzusetzen, von deren Berechtigung man zutiefst überzeugt ist.

Hinzu kam der Kalte Krieg, der jeden progressiven demokratischen Ansatz erneut in die Strukturen heftigster Auseinandersetzungen zurückwarf und zur ruhigen, gestaltenden Formung des eigenen Gesellschaftsmodells keine Zeit ließ. Immer mußte reagiert, nie konnte wirklich agiert werden.

Die DDR mußte scheitern infolge ihrer beschränkten wirtschaftlichen Möglichkeiten – besser gesagt, ihrer fast völligen Abhängigkeit vom Osten und Westen –, ihrer einseitigen Außenpolitik, die ihr teilweise aufgezwungen war, ihrer verengten Innenpolitik, für die sie selbst verantwortlich zeichnete, und wegen ihres holzschnittartigen Geschichtsrasters. Am Ende hat sich die Politik gedreht: Honecker wird als Totschläger angeklagt und versteht die Welt nicht mehr.

Im Verlauf ihrer Existenz hat die DDR noch etwas anderes, Entscheidendes zu wenig beachtet: Bedeutende und für das gesellschaftliche Leben wichtige Persönlichkeiten sind wegen der Nazis in die USA emigriert, wo viele Juden, die über England oder Frankreich flüchten konnten, neue Lebensmöglichkeiten fanden. Ich erinnere zum Beispiel an die Familie Reißner, die zusammen mit Willy Brandt von Paris aus Carl von Ossietzky für den Friedensnobelpreis vorgeschlagen hat. Gleich nach dem Krieg stellten die Reißners in New York eine erste Liste von Care-Paketen für Nazi-Opfer zusammen, für ehemalige Häftlinge, auch solche, die im Osten lebten, und versuchten so mit, die Grundlagen der Ernährung zu sichern.

Alle diese Menschen wurden nicht als Verbündete herangezogen, um die antifaschistische Idee in der DDR durchzusetzen, sondern im Gegenteil, da sie in den USA lebten, vereinfachend in den großen Topf des »imperialistischen Klassenfeindes« geworfen. Die DDR hat wegen ihrer einseitigen Haltung zum Zionismus und dessen Staat Israel eine große antifaschistische Tradition vollkommen außer acht gelassen. Das geschah auch auf der Grundlage einer in den Jahren der Weimarer Republik nicht gerade freundlichen Grundhaltung vieler damals verantwortlicher Kommunisten den Juden gegenüber. Folge dieser durchaus auch von antisemitischen Auslassungen begleiteten Gleichgültigkeit ist, daß Kommunisten und jüdische Kreise, als es mit den Nazis hart auf hart ging, sich gegenseitig nicht unterstützten. Später, im Kalten Krieg, wurden jüdischer und amerikanischer Imperialismus undifferenziert in einen Topf geworfen – in dem sie später allerdings auch waren.

Im Laufe der Zeit merkte man in der DDR, daß man ohne die Amerikaner keinen Schritt weiterkommt. Es ging um die gegenseitige Anerkennung als souveräne Staaten. Wenn DDR-Politiker über ihre diplomatischen Kanäle mit den USA verhandelten, trafen sie immer auch auf Juden, in der Politik, in der Wirtschaft, in der Kultur. Sie kamen überhaupt nicht mehr darum herum, sich mit der jüdischen Problematik auseinanderzusetzen.

Schließlich begriffen sie endlich, daß sie, wenn sie mit den Juden in den USA einen Dialog begännen, auch materielle Unterstützung erhalten würden. Das ist überhaupt der Hintergrund für den außenpolitischen Schwenk in Richtung USA. Die amerikanischen Juden haben das mit großer Dankbarkeit entgegengenommen, weil sie nie verstanden haben, warum die antifaschistische DDR sie so vollkommen unbeachtet läßt.

Anlaß für meine dokumentarische Sendung aus dem Jahre 1988 »Schlaft nicht daheim« war die Begegnung mit dem amerikanischen Juden und ehemaligen Widerstandskämpfer Fred Abraham Manela, der in Berlin groß geworden war, sich immer als Berliner gefühlt und die Pogromnacht vom November 1938 als Mitglied einer kleinen Gruppe junger Leute in einer banalen Widerstandsaktion überlebt hat. Er ist noch einmal nach Berlin zurückgekommen, um sich an die Stätten seiner Kindheit und Jugend zu erinnern. Als ich ihn entdeckt hatte und das Projekt im Fernsehen vorschlug, hatte die offizielle Politik nichts mehr dagegen, einen solchen Film zu machen. Ansonsten hätte ich niemals in die USA fahren und dort diesen Film vorbereiten können. Der ökonomische Druck war einfach so stark geworden, daß man sich jetzt fragte: Warum verbinden wir uns nicht mit jenen Leuten in den USA, die Widerstand geleistet haben, und machen sie zu unseren Fürsprechern?

Wir sollten uns mit dem inhumanen Potential im deutschen Volk, dessen Fortexistenz uns jeden Tag vor Augen geführt wird, unermüdlich und in immer neuen Formen auseinandersetzen. Das wichtigste dabei wäre aber, daß die Form dieser Auseinandersetzung individuell geprägt sein müßte.

Im Zusammenhang mit einem Filmessay habe ich mich mit dem jüdischen Warenhauskonzern Salman Schocken beschäftigt. Schocken betätigte sich auch als Verleger, und unter seiner Leitung war einer der bedeutendsten jüdischen Verlage in Deutschland entstanden. Diesen Verlag finanzierte er mit Mitteln aus seiner Warenhauskette, die er ab 1907 in Sachsen und Süddeutschland aufgebaut hatte. Manche seiner Warenhäuser hatten namhafte Bauhausarchitekten errichtet. Sie waren so strukturiert, daß sie dem jüdischen Begriff von Sozialismus und Nächstenliebe sehr stark entsprachen.

Meine Mutter hat in Lugau im Erzgebirge in einem seiner kleineren Kaufhäuser als Verkäuferin gearbeitet. Diese Zeit bei Schokken hat sie als ihre glücklichste Zeit empfunden. Sie konnte nicht verstehen, warum die Nazis 1938 dieses schöne Kaufhaus, wo es alles zu billigen Preisen gab und die Mitarbeiter freundlich waren, beschossen und die Fenster zerschlugen, warum sie Leute drangsalierten und die Geschäftsführung in die Emigration zwangen, warum sie eine intakte Waren- und Sozialstruktur zerschlugen, aus keinem anderen Grund, weil der Besitzer ein deutscher Jude war. Meine Mutter hat das alles als Barbarei empfunden, und gleichzeitig war ihre Angst groß, die Arbeit zu verlieren. Die neuen nichtjüdischen Arbeitgeber wurden von allen schweigend akzeptiert.

Wen haben die Deutschen nicht alles vertrieben: den Geschäftsmann und Verleger, die Architekten als die Erbauer dieser Warenhäuser, die Autoren des Verlages. Aber sie haben auch die Waren vertrieben, die in diesen Häusern zu günstigen Preisen an die Kundschaft, meistens Arbeiter, verkauft wurden.

Unsere deutsche Geschichte ist ein ständiges Organisieren von Verlusten. Wie vieles von dem, was sich die Bundesrepublik und die DDR vorher in fünfundvierzig Jahren erarbeiteten, hat sich in den noch nicht zwanzig Jahren dieser Vereinigung in Luft aufgelöst, ist verspielt, vernichtet worden.

Als ich begann, mich mit dem Thema des antifaschistischen Widerstandes zu beschäftigen, schon bei der Arbeit an meinem Film nach Stephan Hermlins Novelle »Der Leutnant Yorck von Wartenburg«, habe ich begriffen, daß mir dieses Thema eine Welt eröffnen kann, zu der ich vorher keinen Zugang hatte. Je mehr ich mich mit diesen Themen beschäftigt habe, um so größer wurde mein Kommunikationskreis, um so bedeutsamer wurden die Gespräche, um so schneller wuchs meine historische Erkenntnisfähigkeit. Aus dem Thema Antifaschismus hat sich für mich kein Leben in einer eindrucksvollen Nische ergeben, sondern ich habe ihm die größtmögliche Erweiterung meines Weltbildes in meinen letzten zehn DDR-Jahren zu verdanken.

Ich bin Gott immer wieder dankbar, daß er mich auf dieses Thema gebracht hat, und ich befinde mich heute in einem Kreis von mir sehr wertvollen Menschen, die über die ganze Welt verteilt sind. Die Schulenburg-Kinder leben in England und Irland, die Kinder von Reichwein und von Moltke in der Bundesrepublik und den USA, mein deutsch-jüdischer Freund aus Bad Freienwalde bei Berlin, der Schriftsteller und Psychoanalytiker Hans Keilson, lebt in den Niederlanden. Von Loween und Rudi Nußbaum erhalte ich regelmäßig Post aus Portland/Oregon, dem wunderbaren Bundesstaat an der amerikanischen Pazifikküste. Der Antifaschismus als Thema hat mir die Welt geöffnet. Überall auf unserer Erde gibt es Menschen, denen diese schreckliche Zeit ihre besondere Biographie aufgezwungen hat. Freundschaftlich stehe ich mit ihnen allen in geistiger Verbindung. Ich werde von ihnen geschützt, so, wie ich mich bemühe, meinen Beitrag zu ihrer Wirksamkeit in der Öffentlichkeit einzubringen. Mir konnte in der DDR überhaupt nichts Besseres widerfahren, als daß mich dieses Thema ergriffen hat, und ich weiß nicht, ob mir solch ein geistiger Reichtum in so vielen Gesprächen begegnet wäre, wenn ich in der Bundesrepublik gelebt hätte.

Das ist auch der Grund, warum ich niemals auf die Idee kam, in den Westen zu gehen, obwohl ich dazu viele Gelegenheiten hatte. Ich glaubte, dieses Thema für mich von der DDR her besser bewältigen zu können. Immer haben mir die Menschen, mit denen ich außerhalb der Grenzen der DDR gesprochen habe, gesagt: Du mußt zurückgehen und unsere Positionen in der DDR vertreten.

Ich habe mich in den Auftrag dieser Menschen begeben. Mich hat kein »verordneter Antifaschismus« getrieben, sondern das, was ich erfuhr, empfand ich als die größte Bewußtseinserweiterung in meiner biographischen und künstlerischen Entwicklung. Es war immer ein wenig wie Pfingsten: Ausgießung des Geistes. Freya von Moltke hat einmal gesagt: »Wer sich mit uns einläßt, steht unter Gottes Segen.«

Dafür bin ich dankbar.

Es war immerhin das Leben, das er gab

Marion Gräfin Yorck von Wartenburg
im Gespräch mit Ulrich Dietzel und Eberhard Görner
1983

Ulrich Dietzel, Eberhard Görner:
Wenn man einen Film wie den »Leutnant Yorck von Warten-
burg« dreht, tut man es in der Hoffnung, dem heutigen Publikum
nicht nur eine Gestalt der Geschichte zu präsentieren, sondern
mit den Haltungen dieser Person auch Haltungen von heute zu
beeinflussen. Oder glauben Sie, daß dieser Film nur eine vergan-
gene Haltung beschreiben will?

Marion Gräfin Yorck von Wartenburg:
Das glaube ich ganz bestimmt nicht. Ich glaube, daß jedes
Kunstwerk, wenn es lebendig ist, auch auf die Menschen wirkt,
die es betrachten. Das ist nicht nur bei Filmen so, das gilt auch
für Bilder und alle anderen Kunstwerke. Aber ein Film, gemacht
für Augen und Ohren, wirkt natürlich ganz besonders. Und ich
glaube auch, daß ein Künstler heute das Recht hat, sich einer
solchen geschichtlichen Gestalt oder einer dieser Gestalten zu
bemächtigen, um sie darzustellen, wie er sie sieht. Ich räume
ihm das absolute Recht dazu ein. Ich finde nicht, daß man allein
an die Fakten des Lebens gebunden ist, man kann diese Gestalt
auch künstlerisch formen.

Die Diskrepanz zwischen dem historischen Yorck und dem künst-
lerischen Yorck stört Sie nicht?

Überhaupt nicht, solange nicht, wie Brecht sagt, ganz und gar
verfremdet wird. Wesentliche Züge der Persönlichkeit Yorcks
kommen in dem Film zum Ausdruck. Zum Beispiel seine unbe-
dingte Einsatzbereitschaft und die Verpflichtung, für etwas als
richtig Erkanntes dann auch einzutreten. Und die Kraft, dafür

die Konsequenzen bis zum letzten zu ziehen. Es ist auch ganz klar, weil das Leben ja mit aller Kraft auf ihn einstürmt und er dennoch auch träumt. Und daß er hofft. Davon lebt dieser Film. Nur haben das manche Menschen nicht verstanden. Gerade in der DDR, ich habe da noch mehrere Bekannte aus Schlesien, ist es zum Teil gar nicht begriffen worden. Der Graf, haben sie mir gesagt oder geschrieben, der war doch gar nicht in Moskau, wie kommt er denn dahin?

Es gehört zu den Absichten des Films, die Grenzen zwischen der Möglichkeit, zwischen dem Denkbaren und der Wirklichkeit zu verwischen. Und der Schock tritt für den Zuschauer in dem Augenblick ein, als Yorck Anna in der Vision entgegentaumelt, es sei Frieden, und plötzlich kehrt der Film in die Realität zurück und Yorcks Leben wird gewaltsam beendet. Ich glaube, der Zuschauer muß diese Illusion einer tatsächlichen Rettung haben.

Das kommt auch schon in Hermlins Novelle so heraus.

Die Novelle, liest man sie zum erstenmal, hat am Ende eine Schockwirkung. Das Motiv, den Film zu machen, kam aus dieser Erschütterung, die Garotte sei nicht überstanden, sondern sie existiere während der ganzen Zeit ...

... was die dramatische Wirkung des Films ausmacht.

Gräfin Yorck, vielleicht könnten wir noch einmal an das historische Milieu erinnern: Wann erfuhren Sie, daß Ihr Mann verhaftet worden war?

Am 19. und 20. Juli 1944 waren wir Gäste einer Hochzeit in Weimar, und mit Stauffenberg war verabredet, daß mein Mann, wenn Stauffenberg nichts von sich hören ließe, am 20. frühmorgens um acht in Berlin sein sollte. Ich weiß noch, wir sind am 19. abends durch den Park gelaufen, haben Goethes Gartenhaus gesehen. Ich habe den Abend in sehr schöner Erinnerung. Ich saß auch auf dem Rand des Brunnens, der, glaube ich, auf dem Marktplatz stand. Und dann sind wir ins Hotel gegangen, hinauf in unser Zimmer, und mein Mann sagte, ich werde fahren. Wir wußten, es ging ein Zug nachts um zwei. Ich war inzwischen zu Bett gegangen, und er zog sich um und packte seine Sachen. Dann klingelte das Telefon, das hatte er bestellt, ihn zu wecken. Wir gingen hinaus. In dem Hotel gab es eine Wendeltreppe, ich könnte sie noch malen, aber wie das Hotel hieß, das kann ich nicht mehr sagen. Und dann sagte er auf einmal, jetzt mußt du zurückgehen, du bist hier nicht zu Hause. Ich war im Nachthemd. Also lief ich zurück, und als ich oben war, dachte ich, jetzt haben wir uns überhaupt nicht verabredet, was wir sonst immer getan haben. Zum Beispiel: »Ich rufe dich an« oder: »Wir sehen uns heute abend« oder: »Ich komme Sonnabend nach Hause«. Es war immer so: Ich wußte, wo er war und wann und wo wir uns sehen würden. Diesmal wußte ich nichts. Deshalb habe auch ich die Hochzeit verlassen und bin am nächsten Tag mit dem ersten Zug gefahren. Da war das Attentat schon passiert. Der Zug fuhr so um elf aus Weimar ab. Er lag Stunden auf der Strecke, denn auf Leuna waren Luftangriffe gewesen, und der Zug mußte immer wieder anhalten. Die Menschen sprachen überhaupt nichts. Ich habe bis zur Ankunft am Abend – ich weiß nicht mehr, war es der Anhalter oder ein anderer Bahnhof – nicht gewußt, was aus dem Attentat geworden war. Kein Mensch fragte: lebt unser Führer noch? Und keiner sagte: Ach, wie schade! Das hätte man sowieso nicht gewagt. Und ich kam abends in Berlin an, auf einem knackend vollen Bahnhof, alles Soldaten. Da erzählte mir Frau Krause, die mich abholte, das Attentat sei mißlungen und mein Mann wünsche, daß ich gleich nach Schlesien weiterfahren solle. Ich bin noch in derselben Nacht gefahren. Und dann gellten im Hotel in Breslau irgendwelche Lautsprecher über die »Verbrecher«. Ich bin nach Kauern gefahren, war dort vielleicht zwei Tage, fuhr aber wieder nach Berlin.

Dort bin ich zur Gestapo gegangen, um zu hören, ob ich ihn sehen dürfte. Und da guckte mich dieser Neuhaus an, so hieß der Mann, glaube ich, er war später Volksschullehrer irgendwo an der Mosel, wo ihn einer von den Überlebenden aufgetan hat. Also er sah mich an und sagte, Sie haben doch alles vorher gewußt! Worauf ich sagte, keine Ahnung, ich war in Schlesien, und mein Mann ist ein so verschwiegener Mensch, er würde über so etwas nicht gesprochen haben. Neuhaus erklärte, es wäre gar nicht daran zu denken, daß ich einen Besuchsschein bekäme und ich solle mich bereit halten für die Gestapo. Ich bin aber wieder nach Schlesien gefahren, weil ich wußte, daß die Familie meines Mannes auf

Nachricht wartete. Erst am 5. August bin ich wieder nach Berlin gekommen, der Gestapo-Termin war am 7. und 8. Ich wußte, daß alles nicht nur bedrohlich, sondern ziemlich aussichtslos war. Ich bin noch im Auswärtigen Amt gewesen, bei dem damaligen Staatssekretär Steengracht, einem Freund meines Mannes aus Jugendzeiten, der kein Nazi war. Jetzt lebt er schon lange nicht mehr. Ich war auch beim Finanzminister Schwerin-Krosigk. Alle waren sehr freundlich, das muß ich sagen, aber es war völlig unmöglich, zu meinem Mann zu gelangen.

Am 7. August früh bin ich zum Volksgerichtshof gegangen, der in der Elßholzstraße, im späteren Kontrollratsgebäude, tagte. Ich sprach mit dem Wachtmeister und sagte ihm, mein Mann wäre da. Da sagte er nicht: »Scheren Sie sich weg!«, sondern er sah mich voller Mitleid an. Dann führte mich der Wachtmeister in den Aufenthaltsraum und brachte mir Nachrichten, wie es stände und was beantragt worden war. Ich habe mit meinem inneren Ohr diese schreckliche Stimme des Roland Freisler gehört, ein gellendes Organ, eine böse Stimme. Und am zweiten Tag bin ich wieder da gewesen. Ich wohnte damals bei meiner Schwägerin, denn an unserem Haus klebte so ein Vögelchen. Am zweiten Tag sagte mir dieser Wachtmeister, das Todesurteil sei ausgesprochen.

Ich ging auf die Straße. Und mein Mann hat mich noch gesehen, als ich aus dem Gebäude des Volksgerichtshofes trat. Die Grüne Minna muß gerade losgefahren sein, und er hat zu dem Gefängnispfarrer, der als letzter mit ihm sprach, gesagt: »Ich habe die Marion noch gesehen.«

Es war ein strahlender Sonnentag. Ich bin zu Fuß nach Dahlem gelaufen, das war gut. Nein, nicht nach Dahlem, ich bin erst zur Hortensienstraße gelaufen, wo wir wohnten. Ich hatte ja den Hausschlüssel. Ich zerstörte den Kuckuck und bin reingegangen.

Während er starb, war ich in unserer gemeinsamen Bleibe, in dem Häuschen dort in der Hortensienstraße. Zum Schlafen bin ich zu meiner Schwägerin gegangen. Nein, ich muß mich verbessern: Abends habe ich erst noch geschrieben. Wir alle, meine Schwägerin und noch eine andere Schwester, die dort war, haben geschrieben.

Mit den Briefen, es war so gegen acht Uhr abends, bin ich noch einmal in die Prinz-Albrecht-Straße gegangen. Der Mann in der

Pförtnerloge meinte, wir sind doch keine Unmenschen, abends werden keine Urteile vollstreckt. Ach, sagte ich, ich möchte doch so gern, daß er diese Briefe noch bekommt. Und er sagte, es gibt doch noch die Möglichkeit von Gnadengesuchen usw. Aber da war er schon tot. Denn auf der Nachricht von der Vollstreckung des Urteils ist 18.30 Uhr angegeben.

Ich bin wieder zu meiner Schwägerin gegangen, der ältesten Schwester meines Mannes. Am nächsten Morgen rief mich meine Schwester an, die auch in Berlin wohnte, und sagte mir, daß Peter nicht mehr lebt.

Ich ging zu Bischof Lilje. Er war damals Pfarrer für die Innere Mission; er wohnte in unserer Straße. Mit ihm habe ich den ganzen Tag zugebracht. Die Gestapo war zu meiner Schwägerin gekommen und hatte auf dem Grundstück, das zwei Ausgänge hatte, Wachen aufgestellt, um mich abzupassen. Schließlich und endlich mußte mein Schwager dafür bürgen, daß er mich am nächsten Tage veranlassen würde, mich zu stellen. Sie wußten tatsächlich nicht, wo ich war. Ich war einfach weggelaufen, und mir war auch gar nicht klar, wohin ich wollte. Ich bin bei Lilje gelandet, zu dem es mich einfach hingezogen hat und dem ich sehr dankbar für das schöne Gespräch und die Andacht bin, die er für Peter hielt.

Sie sprachen von einem Brief, den Ihr Mann an Sie geschrieben hätte. Den haben Sie nicht bekommen?

Doch, den habe ich bekommen. Aber stellen Sie sich vor, ich war nach meiner Entlassung aus dem Gefängnis nacheinander auf mindestens vier Gestapostellen, um diesen Brief zu bekommen. Ich wußte, daß mein Mann während der Beratung lange geschrieben hatte. Ich war in das Hotel Kaiserhof bestellt. Das muß Anfang April gewesen sein. Dort empfing mich ein SS-Führer in großer Uniform und sagte, wir haben daran gedacht, Ihnen eine Rente auszusetzen. Worauf ich sagte, ich glaube nicht, daß mein Mann dafür gestorben ist, daß ich eine Rente von Ihnen bekomme. Er wartete einen Moment und sagte, ich kann Ihnen aber den letzten Brief Ihres Mannes geben. Ich sagte, da machen Sie mir eine große Freude.

Ist er veröffentlicht worden?

Nein, ich will das auch nicht. Er ist sehr persönlich. Ich liebe es nicht, daß eine für mich bestimmte Botschaft für aller Augen gedruckt vorliegt. Ich kann Ihnen Teile vorlesen. Das Papier ist sehr schlecht, so daß es jetzt fast auseinanderfällt. Ich habe ihn abgeschrieben. Es stehen sehr schöne Worte darin.

Vielleicht könnten Sie den einen oder anderen Satz vorlesen.

Das kann ich, ich werde einmal sehen: »Wir stehen nun am Ende unseres schönen und reichen gemeinsamen Lebens, denn morgen will der Volksgerichtshof über mich und andere zu Gericht sitzen ... Ich höre, das Heer hat uns ausgestoßen. Das Kleid kann man uns nehmen, aber nicht den Geist, in dem wir handelten, und in ihm fühle ich mich den Vätern und Brüdern und auch den Kameraden verbunden. Daß Gott es so gefügt hat, wie es gekommen ist, gehört zu der Unerforschlichkeit seiner Ratschlüsse, die ich demutsvoll annehme. Ich glaube mich durch das Gefühl der alle niederbeugenden Schuld getrieben und reinen Herzens. Ich hoffe deshalb auch zuversichtlich, in Gott einen gnädigen Richter zu finden.«

Und es folgen ganz persönliche Passagen, hauptsächlich von unserem Gut Kauern in der Nähe von Breslau. Dann schreibt er über geschäftliche Dinge, von seinen Freunden und den Geschwistern, die er alle aufzählt. Wir hatten einen guten Malerfreund, und an seine Adresse schreibt er: »Vielleicht malt er dir ein Bild von mir als dem unglücklichen Rebell für Freiheit, Menschenwürde und Recht.«

An alle hat er gedacht, an die Patenkinder. Und es ist nicht ein Wort der Klage in seinem Brief. Er beschreibt Kauern, wo ich weiterleben sollte, wie ich die Zimmer einteilen soll und wie den Garten, der noch nicht fertig war, den Gemüsegarten, den Blumengarten, an diesen Gedanken hatte er sich erfreut. »Unsere Zweisamkeit, die dauert fort, auch wenn meine großen Hände dich nicht mehr streicheln können. An ihrer Stelle tun dies meine Gedanken.« Und dann dieser schöne Satz: »Aber mein Tod, er wird hoffentlich angenommen als Sühne aller meiner Sünden und als Sühneopfer für das, was wir alle gemeinschaftlich tragen. Die Gottesferne unserer Zeit möge auch zu einem Quentchen durch ihn verringert werden. Auch für mein Teil sterbe ich den Tod fürs Vaterland, wenn der Anschein auch sehr ruhmlos, ja schmachvoll ist. Ich gehe aufrecht und ungebeugt diesen letzten Gang ... Des Lebens Fackel wollten wir entzünden, ein Flammenmeer umgibt uns, welch ein Feuer! Und nun sage ich dir Lebewohl.« Wenn er selbst Briefe bekam und sie vorlas, sagte er am Schluß immer: Nun folgen die Beteuerungen.

Wenn Sie diesem Brief ein Recht auf Öffentlichkeit noch nicht zubilligen, so sollten Sie ihn der Nachwelt, den kommenden Generationen, übergeben. Sie sollten eine entsprechende Verfügung treffen. Es spricht eine tiefe Humanität aus diesem Brief.

Ja, er muß friedvoll, fast heiter gewesen sein. Der katholische Pfarrer Buchholz in Plötzensee hat ihn noch von seinem Fenster aus in Holzpantoffeln, Gefängnishemd und -hosen über den Hof gehen sehen. Er stolperte und die Holzpantine flog weg. Er kehrte um, das machte er immer, wenn er gestolpert war, und ging ordentlich über diese Stelle. Buchholz hat mir das sehr schön beschrieben. Er sagte, die untergehende Sonne hätte einen Strahl auf die Männer geworfen, es waren acht, und er hat das Bild als still und friedlich empfunden. Sie sprachen gemeinsam ein Gebet. Dann hätte er zu Poelchau gesagt, es ist kein Name von den Freunden gefallen, nicht ein einziger. Er selbst galt in der Bendlerstraße nur als Vetter von Claus Stauffenberg und als Mitverschwörer.

Es ist dann Sippenhaft ausgeübt worden?

Sogar meine alte Schwiegermutter, damals fast so alt wie ich jetzt, haben sie in Breslau eingesperrt. Und auch ich kam in Sippenhaft. Die mönchische Klausur in der Zelle, diese Alleinsamkeit waren mir sehr wichtig, es war wirklich ein Geschenk, das die Gestapo mir damals gemacht hat. Ich habe die ersten vier Wochen überhaupt nicht gesprochen. Ich hatte nichts zu tun, nichts zu lesen, bis die Vorsteherin des Untersuchungsgefängnisses hereinkam und mir ein Neues Testament und ein Gesangbuch gab. Und dann sprach sie auch ein bissel mit mir. Sie war eine sehr nette Frau, der ich später bei der Entnazifizierung geholfen habe, weil sie ein anständiger Mensch gewesen war.
Als der Gefängnispfarrer bei seinem ersten Besuch zu mir in die Zelle schaute, war ich überrascht. Ich dachte, alle Freunde wä-

ren tot. Man wußte doch, daß sie verhaftet waren: Adam Trott und Hans Haeften, Helmuth von Moltke ja schon lange. Jedenfalls bewegte sich die Zellentür an einem Mittwoch, das weiß ich noch genau, und Harald Poelchau, der alte Freund, sah herein und sagte, also da bist du. Ich dachte, da ist ja noch einer von den Freunden. Er kam in die Zelle, das war damals alles schwierig, und sagte, hast du dir überlegt, daß das vielleicht dein letzter Aufenthaltsort auf dieser Erde ist? Ich sagte, ja, ich weiß. Und ich war ganz bereit. Bis dann später so ein Geruch von feuchter Erde hereindrang, und da dachte ich, ich würde ganz gern noch einmal über einen Acker laufen.

Im Gefängnis waren Französinnen, dienstverpflichtet und jetzt wegen Arbeitsverweigerung verhaftet. Sehr lustige Mädchen.

Abends hörte ich sie die Marseillaise singen. Ich fühlte mich in dieser Eingebundenheit aufgehoben und war fast zufrieden. Ich habe lebhaft geträumt, wahrscheinlich auch, weil ich mit keinem Menschen sprach.

Ich habe sehr lebendig von meinem Mann und merkwürdigerweise auch von meinem Vater geträumt, so daß ich, wenn ich aufwachte, gar nicht wußte, was die Wirklichkeit war. Einmal hat mir mein Mann im Traum gesagt, man hat mich gefaßt, aber ich habe es doch noch geschafft. Man hat sie, bevor sie starben, jede Nacht woanders hingebracht, weil man einen Befreiungsversuch fürchtete. Sie waren in Berlin im Untersuchungsgefängnis in der Lehrter Straße, in Tegel, Plötzensee, in Ravensbrück, und für zwei Tage waren sie auch in Sachsenhausen. Ein Belgier hat es mir erzählt, der mit ihm sprechen konnte. Und dann wieder in Berlin. Bergmann, der Verteidiger meines Mannes, war ein alter Anwalt. Er hat nicht einmal mit meinem Mann sprechen können, und in der Hauptverhandlung sagte er, um Milde und Gnade könne er nicht bitten. Das hat mir der Wachtmeister erzählt.

Ein anderer Verteidiger, der Weimann hieß, hat Witzleben verteidigt. Er hat vor Gericht gesagt, sie sollten ihm die verdiente Strafe geben.

Wie haben Sie damals darüber gedacht, ob der Krieg noch zu gewinnen, das ganze System überhaupt noch funktionstüchtig oder ob es schon an seinem Ende sei? Dieses Attentat war doch ein Sieg für Hitler.

Die Reihen auf seiten der Nazis waren zunächst einmal wieder geschlossen. Aber für uns war der Krieg verloren. Im Gefängnis wurden wir bei Luftangriffen nicht in die Keller gesperrt, sondern kamen alle oben in einen Saal. Wir Frauen waren zwar nicht rettungswürdig, aber es war für uns von großer Bedeutung, miteinander sprechen zu können: Clarita Trott und Bärbel Haeften und Annedore Leber und die vielen anderen Frauen. Wir wurden eingeschlossen, und alle anderen brachten sich in Sicherheit. Aber wir genossen das wunderbare Spektakel der Luftangriffe. Erst sah man die Weihnachtsbäume herunterschweben und die Ziele ausmachen. Das war aufregend.

Hatten Sie Angst?

Nein, ich hatte keine Angst. Vielleicht hätte ich Angst gehabt, bei dem Gefühl, jetzt sei meine letzte Stunde angebrochen. Aber das Gefühl hatte ich eben nicht. Ich muß allerdings sagen, wenn ich ein Jahr vorher von allen diesen Ereignissen gewußt hätte, vielleicht hätte ich mir aus Angst davor das Leben genommen. Aber in entscheidenden Augenblicken entwickeln sich Kräfte in einem, von deren Vorhandensein man nichts weiß. Sie sind da, wenn sie gebraucht werden.

Und später kamen die Folgen, die Sie als geistige Folgen bezeichnen.

Ja, die kamen sehr bald, da einen die Alleinsamkeit zwang, alles in sich zu verschließen und nur für sich zu verarbeiten. Die Substanz an Liebe und geistiger Gemeinsamkeit, die ich mit meinem Mann gehabt habe, war in meinem Inneren verschlossen wie in einem Ofen. Ich habe seit fünfunddreißig Jahren das Gefühl, daß das noch immer die Quelle meiner Lebenskraft ist.

Empfinden Sie dieses Gefühl als ein Vermächtnis, das Sie weitergeben müssen?

Vielleicht. Ich habe jedenfalls immer das Gefühl gehabt, von meinem Reichtum kann ich abgeben, noch lange. Ich brauche es nicht mehr auf einen Menschen, wie zu Lebenszeiten meines Mannes, zu konzentrieren.

Ihr Mann schreibt den Brief so, als ob alles ganz normal blie-
be. Er verdrängt sein Wissen darüber, daß der Krieg verloren
ist. Die Idylle von Kauern aufrechterhalten zu können, mutet wie
eine Illusion an.

Vielleicht.
Aber wir hatten noch ein Jahr vor seinem Tod in Kauern hundertfünfzig Obstbäume gepflanzt, und da hat er gesagt: Die pflanze
ich für die Russen. Als dann die ersten Russen durchkamen, war
ich mit Freya Moltke und meiner Schwägerin, der Ärztin Ire-
ne Yorck, in Kreisau, auf dem Gut der Moltkes. Dort sprachen
wir mit einem Sibiriaken, einem kräftigen Mann. Er aß, glaube
ich, zwanzig rohe Eier hintereinander. Er hatte eine Stecknadel
dabei, machte piek, schlürfte, und weg war das Ei. Den fragten
wir, was wird denn nun aus Schlesien? Und da sagte er uns – es
war im Mai 1945 –, das hat Stalin den Polen geschenkt. Darauf
haben wir uns unseren Vers gemacht.

Welches Verhältnis hatte Ihr Mann zu den Russen, hat er sie als
Feinde betrachtet?

Nein, als Feinde sah er sie nicht. Dazu las er viel zu gern russische Literatur, Dostojewski, Tolstoi, Tschechow ...

Hat er den Krieg gegen Rußland verurteilt?

Er hat den Krieg im ganzen verurteilt. Ich weiß noch, wie ent-
setzt Helmuth von Moltke und er waren, als die Deutschen so
schnell vorstießen und die Franzosen zurückgingen.
Später wußte er, der Krieg war verloren. Es war nur nicht klar,
bis zuletzt nicht, ob man sofort einen Waffenstillstand schließen
sollte, wenn das Attentat gelungen wäre.

Einige der »Verschwörer« hatten die Illusion, man könne einen
Teil der Kriegserfolge retten, zum Beispiel die Annexionen. Teilte
er diese Auffassungen?

Daran ist unter den Freunden nie gedacht worden. Zu seiner
eigenen Familie gehörten Holländer. Und Helmuth von Moltke
hatte eine englische Mutter.

Die »Verschwörer« wollten soziale Ungerechtigkeiten ausgleichen, die soziale und ökonomische Struktur verbessern ...

... sie wollten das Ganze auch staatsrechtlich ändern. Es sollte einen Reichstag geben, dazu aber sollte eine zweite Kammer existieren, gebildet von den Berufsgruppen nach ihren Sparten. Deren Abgeordnete sollten gewählt werden, immer vom kleinsten Kreis, der jeweils kleinsten Gemeinschaft, von der Gemeinde, dem Landkreis, der Stadt, der Provinz an aufwärts.

Wie weit sind diese Denkmodelle gegangen?

Darüber fanden ein, zwei, drei Zusammenkünfte in Kreisau statt. Den Begriff »Kreisauer Kreis« hat erst Freisler formuliert. Unter uns hieß er nur »die Freunde« oder der oder jener. Sie haben dreimal in großem Kreis getagt und für Wirtschaft, Staatsrecht, Schulen, Universitäten nach Modellen gesucht und Entwürfe angefertigt. Sowohl von der protestantischen als auch von der katholischen Kirche waren Abgesandte anwesend, dazu Landwirte, Professoren. Und beim letzten Zusammensein – das Datum kann ich nicht mehr genau sagen, da müßte ich erst wieder nachsehen – sind die sogenannten Kreisauer Texte verfaßt worden.

Die Kreisauer hatten aber keine Beziehungen zur kommunistischen Widerstandsbewegung?

Nein, sie sollten erst hergestellt werden. Reichwein und Leber, die beiden Sozialdemokraten, sollten das übernehmen, aber sie wurden verpfiffen. Sie wollten die Verbindung zu den Kommunisten herstellen, um den Widerstand auf möglichst breiter Basis zu gestalten. Aber sie sind in eine Falle gelaufen. Es muß der 5. oder 7. Juni gewesen sein, als man sie verhaftete. Und das brachte Stauffenberg in Handlungszwang. Leber war lange im Konzentrationslager gewesen, ein beeindruckender Mann. Alle mochten Leber sehr gern, fürchteten aber, er würde den Folterungen nicht standhalten. Deswegen mußte der 20. Juli festgesetzt werden. Sie dachten, alles sei jetzt eine Frage der Zeit und das Ganze fliege sowieso auf. Sie wollten wenigstens vorher gehandelt haben.

In Stephan Hermlins Novelle und im Film spielt der Freiherr von H. eine wichtige Rolle. Er motiviert Yorck, nach Moskau zu gehen, und zwar in einer sehr selbstkritischen Haltung: Wir haben es soweit kommen lassen. Das heißt, in diesem Film und auch in der Erzählung von Hermlin ereignet sich das für herrschende Kreise Wünschenswerte, nämlich zur Selbstkritik fähig zu sein. Unter dem Stichwort »Preußisches Pflichtbewußtsein« stand gerade Ihr Mann einem solchen Gedanken sehr nahe, nämlich sich selber in Frage stellen zu können und sich nicht als gottgewollt zu empfinden oder als von der Vorsehung zur Führung bestimmt.

Nein, ich meine sogar, er war ein bescheidener Mensch. Er war von großer innerer Sicherheit, aber ohne alle Ansprüche. Seine älteste Schwester sagte uns einmal, ihr seid wirklich zwei Menschen, die auf einer Eisenbahnschiene oder in einem Schloß leben könnten. Er blieb immer er selbst, und er hatte, das schreibt er ja in diesem Brief, ein großes Gefühl der Schuld. Sie alle bedrückte, was jeden Tag aufs neue im deutschen Namen geschah.

Eine Anerkennung von Schuld setzt Selbstkritik voraus.

Genau. Ohne das eine kann man das andere nicht haben.

Diese Fähigkeit spricht man den Deutschen eigentlich ab.

Das Nazireich ist noch immer nicht ehrlich verarbeitet worden. Zunächst gab es den völligen Zusammenbruch, und die Deutschen flüchteten in die Arbeit, bewerkstelligten das Wirtschaftswunder und haben Enormes geleistet. Aber mit dem, was im deutschen Namen an Entsetzlichem geschehen ist, hat sich eine ganze Generation so gut wie nicht auseinandergesetzt. Und den Kindern, der Jugend hat man wenig Hilfe gegeben.
Für die Verarbeitung dieser Geschehnisse reicht es nicht aus, andere als Faschisten zu bezeichnen. Ich finde dieses Wort falsch. Wenn andere nicht die eigene Meinung teilen, wie schnell sind sie dann Faschisten oder sie sind »faschistoid«. Das ist Blödsinn! Ich habe den Beginn des Dritten Reiches hier in Berlin erlebt, zum Beispiel in den Jahren der großen Arbeitslosigkeit 1931/32. Ich weiß, wie vor dem Brandenburger Tor eine breite Reihe Männer stand, große Pappdeckelplakate umgehängt. Da stand drauf:

Bin gelernter Schlosser, habe sechs Kinder, nehme jede Arbeit an. Es waren sechs Millionen Arbeitslose damals, mit denen die Weimarer Republik nicht fertig wurde.

Unter Hitler gab es ja zunächst einmal Arbeit, so sah man es jedenfalls. Von Konzentrationslagern wußte man ja nichts. Bei Hitler wurde die Wirtschaft angekurbelt und die enorme Aufrüstung und dazu der Autobahnbau und wer weiß was alles nach der großen Wirtschaftsflaute. Am Anfang waren die Menschen sehr glücklich. Das muß man immer wieder von zwei Seiten sehen.

Es war die Vorbereitung des Krieges ...

Ja, das kann man jetzt sagen. Aber damals wußten wir es doch nicht. Auch ein unterdrücktes Nationalgefühl durch den Versailler Vertrag ist zu berücksichtigen, und Hitler verließ den ungeschützten Völkerbund. Das hat damals vielen Menschen gefallen, das Selbstbewußtsein der Deutschen wurde gestärkt.

Als Sie nach Ihrer Haft nach Schlesien zurückkamen, waren Sie da für einen Teil der Dorfbewohner in Kauern eine Gebrandmarkte?

Ja, wir hatten zum Beispiel einen Stellmacher, ein tüchtiger Kerl. Der hatte – sehr schnell erfährt man das – in der Kneipe gesagt: Die verflixten Grafen, geschieht ihnen ganz recht. Er hatte sehr auf uns geschimpft. Als ich nach meiner Entlassung das erstemal zurück nach Kauern kam, ich bin einen Feldweg entlanggefahren, nicht die Straße, es war wunderschön und muß im Spätherbst gewesen sein, kam ich durch das andere Tor auf den Hof, das immer offenstand. Der Stellmacher hatte im anderen Teil des Hofs seine Werkstatt. Ich hatte immer ein Pferd und einen zweirädrigen Wagen. Und da kam er quer über den Hof gelaufen und sagte, Frau Gräfin, darf ich das Pferd halten? Da sagte ich, ja, danke schön. Und dann begrüßten mich die Polen. Das werde ich nie vergessen. Sie hatten nicht soviel zu verlieren wie die Deutschen, denn sie hatten schon alles verloren, Hof und Heimat. Und die Frauen waren so reizend, als sie immer wieder deutlich machten, wie sie mit mir fühlten. Dann kamen auch die Deutschen, eine große Gruppe. Ich habe ihnen gesagt, ihr sollt nicht schlecht denken von meinem Mann. Ihr könnt gewiß sein, daß er ein anständiger und guter Mann war, der auch euch alle geliebt hat. Ich wagte viel damals, aber was konnte mir nach dem Tode meines Mannes noch geschehen? Und die Menschen erwarteten das auch und zeigten es mir.

Ein Pole, er hieß Pjotr, hatte Monate zuvor einen der deutschen Aufseher mit der Peitsche angegriffen und zwar in Gegenwart von anderen Deutschen. Das war schlimm, weil ich fürchtete, einer hielte nicht dicht und würde im Dorf darüber reden. Diesen Unglücksmann hätte man nach Bergen-Belsen gebracht, und er hatte doch Familie. Ich habe meinen Mann damals gebeten, schnell nach Kauern zu kommen. Schon am nächsten Tag war er da und hat zuerst ganz ernst mit Pjotr, dann mit dem Aufseher gesprochen. Man konnte sich eben, wenn man gerade stand und nicht wankte, einsetzen. Keiner hat Pjotr verpfiffen. Mein Mann sagte, das bleibt unter uns, und darauf verlasse ich mich. Pjotr hat uns nachher – ich war mit meiner jüngsten Schwägerin vier- oder fünfmal schwarz über die Neiße gegangen – unglaublich gut bei den Russen als Dolmetscher geholfen. Aber da waren wir nicht mehr in Kauern. Das Gut lag zu nahe an der Autobahn. Es kamen oft wilde Horden, stark betrunken. Da konnte man nicht bleiben.

Vielleicht könnten Sie noch etwas über die Zeit danach erzählen, als Sie von Schlesien nach Berlin gekommen sind, über die ersten Jahre nach dem Krieg.

Meine jüngste Schwägerin war Ärztin. Sie hatte den Russen schon in Schlesien ungemein imponiert. Ich konnte die großen Mieten mit Zuckerrüben, Futterrüben, Kartoffeln nur mit den Frauen, die noch da waren, sortieren. Wir bildeten das Nachschubgebiet für die russische Armee in der Dresdner Gegend.

Seit wir dann aus Kauern weg waren und nun in einem der anderen Dörfer wohnten, hatten wir nichts mehr, nicht einmal mehr Betten. Und deshalb gingen wir nach Klein-Oels, wo meine jüngste Schwägerin geboren war – es waren zehn Geschwister, sie war die Jüngste.

In Klein-Oels war ein russischer Oberst stationiert, den wir noch nicht kannten. Wir gingen mit Pjotr hin und baten um Decken. Er ließ sich sagen, wer wir waren, und hörte, daß meine Schwägerin in Klein-Oels geboren war, in dem großen Schloß dort. Er spuckte dreimal auf den Boden. Haß und Verachtung für die Gutsbesitzer müssen ihre Wurzeln in der russischen Revolution haben. Aber als der Offizier nachher sah, was meine Schwägerin tat, indem sie praktisch das Krankenhaus leitete, brachte er uns alles, was wir brauchten, ohne daß wir ihn darum bitten mußten. Wir bekamen Decken, und er fragte Pjotr, was wir noch brauchten. Wir haben uns sehr gut mit ihnen verstanden. Mit den Russen sind wir überhaupt gut ausgekommen.

Als wir zum letztenmal in Schlesien waren – im Januar 1946 – mußten meine Schwägerin und ich ins Gefängnis. In Schweidnitz wurden wir von der polnischen politischen Polizei verhaftet, wie das eben so passierte nach dem Krieg. Sie sagten mir, ich hätte einen englischen Namen und deshalb Geld auf der Bank von England. Später wurden wir von Schweidnitz nach Breslau verlegt, sie wußten nicht, was sie mit uns machen sollten. Dort saßen wir im Untersuchungsgefängnis zu fünft in einer Zelle, die für einen einzelnen bestimmt war, lauter aufgegriffene Menschen. Eine Wolgadeutsche war da, auf der Suche nach ihren offenbar verschleppten Eltern, dann eine Österreicherin, sie hatte Falschgeld unter die Leute gebracht, ein ganz merkwürdiges Schicksal. Jeden Tag hat einer von uns eine Geschichte erzählt, die er gelesen hatte, oder einen Roman. Einmal habe ich Anna Karenina nacherzählt. Oder wir haben Kochrezepte ausgetauscht, wir waren sehr hungrig nach langen Wochen ohne richtiges Essen. Was wir dort im Gefängnis erhielten, hätten wir in Kauern nicht in den Schweineeimer geschüttet. Wasser, in dem zwei, drei Nudeln und ein bißchen Brot schwammen, nichts weiter. Dann kamen wir nach Warschau. Dort standen ein russischer und ein polnischer Oberst gemeinsam an der Spitze der politischen Polizei. Der polnische Oberst wußte nicht recht, was er mit uns machen sollte, und ging zu dem Russen. Von der russischen Kommandantur in Berlin hatte ich einen Ausweis erhalten, auf dem mein Schicksal beschrieben war. Andere Ausweise hatten wir nicht. Der russische Oberst las diesen Propusk. Er war voller Hochachtung und versprach, uns sofort freizulassen. Ich bat ihn jedoch, das solle nicht in Warschau geschehen. Der nächste Milizsoldat hätte uns wieder aufgegriffen. Also wurden wir zurück nach Breslau gebracht, und dort sind wir freigekommen.

Als wir nun zum letztenmal über Posen in Richtung Frankfurt und Berlin fuhren, hatte ich, was man nicht durfte, sehr viel

Post bei mir. Ich hatten sie mir auf den Bauch gebunden. Wir kamen nach Berlin. Hier wußte niemand, wo wir abgeblieben waren. Freya Moltke hatte sich inzwischen an den amerikanischen Gesandten Murphy gewandt, der wiederum hatte den französischen Konsul, der damals in Breslau die Amerikaner vertrat, gebeten, sich nach uns umzuhören. Und das genau einen Tag, nachdem wir draußen waren.

Nun war ich in Berlin und fragte mich, was ich jetzt tun sollte. Ich hatte zwar das juristische Referendarexamen abgelegt und den Doktorgrad erworben, aber außer Pakete bei Wertheim zu packen – was ich sehr ungern tue –, fand ich mich für nichts geeignet. Da kam ein von Wilhelm Pieck gesandter Mann auf mich zu und eröffnete mir, man habe daran gedacht, mir im Hauptamt für Sozialwesen die Leitung einer Abteilung zu übertragen. Ja, sagte ich, wenn ich das kann. Ich hatte nie in einer Verwaltung gearbeitet. Ach, selbstverständlich können Sie das, antwortete er. Und es ging an sich recht gut, bis ich im Oktober 1946 das Gefühl hatte, ich würde ein wenig geschoben. Die Menschen waren sehr freundlich, wir verstanden uns gut. Aber ich fühlte mich in meiner eigentlichen Entschlußkraft immer ein wenig gehemmt. Eine Frau muß ihr Handwerk gelernt haben, dachte ich, und ein Freund schlug mir vor, mich auf das Assessorexamen vorzubereiten. Ich ging zu Hilde Benjamin, die damals beim Berliner Magistrat das Hauptamt für Rechtswesen leitete. Berlin war noch nicht geteilt, und alles gehörte zusammen. Wir haben uns gut unterhalten. Sie sagte, ich könne selbstverständlich meinen Assessor machen. In Potsdam hätten sie ein Hauptprüfungsamt, ich müßte meinen Wohnsitz allerdings im Land Brandenburg, in Potsdam, nehmen. Ich sagte, das müsse ich mir überlegen. Ich wohnte ja noch immer in unserem geliebten Häuschen, in dem ich viele Jahre mit meinem Mann verbracht hatte. Lieber wollte ich warten, bis Berlin auch wieder ein Hauptprüfungsamt hätte. Ich ging zum Berliner Landgerichtspräsidenten, den es schon gab, und sagte, ich sei Referendar und Doktor und ich hätte vor, das Assessorexamen abzulegen. Wie ich das anfangen könne? Er meinte, ich könne Richter kraft Auftrag werden. Ich war dann in Lichterfelde tätig. Ich habe es mir wirklich schwer gemacht, denn ich hatte mich ja zwanzig Jahre lang nicht mit der Jurisprudenz befaßt. Ehe ich unter ein Urteil meinen Namen schrieb, habe ich manchmal nächtelang nachgedacht.

1947 machte ich als Teilnehmerin des ersten Examenskurses, der nach dem Kriege in Berlin durchgeführt wurde, meinen Assessor und wurde zunächst Beisitzer in einer Zivilkammer. Eines Tages kam der Landgerichtspräsident Löwenthal, ein alter, freundlicher Mann, auf mich zu und eröffnete mir, er habe daran gedacht, mich nach Moabit abzuordnen. Die Kommandantur habe ihm den Auftrag erteilt, als Strafrichter nur vollkommen unbelastete Personen vorzuschlagen, die weder bei der HJ oder in der NSDAP gewesen waren, noch beim Militär gedient hatten. Da blieben nur Frauen übrig.

Ich wollte mir auch das wieder überlegen. Ich hatte ja in der Strafjustiz keinerlei Erfahrungen. Am nächsten Tage sagte ich ihm, wenn möglich, wolle ich diese Funktion nicht übernehmen. Er nickte, ich könne ja als Richter in diesen Zeiten gelegentlich einen Weinkrampf bekommen. Darauf antwortete ich ihm, ich hätte schon viel erlebt, sei aber von so etwas verschont geblieben. Ich erklärte mich also bereit, nach Moabit zu gehen. Zunächst war ich Beisitzer in einer Strafkammer, dann Vorsitzende in der Großen Jugendstrafkammer, und schließlich habe ich dem Schwurgericht vorgesessen.

Es gab damals in Moabit einen Kammergerichtspräsidenten, den es ungemein störte, daß eine Frau als Vorsitzende einer großen Strafkammer tätig war. Noch dazu hatte meine 9. Kammer einen sehr guten Ruf. Er kam, um mich abzuhören, saß aber nicht, wie sonst üblich, dem Gericht vorn gegenüber, sondern nahm schräg hinter mir Platz und räusperte sich laut, wenn ihm etwas nicht paßte.

Als die Sitzung vorbei war, machte er mir Vorhaltungen. Es ging um eine Sache, die sechsmal vertagt worden war. Es gab damals Kaffeebanden, die sich gegenseitig bekriegten und auch nicht davor zurückschreckten, sich gegenseitig umzubringen. Da waren auch ein paar polnische Juden dabei. Der Angeklagte hatte vor den letzten Vertagungen erklärt, er verstehe die deutsche Sprache nicht gut genug. Ich hatte deshalb mehrere Dolmetscher geladen, für Polnisch, für Jiddisch, sogar einen für das sogenannte Wasserpolakisch, die Mischsprache der alteingesessenen oberschlesischen Polen. Insgesamt waren fünf Dolmetscher da. Ich begann, mit dem Angeklagten zu reden, und ließ ihn seinen Lebenslauf erzählen. Dann sagte ich ihm, wir hätten Dolmetscher und wenn er etwas nicht verstünde, solle er es sagen. Da sah er mich an und sagte, er verstünde mich sehr gut, die Dolmetscher könnten alle nach Hause gehen. Trotzdem suchte er immer wieder nach Worten, aber nicht, weil er die Sprache nicht beherrschte. In der Urteilsbegründung führte ich aus, daß diese Menschen unter der deutschen Besatzung in Polen die furchtbarsten Dinge erlebt hatten und daß ein deutsches Gericht heute keinesfalls das Recht habe, in solchen Fällen den Maßstab allerstrengster Gesetzestreue anzulegen. Unter den Zeugen befanden sich Menschen, die zum Beispiel jahrelang in der Warschauer Kanalisation gelebt hatten. Der Kammergerichtspräsident billigte meine Haltung nicht, und ich versuchte ihm nach der Sitzung meine Einstellung zu erklären. Das gelang mir aber nicht recht.

Dann kam der Verteidiger in mein Zimmer und teilte uns mit, der Angeklagte hätte gesagt: »War die Frau anständig zu mir, bin ich auch anständig zu ihr, nehme ich das Urteil, sechs Jahre Gefängnis, an.«

Wie ist es gewesen, ganz am Anfang, als Sie auf Ihren Mann getroffen sind?

Als wir uns kennenlernten, im April 1928, hat er gar nicht gesagt, daß er mich liebt, es war sofort ein tiefes Gefühl zwischen uns. Fast eine elementare Gewalt, die uns zusammenführte. Wir haben uns sofort und ohne viel Worte ganz wunderbar verstanden. Sein Antrag bestand aus dem einfachen Satz, ob wir unsere Wäscheleinen zusammenhängen wollten. Ich habe ja gesagt.

Wenn junge Leute das Leben und das Schicksal Yorcks betrachten, was sollten sie dabei empfinden?

Sie sollten den hohen Einsatz dieses Mannes Yorck von Wartenburg erkennen, seine Opferbereitschaft sehen und anerkennen, wie einer bis zur letzten Konsequenz für seine einmal gewonnene antifaschistische Überzeugung einzutreten bereit war. Es war immerhin das Leben, das er gab.

... daß man sich verändern muß

Freya Gräfin von Moltke
im Gespräch mit Eberhard Görner
1984

Eberhard Görner:
Freya von Moltke, hinter Ihnen liegt ein Tag im polnischen
Kreisau mit dem Fernsehen der DDR. Sie haben hier vor Ort über
Ihren Mann, Helmuth James Graf von Moltke, und den Kreisau-
er Kreis gesprochen, der maßgeblich an den Ereignissen um den
20. Juli 1944 beteiligt war. Was haben Sie von diesem Drehtag
erwartet und was hat er Ihnen gegeben?

Freya von Moltke:
Ich habe mich zunächst mal darauf gefreut, nach Schlesien zu-
rückzukommen. Ich sehe das Land, ich liebe das Land. Ich weiß,
daß wir es für immer verloren haben. Ich habe auch ein ganz
neues Leben angefangen. Aber jede Gelegenheit, dahin zurück-
zukommen, erfüllt mich mit Freude. Noch lieber wäre ich zusammen mit meiner Freundin Marion Yorck von Wartenburg
hierhergekommen. Der Kreisauer Kreis war ja auf Peter Yorck
von Wartenburg und Marion Yorck, auf Helmuth und Freya von
Moltke aufgebaut. Aber ich bin mit Rosemarie Reichwein hier,
deren Mann Adolf Reichwein ebenfalls sehr wichtig für den
Kreisauer Kreis war. Ich bin gern gekommen. Ich habe immer
sehr positiv auf jede Frage geantwortet, die mit dieser Vergangenheit zusammenhängt. Ich hatte immer das Gefühl, da eine
Pflicht zu haben, vielleicht sogar ein Amt. Ich war schon dreimal
mit Familienmitgliedern da. Diesmal bin ich mit noch vielfäl-
tigeren Gefühlen gekommen. Und der Tag hat, bis auf die Ab-
wesenheit von Marion Yorck, eigentlich alles enthalten, was ich
mir gewünscht habe. Ich habe reden können, ich bin mit einer
Gruppe von Menschen dagewesen, die mir sehr zugesagt haben.
Ich habe das schöne Land gesehen. Ich bin zufrieden.

Wir haben heute morgen davon gesprochen, daß man im Leben,
im politischen Denken, auf die Langzeitwirkung von Vernunft
setzen muß. Ich hatte Ihnen erzählt, daß Stephan Hermlin seine
Erzählung »Der Leutnant Yorck von Wartenburg« 1944 in der
Schweiz geschrieben hatte. Der Autor lebte dort als Emigrant
und kannte die Familie Yorck überhaupt nicht. Aber das Schick-
sal Peter Yorcks, das er aus Zeitungsberichten erfuhr, hat ihn
zum Schreiben motiviert. Fünfunddreißig Jahre später greift
dann eine andere Generation dieses Thema auf. Im Fernsehen
der DDR entsteht nach der Erzählung ein gleichnamiger Film.
Es kommt zu einem Gespräch mit Gräfin Yorck von Wartenburg.
Heute nun sitzen wir uns in diesem Hotelzimmer im ehemaligen
schlesischen Waldenburg gegenüber. Diese Langzeitwirkung von
Vernunft, resultierend aus der gemeinsamen Sicht auf deutsche
Vergangenheit, scheint doch ein wichtiges Moment zu sein, das
hier in unserem Gespräch mitspielt.

Ja, das stimmt. Ich müßte hier eigentlich von meinem alten
Freund Eugen Rosenstock-Huessy sprechen, bei dem ich in meinem späteren Leben viele Jahre verbracht habe, bis zu seinem
Tode. Er hat immer gelehrt, daß lange Zeitspannen von Bedeutung sind und man erst wissen kann, was aus einer Sache oder
einem Ziel oder einem Lebensinhalt geworden ist, wenn sich
mehrere Generationen damit befaßt haben. Er dachte immer an
drei Generationen, und auch die Zahl vierzig hat bei ihm eine
große Rolle gespielt. Ich habe natürlich auch große Pessimisten
gesprochen, die gesagt haben, das ist alles weg, das ist erledigt,
das war eine Niederlage, und da ist nichts daraus geworden.
Aber das stimmt nicht. Es ist noch gar nicht gesagt, was daraus
noch kommen wird. Es kann noch manches daraus wachsen.
Man geht Schritt für Schritt, und man spricht miteinander.

In Vorbereitung auf dieses Gespräch habe ich die Erinnerungen
eines Gefängnispfarrers gelesen. Der Autor dieses Buches, das
1949 im Verlag Volk und Welt in Berlin erschien, Harald Poelchau,
ist Ihnen bekannt. Er war der Seelsorger Ihres Mannes im Ge-
fängnis Tegel, und er hat in seinen Erinnerungen die Ereignisse
des 20. Juli 1944 in drei Gruppen eingeteilt. Er schreibt, erstens
war da der zivile Kreis um den früheren Leipziger Oberbürger-
meister Dr. Carl Goerdeler. Zweitens die Hauptgruppe der Offi-

ziersverschwörung um Oberst Claus Graf von Stauffenberg, und drittens nennt er den Kreisauer Kreis, von dem er sagt, daß Ihr Mann, Helmuth James von Moltke, und Peter Yorck von Wartenburg, den geistigen Mittelpunkt bildeten. Dem Kreisauer Kreis ging es ja um mehr als um einen äußeren Staatsstreich. Was waren seine politischen Ziele?

Mit einem Wort läßt sich das nicht beantworten. Zunächst muß ich von seinem Ursprung sprechen. Der Ursprung war sozusagen eine Nottat von Menschen, die im Dritten Reich leben mußten, die nicht absehen konnten, wie das enden würde, die aber wünschten, daß es enden sollte, aber nichts dafür tun konnten, und doch weiterleben mußten, bis es soweit war. Diese Menschen haben sich zusammengefunden und darüber gesprochen, wie es aussehen könnte und müßte, wenn alles einmal vorüber wäre. Das ist der Ursprung. Und das kommt nun von meinem Mann: Wenn man einen gemeinsamen Gegner hat, kann man sich besser zusammentun, auch wenn man verschiedener Ansicht ist, als wenn man sich ohne gemeinsame Absicht gegenübersteht. Und so hatte mein Mann von vornherein den Gedanken, daß, wenn man über diese Ziele nachdenkt, ganz verschiedene Menschen zusammenbringen muß. Er hat die unterschiedlichen Meinungen derer, die miteinander sprachen, ganz bewußt eingesetzt, weil er sich sagte, wenn sie miteinander sprechen, dann überwinden sie manche ihrer Vorurteile, und vielleicht kommen wir dann weiter. So fanden sich im Kreisauer Kreis nicht ganz und gar verschiedene, aber doch sehr anders denkende Menschen zusammen, die jedenfalls andere Vergangenheiten hatten und von anderen Voraussetzungen ausgingen. Es waren im Grunde Männer, die allesamt für die Weimarer Republik gewesen waren. Sie hatten sie bejaht, sahen aber die Fehler dieses Staatswesens. Sie fragten danach, warum diese Republik gescheitert und untergegangen sei. Wenn man die Verfassung von Weimar liest, wirkt sie auf den ersten Blick fast ideal. Man könnte denken, daraus entsteht eine wunderbare Demokratie. Aber es ist nicht so gelaufen. Und sie fragten sich, was zu tun sei, damit sich so etwas nicht wiederholt. Und sie sagten sich, daß man etwas schaffen müsse, das die Deutschen wirklich zu Demokraten macht. Wenn Sie diese zum Teil merkwürdigen Pläne heute lesen, dann sehen Sie, daß die Kreisauer auf Selbstverwaltung außerordentlich großen Wert legten. Sie wollten das ganze deutsche Volk an seiner eigenen Verwaltung und Regierung beteiligen, viel stärker als zur Zeit der Weimarer Republik. Und sie glaubten, man könnte das in überschaubaren Einheiten erreichen. Sie wollten die Leute so einsetzen, daß man genau sah, was gemacht wurde: seinen Landkreis mitverwalten, seinen Stadtkreis mitverwalten, seine Schule mitverwalten, die medizinischen Anstalten mitverwalten und natürlich auch die Wirtschaft. Natürlich müßte man vor allem Fachleute haben, und vielleicht ließe sich auch nicht alles so machen, wie es im Buche steht. Aber als Tendenz ist es wichtig. Die Vorstellungen beruhten natürlich auf demokratischer Basis. Daß ihre Pläne nicht perfekt waren, dessen waren sie sich bewußt. Man muß die Tendenzen dieser Pläne heute ernst nehmen, nicht aber unbedingt die Details. Sie waren sich immer dessen bewußt, daß Einzelheiten sich von Fall zu Fall und in der Zeit ändern würden. Die Kreisauer wollten sich unter den Regeln, die sie aufgestellt hatten, sammeln. Am Tage X, ob der nun von innen oder von außen herbeigeführt würde, sollten Menschen da sein, die dann gemeinsam und doch verschieden handeln könnten.

Wenn ich Sie richtig verstanden habe, war der Grundgedanke des Kreisauer Kreises, an die Stelle der politischen Entmündigung, die der Nationalsozialismus praktizierte, eine politische Mitbestimmung des ganzen Volkes zu setzen?

Im nationalsozialistischen Deutschland war die Gefahr für Menschen mit anderen politischen Ansichten sehr groß, und es bedurfte deshalb großer Mühe und Besonnenheit, eine solche Gruppe zusammenzubringen. Man konnte zunächst nur von Bekannten ausgehen, zu denen man Vertrauen hatte. Dann mußten aus anderen Gruppen, die es gab, wiederum Freunde gefunden werden, Leute, auf die Verlaß war. Im Grunde hatten wir damit keine Schwierigkeiten, auch nicht mit den Arbeiterführern, die unmittelbar bei uns waren. Adolf Reichwein war Sozialdemokrat und brachte andere Sozialdemokraten mit, Julius Leber, Theodor Haubach. Wir wollten aber auch Gewerkschaftsleute bei uns haben. Und da gab es dann Probleme.
Mit größerer Entfernung zu anderen Gruppen verringerte sich das Vertrauen. Da hatten wir manchmal Leute, die nahmen an,

es ginge uns nur um unser eigenes Interesse und wir wollten sie übers Ohr hauen. Die Tagespolitik bildete dann sozusagen den Störfaktor. Der verschwand aber, sobald die anderen sich davon überzeugt hatten, wie ernsthaft wir an die Zukunft dachten.

Zwischen den langfristigen Plänen Ihres Mannes und denen von Peter Yorck von Wartenburg gab es, wie wir heute wissen, große Übereinstimmung. Die Absichten dieser beiden Männer stimmten allerdings mit denen Goerdelers nicht überein, obwohl beide den Leipziger Oberbürgermeister sehr achteten.

Ja, sie schätzten ihn wirklich, und deshalb ist es schwer, über ihre Meinungsverschiedenheiten zu sprechen. Wenn man die Goerdeler-Pläne liest, dann gibt es zunächst eine ganze Menge Übereinstimmungen mit den Kreisauern. Goerdeler war ein sozialer Mensch und hatte große Erfahrungen, über die die Kreisauer nicht verfügten. Sehr wichtig sind mir hingegen die Unterschiede in den Methoden. Goerdeler versammelte seine alten Freunde um sich. Aber gerade darin, Kompromisse unter sehr verschiedenartigen Männern zu befördern, darin waren die Kreisauer viel stärker. Und das Ganze war auch ein Problem der unterschiedlichen Generationen. Stärker konservatives Denken und progressiveres Denken kollidierten miteinander.

Erinnern Sie sich noch an die Umstände der Verhaftung Ihres Mannes?

Ja, ich war damals gerade in Kreisau und wußte nicht, wie unmittelbar er bedroht war. Besser gesagt, ich war im Grunde ahnungslos. Peter Yorck rief mich eines Tages an und sagte, Helmuth sei jetzt unabkömmlich. Und ich dachte, wieso? Es hat einen Moment gedauert, bis mir der Sinn seines Satzes aufging. Ich bin dann sofort nach Berlin gefahren und wohnte bei den Yorcks. Sowohl die Yorcks als auch Pfarrer Poelchau sind mir in meinem Leben die besten Freunde gewesen, und ich empfinde ihnen gegenüber größte Dankbarkeit.
Ich bin schnell bis zu den entsprechenden Stellen vorgedrungen und habe eine Sprecherlaubnis erhalten. Mein Mann war im Januar 1944 verhaftet worden, lange vor Stauffenbergs Attentatsversuch, weil er einen Gegner des Nationalsozialismus, Otto H.

Kiep, gewarnt hatte. Kiep hatte in einer anderen Gruppe, deren Ziele sich von denen der Kreisauer unterschieden, sehr offen gesprochen. Mein Mann hatte sich im Grunde immer geweigert, an solchen offenen Zusammenkünften teilzunehmen, weil er empfand, daß dabei wenig herauskam und diese Treffen Gefährdungen ohne Sinn darstellten. Und so war es auch gekommen. Es gab dort einen agent provocateur, einen Menschen, der sich liberal zeigte und kritisch gegenüber dem System. Der hat sie dann alle denunziert und auch meinen Mann, dessen Namen er kannte. Mein Mann war Jurist und hatte sich, um dem Dienst für die Nazis zu entgehen, auf internationales Privatrecht und internationales öffentliches Recht spezialisiert. Das Privatrecht brachte ihn nach England. Dieses Land hatte er sich gewählt, weil seine Mutter angelsächsischen Ursprungs war.

Er arbeitete damals mit einzelnen Herren des Kaiser-Wilhelm-Instituts für Internationales Recht zusammen, und als nun der Krieg ausbrach, trat das Oberkommando der Wehrmacht an das Institut heran und verlangte Spezialisten in Beraterfunktion zu Fragen des internationalen öffentlichen Rechts. Mein Mann wurde vorgeschlagen und als Experte in das OKW eingezogen. Er arbeitete dort in der Abteilung Ausland des Amtes Abwehr, dessen Chef Wilhelm Canaris war. Diese Tätigkeit verschaffte ihm außerordentliche Möglichkeiten, um menschliche Rechtsprinzipien den sogenannten »Rechtsprinzipien« der Nazis gegenüberzustellen. Er war darin sehr erfindungsreich und fand immer Gründe, die es den Nazis von Fall zu Fall vorteilhaft erscheinen ließen, menschliche Rechtsregeln anzuwenden und damit Schadensbegrenzung zu betreiben. Er war anfangs sehr überrascht, bei Canaris ziemlich viele Gegner des Nationalsozialismus zu finden, die dann auch mit ihm zusammengearbeitet haben.

In Kreisau haben wir uns insgesamt nur dreimal in einem etwas größeren Kreis getroffen. Aber bei Yorcks in Berlin haben sehr, sehr viele Besprechungen stattgefunden. Verschiedene von den Mitgliedern haben untereinander manchmal zu zweien oder dreien in verschiedenen Wohnungen beraten. Zum Beispiel saßen Adolf Reichwein, Theodor Steltzer und Harald Poelchau zusammen, um über Erziehungsfragen zu sprechen. Sie interessierten sich für diese Fragen. Sie setzten kleine Protokolle auf, und diese Papiere wurden dann im größeren Rahmen besprochen, so daß Leute, die von woandersher kamen, sich dazu äußern konnten. Es waren immer besondere Paare angesetzt, die solche Gespräche vorbereiteten, entsprechend ihrer beruflichen Qualifikation.

Warum hat das Hitler-Attentat erst am 20. Juli 1944 stattgefunden? Warum so spät? Von Juli 1944 bis Mai 1945, das war noch nicht mal mehr ein Jahr, dann war der Krieg zu Ende. Mußte erst die physische Bedrohung so groß werden, um den aktiven Widerstand auszulösen? Oder, anders gefragt, war man in den ersten Kriegsjahren mit den Erfolgen und Eroberungen Hitlers doch nicht so unzufrieden?

In unseren Kreisen hat es von Anfang an Widerstand gegeben, und nur wenige dachten anders. Aber ich will das Ganze nicht beschönigen! Es gab sicher manche, die dachten erst einmal, was der Hitler sagt, ist wahr. Das klingt ja so schön: national und sozialistisch! Goerdeler und seine Leute haben 1938 gedacht, man kann Hitler gefangennehmen und ihn vor ein Tribunal stellen. Das wäre niemals gelungen.

Also was macht man mit Hitler?

Da sagten eben viele von den Gegnern: Den kann man nur umbringen. Dazu braucht man Männer mit Waffen! Wie tut man das? Wenn Sie die schwachen, aber immerhin vorhandenen Versuche, Hitler zu beseitigen, sorgfältig betrachten, werden Sie erstaunt sein, wie das immer schiefgegangen ist. Es sind ja Versuche unternommen worden, aber alle sind mißglückt! Hitler war ein dämonischer Mensch. Ich weiß, das ist ein schwieriges Wort. Aber wenn Sie die Gegner Hitlers und dann Hitler genau betrachten, sehen Sie den geradezu unheimlichen Gegensatz. Hitlers Gegner waren Männer, die Gerechtigkeit wollten, die den Rechtsstaat wollten.

Es gibt ja nicht die Gerechtigkeit per se, es gibt auch nicht die Freiheit per se. Man muß für sie kämpfen. Aber das waren Gesichtspunkte, die Hitler nicht kannte. Jetzt, wo ich in den USA lebe, denke ich, daß der politische Mord, ich will es mal so sagen, den Deutschen vielleicht nicht liegt. Er liegt den Amerikanern, gefährlich sogar. Die bringen ihre schlechten Leute um und manchmal auch ihre besten. Das machen die Deutschen nicht, sie bringen ihre Regierungen nicht um.

Ich muß Ihrer These widersprechen. Der politische Mord hat stattgefunden an Rosa Luxemburg, an Karl Liebknecht, an Walther Rathenau und manchem anderen Politiker der Weimarer Zeit.

Da haben Sie ganz recht. Mein Mann hat immer gesagt, die politische Gefahr für Deutschland kommt von rechts und nicht von links. Und ich scheue mich gar nicht, ihn hier mit diesem Satz zu zitieren. Das hat er immer gedacht.

Vielleicht war es Feigheit vor dem Feind oder eine heimliche Identifikation mit Hitler. Es wurde ja vor 1939 sogar an einen Generalstreik der Generäle gedacht, weil die Herren fanden, es wäre für einen Krieg noch keine ausreichende ökonomische Basis vorhanden, es stünden noch zu wenig Waffen dafür zur Verfügung. Das deutsche Volk wollte keinen Krieg.

Nein, das Volk wollte keinen Krieg.

Der Krieg wurde aber begonnen. Hitler rechtzeitig umzubringen, das wurde nicht geschafft. Aber Liebknecht, Luxemburg, Thälmann, diese Leute umzubringen, das hat funktioniert. Mich beschäftigt dabei die Frage, ob diese Problematik nicht etwas mit der Psychologie des deutschen Volkes zu tun hat?

Das hat es, das wollte ich sagen. Sie haben mich wirklich überrascht. Sie haben vollkommen recht mit dem, was Sie gesagt haben. Das habe ich in dieser Form nicht bedacht.

Ihr Mann und Peter Yorck von Wartenburg waren der geistige Mittelpunkt des Kreisauer Kreises, für die »Rote Kapelle« war es Arvid Harnack, der ja mit seiner Gruppe noch weiter links stand als der Kreisauer Kreis.

Stimmt.

Wie kam es zu der Widerstandslosigkeit gegenüber Hitler und seinen Kumpanen? Harald Poelchau schreibt in seinen Erinnerungen über Arvid Harnack, der habe gefunden, die Seele des deutschen Volkes sei durch Hitler ausgelaugt worden. Sah Ihr Mann das auch so, und wie hat das stattgefunden?

Wir haben nicht so viel darüber gesprochen, woher das kam. Wir litten darunter, daß es so war. Es waren ja bürgerkriegsähnliche Zustände, bis die Nazis an die Macht kamen. Es waren in Deutschland schon seit längerer Zeit große Kämpfe zwischen Kommunisten und Nationalsozialisten in Gang, und der Stahlhelm saß dazwischen und die SPD.

Im Grunde bekämpfte mein Mann alle diese Gruppen. Er fand die Form des Kampfes katastrophal. Er war gegen die gewaltsame Lösung von Problemen. Er war auch gegen die Notverordnungen von Brüning und hielt sie für den Anfang vom Ende. Er meinte, es müßte gelingen, mit Parlamenten zu regieren. Aber wenn Sie mich fragen, ob er gedacht hat, die Seele des deutschen Volkes sei ausgelaugt: Ich glaube eher, er fand, ringsum herrsche politischer Irrsinn, in den sich immer mehr verstrickten, um dann in die Arme von Hitler und seinen Leuten zu fallen.

Zwischen Ihrem Mann, Peter Yorck von Wartenburg und Adolf Reichwein war eine politische und menschliche Verbindung entstanden, die sowohl Ihr Leben wie das von Marion Yorck und Rosemarie Reichwein bestimmte. Immer hat zwischen Ihnen Solidarität geherrscht, die allen Belastungen widerstanden hat. Wo sehen Sie den Grund für eine solche Lebens-Freundschaft?

Stark wurde die Freundschaft erst unter der Belastung. Erst als sie sich zusammen mit diesen Fragen befaßten, verbanden sie sich so fest. Vorher waren es lose, freundschaftliche Verbindungen, die sich aus der Vergangenheit ergeben hatten. Aus den Arbeitslagern in Schlesien, wo sie sich als Studenten und Arbeiter kennengelernt hatten.

Später kam dann die Suche nach Gleichgesinnten.

Mein Mann hätte ohne Peter Yorck nicht so gut gesucht. Beide führten sie Menschen in den Kreis ein, und wenn man sie als Vertrauenspersonen erkannte, wurden sie nahe Freunde. Weil man natürlich gar nichts riskieren konnte, wenn man sich nicht gegenseitig vertraute. Sie ergänzten sich. Das war sehr wesentlich.

Es war doch eine Zeit, da die politischen Ansichten Ihres Mannes vielleicht nicht immer mit Ihren eigenen übereinstimmten. Dennoch ist da diese große Identität des gemeinsamen Denkens.

77

Wie erklären Sie sich das? Das alles stellte doch auch für Sie eine existentielle Bedrohung dar.

So viele Ehen es gibt, so verschieden sind sie auch. Es gibt Ehen, die gerade deshalb funktionieren, weil die Partner verschiedener Ansicht sind. In unserer Ehe war es aber von vornherein so, daß wir in unseren Ansichten sehr zueinander paßten. In unseren Temperamenten waren wir ganz verschieden. Aber was die Ansichten betraf, hatte ich ähnliche Gedanken wie er, durch ihn verstärkten sie sich und glichen sich an. Als ich 1931 heiratete, war ich ja noch sehr jung. Die Beziehung zu meinem Mann stand im Vordergrund. Das war eben die Liebe. Langsam, als wir länger zusammenlebten, wuchs dann auch mein Interesse an diesen anderen Fragen. In mir waren viele Richtungen, in die ich mich hätte entwickeln können. Wir waren zwar beide sehr jung, als wir heirateten, aber er war ein ausgesprochen fertiger Mann. Von ihm behauptete man, er würde durch seine Ehe mit mir immer jünger. Aber er war auch ernst, skeptisch, pessimistisch. Durch unser Zusammenleben wandte er sich viel mehr dem Leben zu. Diese Lebensfragen waren in den ersten Ehejahren außerordentlich wichtig für uns – und die politischen Probleme. Es ging ja alles so schnell. Wenn ich jetzt zurückdenke, sind es nicht einmal fünfzehn Jahre, die wir gemeinsam erlebten, zuerst als Freunde, später als miteinander verheiratet. Dann wurden die öffentlichen Angelegenheiten wichtiger für uns als die privaten, und es galt, ihn zu unterstützen. Ich habe in dieser neuen feministischen Zeit oft über mich nachgedacht: Eigentlich war ich eine vollkommen freie und befreite Frau und tat doch nichts anderes, als meinen Mann zu unterstützen. Es ist eine wunderbare Kombination aus Freiheit und Hilfe, aber dazu gehört eben ein faszinierender Ehepartner, und den hatte ich. Ich kann allen Frauen nur empfehlen, so zu leben, in guten und weniger guten Zeiten.

Das sagt Marion Yorck mit ähnlichen Worten ...

Ja, und das Merkwürdige ist: Diese Männer, die ihr Leben aufs Spiel setzten, lebten fast alle in außergewöhnlich guten Ehen. Wir waren unglücklich, verzweifelt, als unsere Männer nicht mehr lebten. Es war wirklich tragisch, was passierte.

Wir wissen, daß der Kreisauer Kreis in seiner progressiven Hinwendung zu Sozialdemokraten und Kommunisten ein breites antifaschistisches Bündnis gegen Hitler zu schaffen suchte. War dieses Bündnis als vorübergehend gedacht, oder sollte es für einen längeren historischen Abschnitt gelten?

Wenn die Kommunisten den demokratischen Staat mittragen wollten, wenn sie das konnten, dann wären sie für lange Zeit willkommen gewesen. Aber wenn die Kommunisten die parlamentarische Demokratie, welche die Kreisauer wollten, in irgendeiner Form zu zerstören trachteten, dann konnte man sie nicht mehr akzeptieren. Ob sie das anstrebten oder nicht, da waren wir uns nicht sicher. Die Kreisauer wollten den Klassenkampf vermeiden. Sie wollten die Arbeiterschaft vielmehr als die bestimmende Kraft in den neuen Staat einbauen. Sie sollten den Staat, diesen demokratischen Staat, mittragen. Das waren damals Gedanken, die heute merkwürdig anmuten. Ich sehe ja, wie die Gewerkschaften immer noch die Arbeiterinteressen vertreten müssen. Aber die Kreisauer sagten: wenn der Staat ein Staat der Arbeiter ist, dann braucht man Gewerkschaften gar nicht mehr, denn dann vertritt die Staatsorganisation die Interessen des Arbeiters. Das ist doch ein ganz interessanter Gesichtspunkt.

Wenn Sie zurückdenken: Hat sich dieser geistige und politische Einsatz der Kreisauer gelohnt?

Man muß sich immer wieder einsetzen für das, was man für richtig hält. Das Gefühl, ein Einzelner könne gar nichts schaffen, war im Nationalsozialismus vorherrschend. Und die Leute wollten auch ihre Bequemlichkeit, ihr Wohlleben. Da liegen für mich auch heute wieder Gefahren. Ein einzelner Mensch kann enorm viel leisten!

Als der Zweite Weltkrieg zu Ende war, sind Sie nicht in Deutschland geblieben. Sie leben heute in den USA. Warum haben Sie Deutschland damals verlassen?

Ich glaube, ich kann darauf ganz gut antworten. Ich habe die menschlichen Belange immer allen anderen vorgezogen und meine eigene Karriere, ich will es mal so ausdrücken, immer hintangestellt. Ich bin nach 1945 Fürsorgerin in Südafrika gewesen, ich mußte auch arbeiten. Aber in Südafrika war ich wiederum mit Rassismus konfrontiert. Ich konnte dort nicht mehr leben. Ich bin dann wieder zurückgekommen und hätte wohl in Deutschland noch etwas anfangen können. Dann trat Eugen Rosenstock-Huessy in mein Leben. Und da habe ich mich ein zweites Mal engagiert, menschlich. Alles, was ich getan habe, kam immer aus menschlichen Belangen, nicht aus politischen. Und das ist die Antwort: mein Leben hat sich aus den menschlichen Anforderungen entwickelt. Das ist auch heute noch so. Sie ergeben sich dauernd.

Heute vormittag beim Drehen haben Sie einen Satz gesagt, über den ich gern noch einmal mit Ihnen sprechen möchte. Sie sagten, das Wesen unserer möglichen Existenz ...

... ist der Wechsel, daß man sich verändern muß. Daß man ohne Veränderungen stagniert und man sich dem Wechsel auch gar nicht entziehen kann. Man muß in Kauf nehmen, daß man sich verändert. Das ist die beste Form des Lebens.
Das Paradox ist aus unserer menschlichen Existenz nicht zu entfernen. Wir sind gut, und indem wir gut sind, sind wir schon wieder schlecht. Und das ist die Größe des Christentums, nicht der Kirche, daß dieser Mensch in Israel, dieser Jesus Christus, das erkannt hat. Man stirbt, und dann lebt man. Das ist ein toller Mensch gewesen. Die Kirche ist so schlecht, wie jeder Mensch auch schlecht ist. Aber es gibt darin die Erneuerung, den Wechsel. Ich bin Christin, also glaube ich, daß diese Lebenseinsätze Früchte tragen.

Die Grabkapelle der Familie von Moltke in Kreisau schmückt ein Satz aus dem dreizehnten Kapitel des ersten Korintherbriefes. Er lautet: »Die Liebe ist des Gesetzes Erfüllung.« Am 11. Januar 1945, zwölf Tage vor seiner Hinrichtung, greift Ihr Mann in seinem Brief an Sie diese Stelle auf. Er schreibt Ihnen: »Du bist mein dreizehntes Kapitel des ersten Korintherbriefes. Ohne dieses Kapitel ist kein Mensch ein Mensch.«

Denn letzten Endes, ob Sie es nun Liebe nennen, es ist die Zuwendung zum anderen Menschen, in der man mit den Schwierigkeiten der menschlichen Existenz fertig wird. Und darum muß man miteinander sprechen. Das ist die Mindestform der Liebe, das Gespräch.

Ist der Tod Ihres Mannes für Sie sinnvoll, obwohl Sie heute wissen, daß dieses Gesetz ja an Ihrem Mann nicht in Erfüllung gegangen ist. Gilt dieses Gesetz für Sie trotzdem?

Ja. Letzten Endes empfindet keiner größere Liebe, als daß er sein Leben läßt für seine Freunde. Mein Mann hat das Gesetz der Liebe erfüllt. Denn schließlich hat er seinen Tod bejaht. Er ist nicht Jesus Christus, natürlich nicht. Er hätte gern gelebt. Sicher hätte er etwas Großes leisten können. Nun ist er gestorben für diese Sache. Er hat gesagt, gut, wenn es eben verlangt wird, muß ich sterben. Und letzten Endes sehe ich jetzt, daß Deutschland heute in noch ganz anderer Weise erbärmlich dastünde, wenn man nicht ein paar Menschen hätte, über die man sagen kann, ja, da sind aber welche, die sind gegen das nationalsozialistische Regime gestorben. Und obwohl mein Mann den 20. Juli 1944 lieber hätte vermeiden wollen, weil er glaubte, dieses Attentat, wäre es gelungen, hätte nicht zur Änderung des Regimes geführt, so hat er doch da sein Leben erfüllt, wo es am besten zu erfüllen war, nämlich gegen Hitler. Also, ich bejahe das. Er selber hat auch noch in den Briefen, die er mir aus dem Gefängnis geschrieben hat und die Harald Poelchau mir gebracht hat – als wir immer zwischen Hoffen und Verzagen hin- und hergegangen sind –, da hat er geschrieben, vielleicht wird mein Tod von mir verlangt. Und wenige Tage, nachdem er das geschrieben hat, ist er hingerichtet worden. Das habe ich doch nicht vergessen. Das muß ich so annehmen.
Also bejahe ich das Leben und Sterben meines Mannes.

Man kann nicht an der Politik vorbeileben

*Rosemarie Reichwein
im Gespräch mit Ulrich Dietzel
1984*

Ulrich Dietzel:
*Ihr Mann wurde vor vierzig Jahren, am 4. Juli 1944, verhaftet,
als er zum zweiten Treffen mit der kommunistischen Widerstandsgruppe »Saefkow, Jacob und Bästlein« ging. Können Sie
sich an diesen Tag erinnern?*

Rosemarie Reichwein:
Ja, genau. Meiner Meinung nach war es der 5. Juli. Wir waren
am Tag zuvor bei Yorcks eingeladen, er ging dann aber allein,
weil er meinte, sie würden doch nur über politische Sachen reden
und lieber unter sich sein. Am nächsten Tag sagte er, er würde
zu dem Treffen gehen. Ich war informiert und habe auch unterstützt, daß er sich mit Kommunisten traf. Abends kam er nicht
wieder. Ich habe überall nachgeforscht und gefragt, doch keiner
wußte etwas. Er wohnte damals bei meiner Schwester, hier in
Wannsee, weil wir ja in Kreisau untergebracht waren. Am nächsten Morgen ging ich dann zu Graf Yorck, um ihm zu erzählen,
daß mein Mann nicht nach Hause gekommen war. Ich nahm an,
sie hätten am Abend vorher darüber gesprochen. Yorck erschrak
und fragte, wo denn Leber sei und ob der überhaupt dabei gewesen wäre. Ich sagte, daß ich das nicht wüßte, an sich sei das
wohl so geplant gewesen. Dann rief Graf Yorck bei Lebers an,
und Leber war noch zu Hause. Er war nicht zu diesem Treffen
gegangen. Mein Mann hatte sich mit den Kommunisten offenbar allein treffen wollen. Abgefangen wurden sie am Bahnhof
Heerstraße, von wo aus sie gemeinsam in eine Wohnung gehen
wollten. Doch da kam schon die »Grüne Minna« und nahm sie
alle mit. Das haben wir erst später erfahren.

Yorck erhielt dann später die Nachricht, auch Leber wäre von der Gestapo abgeholt worden. Da hatten sie also beide. Ich habe angestrengt gesucht, wohin sie gebracht worden sein konnten, ob sie überhaupt verhaftet seien. Ich habe nichts herausbekommen. Ich rief das Ministerium an, weil ich annahm, daß man dort ja wohl Bescheid wissen müßte. Doch die wußten zunächst auch nichts. Nach Tagen rief mich das Ministerium in Wannsee bei meiner Schwester an, und man teilte mir mit, sie wären im Volksgerichtshof Potsdam. Daraufhin bin ich am 20. Juli morgens nach Potsdam gefahren, um meinen Mann sprechen zu können und ihm etwas zu bringen. Ich wurde von der SS empfangen, die mir sagte, daß ich ihn nicht sehen dürfe, aber sie gaben mir einen Brief von ihm. Mit diesem Brief bin ich dann wieder nach Lichterfelde gefahren, um ihn Graf Yorck zu zeigen. Der war aber nicht zu Hause, es war ja der 20. Juli.

Die Haushilfe sagte mir, da wäre ein Offizier, dem ich mich ruhig anvertrauen könnte. Wer das war, weiß ich nicht mehr. Ich bin dann wieder nach Kreisau gefahren. Ich war zu dieser Zeit die Woche über immer in Berlin, um nach meinem Mann zu forschen, und am Wochenende in Kreisau, um nach den Kindern zu sehen. Auf dem Weg nach Kreisau habe ich in Cottbus haltgemacht und Frau Bohnenkamp aufgesucht. Ihr Mann war Soldat und im Krieg.

Am Abend des 20. Juli haben wir die Nachricht gehört, daß ein Attentat geplant war, das fehlgeschlagen sei. Und als ich vormittags mit dem Zug in Kreisau ankam, stand dann schon im »Völkischen Beobachter«, daß unter den Verhafteten auch Graf Yorck wäre. Daraus schloß ich, daß sie wahrscheinlich über das geplante Attentat und das Treffen mit den Kommunisten gesprochen haben müssen.

Es heißt, Ihr Mann hätte zusammen mit Leber den Auftrag gehabt, mit den kommunistischen Gruppen zu verhandeln. War der Kreisauer Kreis der Auftraggeber?

Ja. Mein Mann gehörte ja dazu. Leber ist erst später hinzugekommen, als Mierendorff schon nicht mehr lebte. Mierendorff, ein ganz wichtiger Mann von der linken Seite im Kreis, war bei einem Bombenangriff umgekommen. Nun suchte man nach einer entsprechenden Persönlichkeit, die ihn ersetzen konnte. Das

Treffen mit den Kommunisten ging hauptsächlich von meinem Mann und Leber aus. Die Kreisauer waren darüber geteilter Meinung. Einige sagten, ja, das ist richtig und gut und das müssen wir machen, um eine breitere Widerstandsbasis zu erlangen und nicht die Kommunisten gegen uns zu haben, und andere, zum Beispiel sein Freund Haubach, der ebenso wie Mierendorff durch meinen Mann in den Kreisauer Kreis eingeführt worden war, sagten, wenn du das machst, gefährdest du uns alle; die kommunistischen Gruppen sind stark von Spitzeln durchsetzt, und die werden nicht nur dich, sondern uns alle verraten. Im Grunde ist es nachher auch so gekommen. Hinzu kam, daß die Kommunisten gegen Gewalt, gegen das Morden und Töten waren. Leber und Reichwein mußten sich um sie bemühen und herausfinden, ob sie nach einem gelungenen Attentat wirklich mitmachen würden. Aber ich kann nicht sagen, daß es ein direkter Auftrag war. Es war auch ein eigener Entschluß. Er hat uns vorher in Kreisau, Gräfin Moltke und mir, gesagt, er habe jetzt Kontakt mit den Kommunisten aufgenommen, wenn das schiefginge, koste es unser Leben. Er war sich also vollkommen darüber bewußt, was für ein Risiko er eingegangen war.

Wenn man vom Kreisauer Kreis spricht, fallen einem zunächst große Namen der deutschen Geschichte ein, Yorck, Moltke und so weiter. Wie kam Ihr Mann in diesen Kreis?

Mein Mann kannte Yorck und Moltke und Trotha, Einsiedel, Machui und mehrere andere von den schlesischen Gütern. Er hatte sie zusammen mit Arbeitern und Studenten in den freiwilligen Arbeitsdienstlagern in Löwenberg in Schlesien kennengelernt. Er hielt damals Vorträge zusammen mit dem Leiter dieser Lager, Professor Rosenstock-Huessy aus Breslau, der ja der Lehrer von Moltke gewesen war. Damals haben sie zueinander gefunden, und sie trafen sich später in Berlin wieder. Mein Mann war dann schon in Tiefensee und unternahm von da aus oft Fahrten nach Berlin, um alte Freunde wiederzutreffen und Beziehungen aufzutun. Er hat Moltke getroffen, auch Yorck, Einsiedel und Trotha. Abends war er oft bei Moltke, wo sie zusammen BBC hörten und er Neuigkeiten aus dem OKW hörte. Man war dort immer bestens informiert und hatte auch die näheren Freunde kennengelernt. Es haben sich aber immer nur zwei, höchstens drei Männer getroffen, meist in der Wohnung von Yorck oder Moltke. Mein Mann war damals mit seinen Kräften sehr herunter, er hatte sich kolossal verbraucht. Im Frühjahr 1941 sagte Moltke, er sollte doch nach Kreisau kommen, sich richtig erholen und gut essen. Das hat er angenommen und ist dann ein paar Wochen in Kreisau gewesen, was ihm sehr guttat. Er hatte auch öfter mit Moltke allein sprechen können, und so kamen dann die Kreisauer Freundestreffen zustande, zunächst in kleinerer Runde. Sie trafen sich Pfingsten. Da fiel es nicht weiter auf, wenn sie Gäste hatten. Das setzte sich dann in Berlin fort, und dieser und jener zog einen anderen mit dazu, und so wurde der Kreis immer größer. Es kam auch vor, daß sich zwei oder drei der Männer bei uns trafen. Er war damals pädagogischer Leiter des Berliner Museums für Deutsche Volkskunde im Prinzessinnen-Palais Unter den Linden geworden, ein günstiger Treffpunkt. In einem Museum, wo die Leute ein- und ausgehen, konnte man sich gut unterhalten. Ich habe dort Harald Poelchau kennengelernt. Wer aber sonst dazugehörte, wußte ich damals nicht.

Gräfin Moltke sprach davon, daß der Ausgangspunkt immer ein kleiner Kreis von guten Bekannten gewesen sei, der sich dann erweiterte, daß aber mit dieser Erweiterung die Vertrauensbasis kleiner wurde.

Es waren immer zwei, drei, die sich genau kannten. Als mein Mann die Sozialdemokraten einführte, da war er sich ganz sicher, daß man ihnen vertrauen konnte. Die waren als Reichstagsabgeordnete schon gleich am Anfang in Konzentrationslagern gewesen und wirklich vertrauenerweckend. Und wenn jemand einen mitbrachte, zum Beispiel von der Bekennenden Kirche, dann wußte man auch, daß man vertrauen konnte. Natürlich ist es immer ein Risiko, wenn der Kreis größer wird.

Es gab auch im Kreisauer Kreis sehr unterschiedliche Positionen. Eine Reihe der Mitglieder war sehr weit rechts ausgerichtet, andere standen weiter links.

Ja, sie kamen von allen Seiten, auch aus ehemals verschiedenen Parteien. Aber sie hatten einen gemeinsamen Feind, und das hat sie verbunden. Sie waren wirklich oft sehr verschiedener Meinung. Darüber wurde diskutiert. Zum Beispiel bestand eine gewisse Reserviertheit den Anhängern Goerdelers gegenüber. Man wußte, wie weit rechts die standen, für die älteren Kreisauer zu weit rechts. Moltke verstand sich dagegen gut mit Leuschner, der zu den Sozialdemokraten gehörte. Yorck und Moltke waren überhaupt sehr sozial ausgerichtet und dazu christlich.

Ihr Mann hatte immer eine starke Neigung zu den einfachen Menschen. Mit ihnen glaubte er, arbeiten zu müssen. Er meinte in einem fast marxistischen Sinne, daß die Arbeiter bei einer Gesellschaftsveränderung die Vorhut bilden müßten. Ich entnehme das dem Buch über Ihren Mann von Ursula Schulz. Es gibt da einen Passus, in dem Ihr Mann sich zum Marxismus äußert. Und eine solche Ansicht kann ja nicht widerspruchslos in einen Kreis eingeführt werden, der auf der Grundlage eines gewissen ständischen Denken glaubt, zum Beispiel durch den Aufbau kleiner Einheiten, die sich immer mehr vergrößern, eine Mitsprache des Volkes innerhalb der Gemeinschaft sichern zu können. Ihr Mann dagegen ging den Schritt von der Mitsprache zum Begriff der Vorhut. Das ist etwas anderes.

Wie meinen Sie das, ein Mann der Vorhut?

Ja, Ihr Mann meinte, daß die Arbeiter in den gesellschaftlichen Auseinandersetzungen eine Vorhut bilden müßten.

Ich weiß nicht, ob er genau dieses Wort benutzte. Er selber kam ja aus kleinen Verhältnissen. Sein Vater war Dorfschullehrer im Taunus gewesen. Er ist da großgeworden, und sie haben sehr dürftig gelebt. Natürlich hatte er schon als Kind Kontakt zu den Bauern, Arbeitern und den einfachen Leuten im Dorf. Und das war seine Basis, die immer blieb. Wenn er nach Hause, nach Oberroßbach, kam, traf er sich mit den einfachen Leuten, und das hat ihn wohl in die Nähe der sozialistischen Seite geführt. Er hat in Thüringen in der Erwachsenenbildung gearbeitet, dort die Volkshochschule mitgeleitet und das Volkshochschulheim für Arbeiter und Studenten am Beuthenberg eingerichtet. Jena war ja Universitätsstadt. Da verbrachten sie regelmäßig gemeinsame Abende und auch die Wochenenden. Er hatte guten Kontakt zu den Kommunisten in den Zeiss-Werken. Er half ihnen bei ihrer

Weiterbildung. Sie haben damals versucht, ihn zur Kommunistischen Partei hinüberzuziehen, aber das wollte er nicht. Er wollte frei bleiben, obgleich seine erste Frau Kommunistin war. Später ging er an die Pädagogische Hochschule nach Halle. Dort hatte er seine Studenten, hielt aber außerdem Abendkurse für Arbeiter. Dann schlossen die Nazis seine »Rote Akademie«, und die Hörer wurden einfach weggeschickt. Er mußte sich eine neue Arbeit suchen und wandte sich nun den Kindern zu. Er hatte bei den Erwachsenen angefangen, ging dann zu den Studenten und war zuletzt bei den Dorf-Kindern angekommen. Über die Kinder hat er sich bemüht, die Eltern zu gewinnen. Er suchte immer sehr intensiv nach menschlichen Kontakten, vor allen Dingen in den unteren Schichten.

Es gibt in den Anmerkungen des Buches den Hinweis, daß Ihr Mann bei den Neuen Blättern für Sozialismus mitgearbeitet hat. Es wird auf einen Aufsatz verwiesen, in dem er zitiert wird. Reichwein habe, so heißt es da, gegenüber Rössle auf Marx zurückgegriffen: Es gelte nicht Marx zu retten, sondern ihn neu zu durchdenken. »Wir jungen Sozialisten verstehen Marx so, daß das Proletariat die Rolle der sozialistischen Vorhut spielt. Der Vulgärmarxismus der Sozialdemokratie hat aus dem Vorhutkampf lange Zeit den ganzen sozialistischen Kampf machen wollen. Das stellen wir richtig. Wir stehen damit nicht gegen Marx, sondern stoßen über ihn hinaus.«

Das stimmt. Ich habe in Thüringen ein Treffen mitgemacht – wir kannten uns damals erst oberflächlich –, ich war Turn- und Sportlehrerin an der Akademie, wo er als Professor für Geschichte, Erdkunde, Staatsbürgerkunde beschäftigt war. Er hat mich einmal zu einem Treffen mit dem Strasser mitgenommen, nicht Gregor, sondern dessen Bruder Otto. Da hat man ihm aufgetragen, er sollte dort für den Marxismus reden und Strasser dagegen. Er sagte mir, er sei im Grunde darüber hinaus. Sie hatten eine interessante Diskussion, und hinterher haben sie sich sehr gut verstanden. Es war also mehr als ein Diskussionsgefecht aus Passion. Mein Mann hatte sich in der Tat weiterentwickelt, politisch über »Wandervogel« und Jugendbewegung und auch über den Marxismus hinaus. Aber das alles bildete die Quellen für seine Haltung.

Wie viele seiner Freunde und Bekannten daran hängenblieben, merkte man nach dem Krieg. Wie die wieder anfangen wollten mit der alten Jugendbewegung, das hätte er nicht mitgemacht. Er sah andere, wichtigere Aufgaben.

Er interessierte sich sehr stark für die Wirtschaft und dachte auch politisch darüber nach. Deshalb reiste er nach Amerika mit dem Auftrag, die Rohstoffe der Erde zu studieren. Er war davon überzeugt, daß man erst einmal die wirtschaftlichen Fragen lösen müßte, wenn man sich untereinander verständigen und miteinander vertragen wollte. Für seine Studenten in Jena gab er kleine Bändchen heraus. Es gibt eins über Amerika und dann seine Erzählungen »Mit Menschen und Tieren«.

Zu den Vorstellungen und Zielen des Kreisauer Kreises ist kritisch gesagt worden, der Widerstand habe sich dort erst sehr spät organisiert. Praktisch erst 1944, als die militärische Niederlage Deutschlands feststand.

Bei den Kreisauern? Nein, da hat sich der Widerstand viel früher entwickelt.

Ich meine die Bereitschaft, gegenüber den Nazis zur Gewalt zu greifen und sich zu entschließen, ein Attentat zu organisieren.

Über bestimmte Dinge hat mein Mann nie gesprochen, auch nie Namen genannt. Er wollte mich nicht belasten. Er hat immer damit gerechnet, verhaftet zu werden, und dann würden sie auch mich verhören. Er hat dafür gesorgt, daß ich nichts weiß und somit auch nichts aussagen kann. Er wußte, ich bin sehr ehrlich, was unter diesen Umständen auch gefährlich war. Und darum war mir dieser Attentatsplan nicht bekannt.

Ich meinte, es ist manchmal der Vorwurf gegen die Kreisauer erhoben worden, sie hätten sich erst sehr spät entschlossen, mit Gewalt gegen die Nazis vorzugehen, erst als der Ausgang des Krieges schon feststand.

Da war man verschiedener Meinung. Es waren sich gar nicht alle darin einig, daß es überhaupt zu einem Attentat kommen müßte. Das habe ich alles erst hinterher erfahren. Zum Beispiel sollen

Gerstenmeier und Yorck, die miteinander befreundet waren, und Gerstenmeier wohnte bei Yorck, dafür gewesen sein. Während es heißt, Moltke sei dagegen gewesen. Er fand, daß es dafür schon zu spät war. Er war der Ansicht, die Deutschen müßten das Schicksal, das Hitler ihnen auferlegt hatte, jetzt bis zum bitteren Ende ertragen. Wenn das Attentat gelungen und danach ein großes Durcheinander und Schwierigkeiten entstanden wären, dann wäre alles auf den Tod Hitlers geschoben worden. Es gab einige im Kreis, die Moltkes Ansichten teilten.

Sie wollten also warten, bis dem Naziregime von außen ein Ende gesetzt würde.

Ja, es sollte sich von allein totlaufen. Im Grunde ginge es ja, wie gesagt, schon seit Stalingrad rückwärts. Die russischen Truppen kamen immer näher. Und dann kam im Westen die Invasion. Zu der Zeit, als mein Mann schon verhaftet war, wartete man sehnlich darauf, daß es schneller vorwärtsginge.

Die angedeutete Kritik meint im Grunde, daß die Deutschen in ihrer großen Mehrheit 1933 zwar für Hitler waren, aber gegen den Krieg. Doch als Hitler einen Sieg nach dem anderen melden konnte, war man auch wieder ein bißchen für den Krieg. Man glaubte, wir Deutschen seien wirklich die Größten.

Für den Widerstand, der sich schon vor dem Krieg in kleinen Kreisen entwickelt hatte, stellte der Kriegsausbruch ein großes Hindernis dar. Hitler hatte viele Erfolge erzielt, und es wurde für die Widerständler viel schwerer, gegen den Krieg zu kämpfen.

Bei einem für Deutschland positiven Verlauf des Krieges wären Teile des Kreisauer Kreises und des Widerstandes vielleicht auf Hitlers Position übergelaufen. Aber das widerspricht ganz sicher der Haltung anderer Mitglieder des Kreisauer Kreises, die Hitler keinen Sieg wünschen konnten.

Mein Mann war von Anfang an gegen Hitler, schon in Halle, als Hitler noch nicht an der Macht war. Ich habe seine Vorlesungen gehört, die von einem sozialistischen Standpunkt ausgingen und gegen die nationalsozialistische Propaganda gerichtet waren. Er hatte ein ganz bestimmtes Ziel, und das hat er wie an einem roten Faden von Anfang an bis an sein Lebensende verfolgt. Es hätte ihn niemand beirren können, und er hätte sein Ziel auch im Auge behalten, wenn das Attentat gelungen und er am Leben geblieben wäre. Er ist nie von seiner eigenen Linie abgewichen, und an die hielt er sich, zusammen mit seinen Freunden Carlo Mierendorff, Theodor Haubach, Julius Leber und Wilhelm Leuschner. Sie waren sich darin ganz einig.

Und sie konnten sich in diesem Punkt mit den anderen Kreisauern verständigen?

Das hat sie überhaupt zusammengebracht. Jetzt, nachdem Jahre darüber verstrichen sind, entwickeln sich die Nachkommen der damals Beteiligten wieder in verschiedene Richtungen. Die Söhne der Militärs und Aristokraten tendieren wieder stark zur rechten Seite hin, und andere bleiben auf der linken.

Halten Sie das damalige Bündnis der Vernunft gegen den gemeinsamen Feind – ein Bündnis, das die eigenen Vorstellungen von der Entwicklung der Gesellschaft zurückstellt angesichts des Zieles, zunächst den Gegner zu überwinden –, halten Sie dieses Bündnis nicht für vorbildlich? Und könnte es nicht eine aktuelle Mission dieses Widerstandes sein, heute gegen den Exitus der Menschheit in einem Dritten Weltkrieg zusammenzustehen, so wie man damals gegen Hitler zusammenstand?

Man sieht heute, daß alle auf allen Seiten vom Frieden reden, aber unter dem Weg zum Frieden sehr Verschiedenes verstehen. Da gibt es allerdings große Unterschiede. Ich weiß nicht, ob das eine Zeiterscheinung ist, mit dem Damaligen nicht zu vergleichen.

Was wäre heute die Botschaft des Kreisauer Kreises, für die Ihr Mann und seine Freunde ihr Leben gegeben haben?

Seine Meinung war immer, man müsse sich unbedingt mit Politik beschäftigen, man könne nicht an ihr vorbeileben. Viele unter den Jüngeren wollten ja nach dem Krieg von Politik nichts mehr hören und sehen.

Selbst bei meinem elfjährigen Sohn war das so. Wenn er mich fragte, ob man sich überhaupt mit Politik beschäftigen müsse, habe ich ihm gesagt, er werde darum nicht herumkommen. Sein Vater war in erster Linie Pädagoge. Dennoch war seine Haltung, er müsse auch als Pädagoge, ohne sich parteipolitisch festzulegen, politisch denken und handeln.

Die Kreisauer wollten damals zwar christliche Schulen, aber keine Konfessionsschulen. Es gab auch Ansichten, doch wieder Konfessionsschulen einzurichten. Mein Mann und andere im Kreisauer Kreis waren dagegen. In den Dokumenten der Kreisauer ist das alles niedergelegt. Sie haben im Grunde nur sortiert und geplant, was im Falle einer gewaltsamen Beseitigung Hitlers geschehen sollte. Daß ihr Vorhaben auch ein bitteres Ende nehmen könnte, war klar. An den Plänen der Kreisauer jedoch war man später, als dann wirklich alles vorüber war, interessiert. Sie haben damals zum Beispiel dafür plädiert, keine Parteien wieder zu haben, sondern das Gemeinwesen von den Gemeinden her zu lenken. Von den kleinen Kreisen zu den oberen. Nicht von oben nach unten. Sondern in umgekehrter Richtung.

Meinen Mann hat am Nationalsozialismus so sehr gestört, daß von oben her diktiert wurde, und die unten mußten alles ausführen. Er war der Meinung, gerade nicht von oben her dürfe bestimmt werden, was zu tun ist, sondern aus einer kleinen Zelle müsse wachsen, was richtig ist und was werden soll.

Es ist ja vielleicht merkwürdig, wenn die Generation der Söhne in einer bestimmten Situation darauf kommt, diese Vergangenheit, dieses Erbe, diese Tradition wieder stärker ins Blickfeld zu nehmen.

Bei uns sind es ja manche der ganz jungen Leute, zum Beispiel die Grünen, die vernünftige Ansatzpunkte haben. Aber sie haben zu wenig Erfahrung und vielleicht auch nicht genug gelernt. Doch sie lassen sich ungern lenken, wollen ihre Ansichten durchdrükken, nicht immer mit den geschicktesten Methoden. Aber da ist etwas lebendig, und dem sollte man Möglichkeiten geben.

Das, zum Beispiel, könnte heute eine der Ansichten meines Mannes sein. Er hätte sich nie mit den Gegebenheiten abgefunden, sondern immer bemüht, irgendwie einzugreifen. Er wurde zum Schluß ganz ungeduldig, daß es immer noch nicht zu Ende ging.

Es dauerte ihm zu lange, um durchzusetzen, was er wollte. Und dafür war er eben bereit, sich bis zum letzten einzusetzen. Es gab oft Situationen, in denen er das Gefühl hatte, sich einschalten zu müssen. Damit riskierte er, selber einbezogen oder umgebracht zu werden. Aber immer riet er seinen Freunden, wenn er sich von ihnen trennte, übrigzubleiben! Auch er wollte übrigbleiben, um nachher die Sache so in die Hand zu nehmen, wie sie sich das gedacht hatten. Er hat gesagt, es habe keinen Sinn, immer nur Kritik zu üben, immer nur das Negative zu sehen, man müsse etwas dafür einsetzen, damit es dann positiv weitergehen könne. Er hat sich nie damit zufriedengegeben, nur zu kritisieren. Es gab genug Kritik. Und deshalb hat er zusammen mit den Kreisauern überlegt, was sie statt dessen tun wollten.

Wie ist es Ihnen nach der Hinrichtung Ihres Mannes gegangen, wie haben Sie Ihr eigenes Leben einrichten können? Gab es unter Ihren Bekannten welche, für die Ihr Schicksal ein Makel war, oder lebten Sie in einem Kreis von Freunden, die sich mit Ihnen solidarisch fühlten?

Ja. Zum Glück lebte ich mit den Kindern in Kreisau mit Gräfin Moltke zusammen. Wir hatten beide dasselbe erlebt. Wir lebten in einer dörflichen Umgebung, der wir, als das passiert war, nicht reinen Wein einschenkten. Die Wahrheit sickerte nur langsam durch. Selbst meinen Kindern konnte ich nur sagen, daß der Vater im Krankenhaus gestorben sei. Und außerdem näherte sich der Krieg seinem schlimmen Ende. Ich bin 1943, als wir in Berlin total ausgebombt waren, mit den Kindern nach Kreisau gekommen, und wir haben im Winter 44/45 den furchtbaren Flüchtlingstreck von jenseits der Oder erlebt. Es war schrecklich kalt. Wir sagten uns damals, wir gehen mit unseren Kindern nicht auf die Straße, weil die dann, wie andere, erfrieren könnten. Wir haben also in Kreisau ausgeharrt. Unten im Schloß saß eine Verpflegungstruppe. Die sagten zu uns, solange wir noch hier sind, können auch Sie ruhig hierbleiben. Wir sind immer im sicheren Hinterhalt, aber wenn wir abrücken, dann wird es auch für Sie Zeit. Dann haben wir es schießen hören, fünfundzwanzig Kilometer entfernt, die Truppe wurde abgezogen, und Gräfin Moltke stellte einen großen Treck zusammen. Zwei Proviantwagen, zwei Kutscher und fünf oder sechs Pferde, und hinten haben wir noch eine Kutsche angehängt, in der die sechs Kinder saßen. So sind wir losgezogen, Ostern, übers Eulengebirge hinweg, in Richtung Riesengebirge. Es war uns klar, daß wir zu dieser Zeit nicht weiter nach Westen kommen würden. Bis Pfingsten lebten wir in einer unbewohnten Baude. Inzwischen war der Waffenstillstand erklärt worden. Russen waren nicht bis auf die Höhen gekommen, sie waren unten durch die Täler gezogen. Aber dann begannen die Tschechen, alle Deutschen zu verfolgen. Da haben wir zusammengepackt, was wir noch hatten. Mit einem Planwagen und drei Pferden sind wir auf demselben Weg nach Kreisau zurückgekehrt. Wir sagten uns, jetzt ist da eine russische Verwaltung und die wird uns nun, wo der Waffenstillstand besteht, nichts tun. Als wir in Kreisau ankamen, saß wirklich eine russische Kommandantur im Schloß. Wir sind in das Berghaus gezogen, wo Moltkes wohnten, und blieben da absolut unbehelligt. Ich machte mich dann auf nach Berlin, etappenweise mit der Eisenbahn, die gelegentlich wieder fuhr, von Kreisau nach Schweidnitz, nach Liegnitz, nach Sagan, nach Cottbus und so weiter. Ich versuchte immer wieder, einen Anschluß zu bekommen, meistens fuhren Güterzüge. Ich habe dann in Berlin Unterlagen über unsere Herkunft, wer unsere Männer gewesen waren, und drei Ausweise besorgt, für Frau von Moltke, Frau von Yorck und mich. Die hatte ich auf russisch und polnisch, und es würde ein gewisser Schutz sein, wenn man erfuhr, daß unsere Männer zu den Nazigegnern gehört hatten. Als ich zurückwollte nach Kreisau, sagte man mir in Berlin, um Gottes willen, tun Sie das nicht, bleiben Sie hier. Die Grenze ist zu, da sind jetzt die Polen eingezogen. Aber es war mir gleich, wer jetzt da war, Polen oder Russen. Ich sagte, ich habe dort meine Kinder, und ich muß den Frauen diese Ausweise bringen. Ich habe mich dann also irgendwie über die Grenze geschmuggelt und bin in einen der offenen Güterwagen gestiegen, die vom Westen nach dem Osten gefahren wurden. Ich habe nicht den Mund aufgetan, weil ich kein Wort Polnisch konnte. Dann kamen mir die Flüchtlinge entgegen, mit Kind und Kegel. Es war ein erschütternder Anblick. Ich dachte immer, jetzt kommen irgendwann deine eigenen Kinder an. Ich wußte aber nicht, auf welchem Weg. Es gab noch einen zweiten Weg zurück in westlicher Richtung. Als ich dann nach ein paar Tagen endlich in Kreisau ankam, ich war das letzte große Stück zu Fuß gelaufen, kamen mir die Kinder entgegengesprungen und wunderten sich, wo ich so lange gewesen wäre. Sie waren gut aufgehoben. Das war Frau von Moltke zu verdanken, die Kontakt zu einem Kloster in Schweidnitz hatte, das seinerseits mit der polnischen Verwaltung gutstand. Rundum waren die Dörfer schon alle leer. Die Ernte mußte eingebracht werden. Kreisau war wirklich eines der Dörfer, wo noch Deutsche wohnten und die Leute noch arbeiteten. Den ganzen Sommer lang, bis in den Herbst 1945 sind wir in Kreisau geblieben. Dann brachen wir endgültig auf, weil unsere Treckvorräte langsam aufgebraucht waren. Und neue gab es nicht.

Noch in Schlesien hatte ich ein schwedisches Visum für eine Einreise in das Land erhalten. Meine alten Freunde in Schweden hatten mich und meine Kinder eingeladen, um uns sozusagen wieder hochzupäppeln. Dieses Visum hatte ich zwar in der Hand, aber zunächst mußte ich mit den Kindern erst einmal von Schlesien wieder nach Berlin. Dafür haben wir fünf Tage gebraucht. Es war eine sehr strapaziöse Tour, eine richtige Flüchtlingstour.

Gräfin Moltke wurde, kurz nachdem ich weg war, von der englischen Gesandtschaft in Warschau mit dem Auto abgeholt und mit ihren Jungen fürs erste ebenfalls nach Berlin gebracht. Da haben wir uns im Oktober 1945 wiedergesehen. Ich wohnte dann bei meiner Schwester und versuchte, mit dem Visum eine Ausreise zu bekommen. Dazu habe ich ein ganzes Jahr gebraucht, weil ja ein absolutes Ausreiseverbot bestand.

Ich erklärte dem Amerikaner, der mir den Paß schließlich gab, als Emigrant sei er ja im Grunde genommen besser weggekommen als wir, die wir alles in Deutschland durchgestanden hatten. Aber unsere Kinder, einen weiteren Hungerwinter vor Augen, dürften doch darunter nicht leiden. Da zeigte er Nachsicht. Als ich dann in Schweden ankam, wunderten sich die Schweden natürlich und fragten, wieso ich als deutsche Frau ins Land durfte. Ihre schwedischen Frauen, die in Deutschland gelebt hatten und jetzt gern nach Hause kommen wollten, dürften nicht.

Doch es stellte sich heraus, daß die Frauen meistens Frauen schwedischer Nazis waren, Offiziersfrauen, und deren Ausreise hatten die Besatzungsmächte natürlich verboten. Ich hatte eine schwedische Ausbildung und aus dieser Zeit wirklich gute Bekannte. Besonders nach dem Ersten Weltkrieg war Schweden sehr deutschfreundlich gewesen. Jetzt war es genau umgekehrt. Alle Sympathien für die Deutschen waren verschwunden, und man hatte sich vollkommen auf den Westen, auf England und Amerika, ausgerichtet. Mir war das verständlich, denn die Schweden hatten die Häftlinge gesehen, die auf Schiffen gleich nach dem Zusammenbruch aus den Konzentrationslagern in Mecklenburg und Pommern ins Land gekommen waren. Das waren zum Teil so geschädigte und erschreckte Menschen, daß sie Angst hatten, man würde wieder Versuche mit ihnen machen, wenn ein Arzt zu ihnen kam.

Die Schweden waren erschüttert. Sie sahen im eigenen Land, was die Nazis angerichtet hatten.

Es war für Antifaschisten und Nazigegner schwer, anderen Völkern klarzumachen, daß es auch Deutsche gab, die nicht mit dem Siegel des Faschismus zu belegen waren.

Man hielt zunächst einmal alle Deutschen für gleich. Selbst meine gute alte Freundin war so gegen die Nazis eingestellt, daß auch sie ganz antideutsch wurde. Ich habe in der ersten Zeit dort nicht den Mund aufgemacht und nicht viel erzählt. Ich merkte, sie wollten das gar nicht hören. Sie waren davon überzeugt, daß die Deutschen insgesamt ein niederträchtiges Volk seien. Über den Widerstand war anfangs auch in Deutschland so gut wie nichts bekannt. Das war in gewisser Weise ein Verhängnis. Anfangs hatten die Besatzungsmächte jede Veröffentlichung über den Widerstand verboten. In Schweden habe ich ein erstes, in der Schweiz herausgegebenes Buch über den deutschen Widerstand gelesen. In Deutschland gab es damals noch keine Veröffentlichungen zu diesem Thema. Das wurde totgeschwiegen. Man erzählte, daß sogar Churchill anfangs der Meinung war, alle Deutschen seien schuldig. Erst später hat er sich dann umgestellt.

Das betraf nicht nur Politiker. Auch Bertolt Brecht hat sich mit Thomas Mann auseinandergesetzt, ob das deutsche Volk als ganzes für die Untaten des Faschismus bestraft werden müsse. Auch Ehrenburg und Aragon warfen die Deutschen in einen Topf und konstatierten eine Kollektivschuld. Diese undifferenzierte Charakterisierung aller Deutschen als böse war nach 1945 verständlich. Aber Tatsache war andererseits, daß auch Deutsche den Faschismus bekämpft hatten.

Man hat das Böse nicht verhindern können, es ist doch alles seinen schlimmen Gang gegangen. Auch wir hatten ein gewisses Schuldgefühl, weil wir zu diesem Volk gehörten.

Man hat das Attentat von Stauffenberg auch kritisiert. Man fragte zum Beispiel, warum der Mann sich nicht gleich selbst erschossen habe. Man war der Ansicht, daß sich doch nicht alle mit ihrer letzten Kraft eingesetzt haben. Ich meine, hinterher ist gut reden. Es gab wenige Leute, die den Widerstand überhaupt aufnahmen, und Stauffenberg, durch eine Kriegsverwundung selbst schwer behindert, war einer von den wenigen, die sich zur Verfügung stellten. Der Kummer meines Mannes war, warum das Militär Hitler bedingungslos gefolgt war. Wir hatten überhaupt keine vernünftigen Leute. Es sind nur ganz wenige Offiziere im Widerstand gewesen. Viel zu wenige. Und die hohen Offiziere, Rommel, Kluge und andere, haben bis zuletzt oder fast bis zum Ende mitgemacht, Rommel ist ja erst ganz am Ende ausgestiegen. Viele haben die Nazis am Anfang enorm unterstützt, sonst wäre es mit deren Krieg nicht so vorangegangen.

War das Opfer, das Ihr Mann bringen mußte, umsonst?

Das habe ich oft überlegt: War es umsonst? Es ist ja so gelaufen, daß man sich sagte, es hat sich eher nach rückwärts entwickelt, anstatt nach vorwärts. Aber, ich meine, es war insofern vielleicht sinnvoll, weil damit eben doch ein Beweis vorliegt, daß es Widerstand gab, daß nicht alle das wollten, was Hitler und die Nazis getan haben.

Nachdenken über den Pfarrer Harald Poelchau

Eberhard Görner
1986

Es ist Frühling. Der Mai, der große Verschwender, läßt rote Kastanienblüten blühen. Vor dem blauen Himmel kreuzen sich die Schwalbenpaare. Hinter meinem Schreibtisch sitzend, schaue ich aus dem Fenster und genieße diesen Frieden der Natur. Ein Frieden, der mir plötzlich so zu Herzen geht, weil mich ganz andere Gedanken beschäftigen.

An der Wand meines Arbeitszimmers hängt ein Bilderfries von Fotokopien aus Fritz Cremers Graphikzyklus »Für Mutter Coppi und die Anderen, Alle!«. Das sind keine Bilder des Friedens. Das sind Bilder aus der Hölle. Bilder vom tiefsten Punkt menschlichen Leidens, Bilder der Unfaßbarkeit. Bilder vom Vernichtungswillen eines politischen Systems, das solche Worte wie Nation und Sozialismus skrupellos dazu benutzte, das deutsche Volk in die Ehrlosigkeit zu treiben.

»Und der Herr sprach: Es ist ein Geschrei zu Sodom und Gomorrha, das ist groß, und ihre Sünden sind fast schwer. Darum will ich hinabfahren und sehen, ob sie Alles gethan haben, nach dem Geschrei, das vor mich gekommen ist, und die Männer wandten ihr Angesicht, und gingen gen Sodom, aber Abraham blieb stehen vor dem Herrn, und trat zu ihm, und sprach: Willst du denn den Gerechten mit dem Gottlosen umbringen?«

Wäre die Rote Armee nicht wie ein Erzengel mit Feuer und Schwert über die Gottlosen hergefallen, es hätte in Deutschland bald keine Gerechten mehr gegeben. Zu wem hätte Pfarrer Poelchau im Gefängnis von Tegel beten sollen und für wen? Abraham konnte mit Gott noch verhandeln.

»Ach zürne nicht, Herr, sprach er, daß ich nur noch einmal rede. Man möchte vielleicht zehn darinnen finden. Er aber sprach: Ich will sie nicht verderben um der zehn willen.«

Als die Panzer der Roten Armee im Mai 1945 durch die Straßen von Berlin rollten, suchten die Rotarmisten nach den zehn Gerechten, während die Ungeheuer flüchteten. Die ließen die Gewehre fallen, mit denen sie holländischen Freiheitskämpfern in der Jungfernheide gerade das Leben auslöschten. Der Henker Röttger und seine Fleischergesellen rannten aus dem Hinrichtungsschuppen von Plötzensee, den blutverkrusteten Weidenkorb unter dem Fallbeil zurücklassend. Die Kameraleute der Deutschen Wochenschau, die das letzte Zellengespräch zwischen Pfarrer Poelchau und Peter Graf Yorck von Wartenburg mit ihren grellen Scheinwerfern überfielen, warfen die Filmspulen in das Wasser des Westhafens. Kein Staatsanwalt war mehr zu sehen. Kein Arzt, der sein Stethoskop an das tote Herz der Gehängten drückte. Im Mai 1945 ähnelte das riesige Gefängnis Tegel einem hohlen Termitenbau. Die eisernen Tore waren offen, die Zellen leer, die Beamten verschwunden. Der mörderische faschistische Apparat, er fiel wie ein Kartenhaus zusammen. Hastig wurde von den roten Fahnen das Hakenkreuz abgetrennt. Nur ein verdächtig runder Kreis blieb auf dem roten Stoff zurück, der jetzt die Fenster zierte. Denn keiner wollte dabeigewesen sein beim Abbrennen der Bücher und Synagogen. Keiner wollte dabeigewesen sein, beim Feldzug einer Mörderbande gegen die Völker Europas. Keiner wollte etwas gewußt haben von den Schlachthäusern Auschwitz, Buchenwald, Dachau, Sachsenhausen und Plötzensee. Wo waren die Holzfäller, die den Baum für das Kreuz von Golgatha fällten? Wo die Zimmerleute, die es fügten? Wo der Schmied, der die Nägel glühte? Wo die Bauleute, die es aufstellen halfen? Und wo waren die Zuschauer, die den Gestreiften bei seinem Gang zur Schädelstätte bespuckten und verhöhnten? Wo die Soldaten, die seine Kleider unter sich verteilten und verlosten?

Und dennoch: im Millionenheer der Heilrufer und der Massenchöre, die »Kreuzigen! Kreuzigen!« schrien, gab es den Widerstand der Gerechten doch. Wenn auch Judas an fast jedem Tisch in Deutschland beim Abendmahl saß: Es gab Widerstand.

Und es gab Zeugen dieses Widerstandes! Einer davon war der Pfarrer Harald Poelchau, dessen Ringen um die Seelen der Opfer des Naziterrors, um den Sinn des Lebens Fritz Cremer in seinen graphischen Blättern verzweifelten Ausdruck verleiht. Ein Ringen, von dem Peter Weiss in der »Ästhetik des Widerstands«

schreibt: »Nach der langen Zeit, die er zwischen den Gemarterten verbracht hatte, war ihm der Dienst an dem Gott, an den er glaubte, zu einem Dienst an der menschlichen Würde geworden. Weil in der Welt, in der auch er ein Gefangener war, alles in Kot, Urin und in dampfenden Lachen von Blut verging, hielt er fest an seinen Handlungen, die irgendwo noch als eine Art Sühne erkannt werden müßten.«

Als alles vorüber ist, die Nächte der Erschießungen, das Schmuggeln von Brot und Briefen in und aus den Zellen, das Köpfen und Strangulieren, das Verstecken der letzten Juden vor der Deportation; als alles vorüber ist, die Angst vor der Denunziation, vor dem Klingeln des Telefons, das Beten im Gefängnisgarten für die Wahrheit, das Hoffen, daß der Leidenskelch bald vorübergehen möge, als alles vorüber ist, erinnert sich Harald Poelchau zum Weihnachtsfest 1945 in einer Rede im amerikanischen Drahtfunk an das heimliche Deutschland, an die Gerechten des Widerstandes. Und wie ein Funken in der Asche, so stieg aus Poelchaus Worten Hoffnung für Deutschlands Zukunft auf:

»In all den Gesprächen mit den Opfern ist mir klargeworden, daß die Widerstandsbewegung mehr war als eine politische. Sie hatte nicht nur eine andere Meinung, nicht nur andere Ziele als die Hitlerleute, nein, sie hatte einen anderen Geist. Sie wollte eine neue menschliche Lebensform, eine Politik der Freiheit und der Sicherheit des Einzelnen herbeiführen. Nur darum konnten sie Opfer werden und sich so mit allem, mit ihrem Besitz, ja mit ihren Familien – und die meisten lebten eng mit ihren Frauen und Kindern zusammen – drangeben. Darum lebt auch heute keiner der Hinterbliebenen, denen ja Unersetzliches genommen ist, in Bitterkeit oder Verzweiflung, sondern sie wissen alle um ihren Lebenssinn, und sie gehen mit der gleichen Bereitschaft und Geöffnetheit für die Forderung des Tages ihren Weg. Weil dies heimliche Deutschland nicht um der Macht willen aufgestanden war, sondern als Opfer für die Gerechtigkeit, darum ruhte Segen auf dieser Bewegung. Der Erfolg blieb allen ihren Gruppen versagt, sowohl den Gruppen um Saefkow und Schulze-Boysen als auch den so verschieden gearteten, die sich zum 20. Juli zusammenfanden. Die Befreiung kam erst durch die Besatzungsmächte.

Aber der Aufbau kann nur geschehen, wenn mehr da ist als der Wille zur politischen Macht. Was wir brauchen für unsere Armut und für die unendlich weittragenden Fragen des Aufbaus eines sozialistischen Deutschlands im einzelnen – was wir dafür brauchen, kann ich nur mit dem alten frommen Wort bezeichnen, das so ganz und gar nicht in die Sphäre der Politik gehört: Wir haben nötig, daß Segen auf unseren Versuchen und Entscheidungen liegt. Segen liegt nur auf dem Tun dessen, der zum Opfer willig ist. Die Männer des heimlichen Deutschlands, ob Pfarrer, Politiker, ob Arbeiter, ob Christen und Nichtchristen, alle, die ich kannte, waren in ihrer gesamten persönlichen Haltung nicht machthungrig, sondern opferwillig, ja, sie wurden selbst Opfer und Märtyrer. Darum werden wir nicht müde, an sie zu erinnern. Wir werden sie nicht vergessen, und ihre Haltung weitertragen. Das heimliche Deutschland ist jetzt zur Verantwortung gerufen, es soll in seinen besten Vertretern, soweit sie noch leben, regieren.«

Um dieser Gerechten willen ist Deutschland nicht aus dem Gedächtnis der Völker gelöscht worden. Ihr Vermächtnis hat Früchte getragen. Inzwischen gibt es neue Generationen in der Deutschen Demokratischen Republik wie in der Bundesrepublik Deutschland, für die es selbst eine Ehre ist, die besten Vertreter deutscher Geschichte, auf die Poelchau 1945 seine Hoffnungen setzte, in Ehren zu halten. Dem Dienst an der menschlichen Würde, für welchen Pfarrer Poelchau sein Leben einsetzte, diesem Dienst fühlt sich die Kunst in unserem Lande ganz besonders verpflichtet. Es hat etwas mit Verantwortung und Gewissen gegenüber unserer deutschen Geschichte zu tun, wenn Fritz Cremer Kunstwerke schafft, in deren Mittelpunkt ein Pfarrer steht, der hinter Gittern Bündnispolitik praktizierte. Wieviel Hoffnung für das Morgen liegt in diesen Bildern, aber auch wieviel Fragen und wieviel Angst, »Mutter Coppi und die Anderen, Alle!« könnten vergessen werden. Deshalb muß uns der Frieden stets als ein kostbares, aber zerbrechliches Gut bewußt bleiben.

Salman Schocken –
Zionist, Verleger, Philanthrop

Eberhard Görner
1993

Salman Schocken wurde am 30. Oktober 1877 in Margonin (Posen) geboren. Zusammen mit seinen Brüdern Julius und Simon gründete er in Zwickau (Sachsen) den Schocken-Warenhaus-Konzern, der 1933 über ein weitverzweigtes Filialnetz verfügte. Schocken war außerdem Gründer des Schocken-Verlags sowie eines nach der Familie benannten »Forschungsinstituts für hebräische Dichtung« und einer Bibliothek mit über fünfzigtausend Bänden, die in einem eigenen Bibliotheksgebäude in Berlin untergebracht waren. Heute werden sie in der von Erich Mendelsohn erbauten Schocken-Bibliothek in Jerusalem aufbewahrt. Der 1931 von Salman Schocken gegründete Schocken-Verlag brachte bis 1938 etwa hundertfünfzig Buchtitel heraus. Autoren des Verlages waren der hebräische Schriftsteller Samuel Josef Agnon – er erhielt 1966 den Literatur-Nobelpreis –, der Rabbiner Leo Baeck – Judaist und herausgehobene Persönlichkeit des deutschen Judentums –, der Religionsphilosoph und -pädagoge Martin Buber, der Prager Dichter Franz Kafka, der Religionsphilosoph Franz Rosenzweig, der Kabbala-Forscher Gerhard Scholem, der deutsch-jüdische Dichter Ludwig Strauss, der Lyriker, Essayist und Philosoph Karl Wolfskehl und viele andere. Herausragendes Verlagsprojekt war die Schocken-Bücherei, mit der dem Leser jüdisches Schrifttum »aller Länder und Zeiten« in sorgfältiger Auswahl und Bearbeitung zu einem erschwinglichen Preis angeboten wurde.

Salman Schockens Sohn Gershom, am 29. September 1912 in Zwickau geboren, studierte 1932/33 in Heidelberg Soziologie. Zusammen mit seinem Vater emigrierte er 1933 nach Palästina. 1935/36 studierte er an der London School of Economics und wurde 1939 Direktor des von seinem Vater gegründeten Schokken-Verlagshauses in Tel Aviv und Verleger der unabhängigen Tageszeitung »Ha'aretz« (Das Land), nach Ben-Gurions Urteil eine der besten Zeitungen Israels. Von 1955 bis 1959 war er außerdem Abgeordneter der Progressiven Partei in der Knesset.

Am 6. August 1959 starb der einundachtzigjährige Salman Schocken auf einer Schweiz-Reise in Pontresina. Man erzählt, daß ihn das Zimmermädchen morgens tot in seinem Hotelbett fand, friedlich ruhend, ein aufgeschlagenes Buch in der Hand. Gershom Schocken urteilt über seinen Vater: »Ich werde seinesgleichen nicht mehr sehen.«

Meine jetzt zweiundachtzigjährige Mutter verbringt ihren Lebensabend in einem Pflegeheim in Stollberg im Erzgebirge. In ihrer Jugendzeit erlernte sie den Beruf einer Weißnäherin und war danach in einem Textilbetrieb tätig, in dem Hosen, Hemden und Unterwäsche hergestellt wurden. Während einer Eisenbahnfahrt zur Arbeitsstätte begegnete meine Mutter dem Prokuristen des Warenhauses Schocken in Lugau (Erzgebirge), Herrn Ratzke. In Deutschland herrschte Inflation, und die Textilfabrik Lorenz, in der meine Mutter beschäftigt war, hatte Kurzarbeit einführen müssen. So kam ihr die Frage des Prokuristen, ob sie während der Weihnachtszeit im Warenhaus aushelfen könne, gerade recht. Sie teilte ihre Arbeitszeit: Von sechs Uhr bis dreizehn Uhr arbeitete sie in der Firma Lorenz, ab fünfzehn Uhr half sie im Warenhaus Schocken aus, das damals über rund fünfzig Angestellte verfügte. Die Tätigkeit im Warenhaus gefiel meiner Mutter so gut, daß sie die Prüfung zur Verkäuferin ohne Mühe bestand und 1927 als Ganztagsbeschäftigte in den Dienst des Warenhauses trat. »Wir wußten, der Warenhauskonzern Schocken war jüdisch, erzählte meine Mutter, »aber das war uns vollkommen egal, Hauptsache, wir verdienten unser Brot.«

Das Warenhaus in Lugau war nur eine kleine Filiale innerhalb des Schocken-Konzerns, zu dem insgesamt achtundzwanzig Warenhäuser sehr eigener Prägung gehörten. Sie konzentrierten sich im Osten und Süden Deutschlands, die Zentrale befand sich in Zwickau. Salman Schocken selbst lebte mit seiner Familie in Berlin-Zehlendorf. Der Name »Schocken« war in ganz Sachsen ein Begriff. Gut gefüllte Warenhäuser, von Architekten gebaut, die sich dem Jugend- wie dem Bauhaus-Stil verpflichtet fühlten, luden in Cottbus, Aue, Freiberg, Meißen, Chemnitz, Ölsnitz, Planitz, Zerbst, Crimmitschau, Frankenberg, Waldenburg in Schlesien sowie in Regensburg, Nürnberg, Stuttgart, Augsburg und Pforzheim die Kundschaft zum Kaufen ein.

Schocken war ein Geschäftsmann, der schon eine psychologisch wirksame Werbung betrieb: Wenn am Ende einer Saison an allen übrigen Geschäften und Kaufhäusern die Ausverkaufsankündigungen angebracht wurden, ließ er auf seine Werbetafeln schreiben: »Bei uns gibt es keinen Ausverkauf!« Er setzte voraus, daß seine Kundschaft wußte, wie knapp seine Preise kalkuliert waren. Bei Schocken war eben das ganze Jahr über »Ausverkauf«. In einer kleinen Forschungsanstalt ließ Schocken alle Waren einer sorgsamen Material- und Qualitätsprüfung unterziehen, um das Beste und zugleich Preiswerteste herauszufinden.

Meine Mutter verdiente als Verkäuferin bei Schocken hundertdreißig Reichsmark im Monat. Die Arbeitszeit begann um acht Uhr. Von zwölf bis eins war Mittagspause. Um sechs wurde das Geschäft geschlossen. Es gab vierzehn Tage Urlaub im Jahr, den die Mitarbeiter und ihre Geschäftsleitung gemeinsam gegen ein geringes Entgelt im konzerneigenen Ferienheim Rautenkranz, einem schön gelegenen Dorf im Vogtland, verbringen konnten. Wurde jemand krank, zahlte Schocken entsprechend dem Verdienst ein Krankengeld. Bei Betriebsjubiläen gab es Blumen, Geldprämien und ein Buch, das die zum Schocken-Konzern gehörenden Warenhäuser vorstellte.

Eine solche Ehrung wurde meiner Mutter am 15. Januar 1937 zuteil. Auf der ersten Seite des Buchgeschenks stand: »Zehn Jahre Arbeit im Schocken-Konzern«, auf der zweiten Seite sieht man meine strahlende Mutter auf einem Foto vor ihrem Stand und auf der dritten Seite steht zu lesen, von der Schocken-Geschäftsführung unterzeichnet:

»Fräulein Gertrud Heidel feiert heute das Jubiläum ihrer zehnjährigen Tätigkeit in unserem Betrieb. – Die Entwicklung unserer Häuser beruht in hohem Maße auf der inneren Verbundenheit unserer Mitarbeiter mit unserem Konzern. – Als Zeichen unserer Wertschätzung überreichen wir dieses Album. – Unseren Dank für die zehnjährige Mitarbeit verbinden wir mit den besten Wünschen für eine weitere Arbeit, die dem Unternehmen und dem Mitarbeiter volle Befriedigung gibt.«

»Wir waren in Lugau ein kleines Haus, aber bei uns gab es alles zu kaufen« weiß meine Mutter zu berichten. »Wir hatten bei den Lebensmitteln eine extra Konfitüre-Abteilung, es gab

Handschuhe und Strümpfe, Unterwäsche, Stoffe, Kurzwaren, eine Schuhabteilung, Haushaltswaren, Spiel- und Schreibwaren sowie einen Versand. Die meisten Kunden waren nichtjüdisch. In Lugau wohnten nicht viele Juden. Aber die zu uns einkaufen kamen, waren nette Leute.«

Bei uns zu Hause ging ein geflügeltes Wort um: »Dein Vater«, sagte meine Mutter mit Stolz in der Stimme, »brauchte nur seinen Hut auf den Haken zu hängen. Es war alles da.« Sie meinte damit, daß der größte Teil unserer Einrichtung – mein Vater war noch Mitte der dreißiger Jahre arbeitslos – während ihrer Kaufhauszeit bei Schocken erworben worden war. Für Mitarbeiter gab es auf alle Waren einen Rabatt.

Bücher wurden im Lugauer Warenhaus Schocken allerdings nicht verkauft. Das ist deshalb verwunderlich, weil Salman Schocken nicht nur Warenhausbesitzer, sondern auch Verleger war. In dem von Julius Schoeps herausgegebenen Neuen Lexikon des Judentums von 1992 heißt es:

»Im Dritten Reich kam es durch die systematische Ausgrenzungs- und Ghettoisierungspolitik der Nationalsozialisten paradoxerweise geradezu zu einer Blütezeit jüdischer Verlage, die bis zu deren Liquidierung Ende 1938 anhielt. Besonders bedeutend wurde der 1931 gegründete Berliner Verlag des Kaufhausbesitzers und Bibliophilen Schocken, dessen nach dem Vorbild der Insel-Bücherei gestaltete ›Bücherei des Schocken-Verlages‹ es von 1933 bis 1938 auf über neunzig Bände brachte, darunter nicht nur Werke großer jüdischer Schriftsteller wie Mendelssohn, Maimon, Perecz und Wolfskehl, sondern auch Werke jüdischer Thematik von nichtjüdischen Dichtern wie Droste-Hülshoff und Stifter. Das allgemeine Verlagsprogramm brachte Originalwerke bzw. Übersetzungen u. a. von Mose Ben Maimon, H. Cohen, S. J. Agnon, aber auch mehrere Bände der Bibelübersetzung von Buber und Rosenzweig und die erste Gesamtausgabe der Werke Kafkas – insgesamt über zweihundert Titel, die gemäß der kulturzionistisch orientierten Programmatik des Verlags der ›geistigen Behauptung und sittlichen Erneuerung ... der deutschlesenden Judenheit‹ eine Richtung geben sollten und nicht wenig zum geistigen Widerstand der Verfemten beitrugen.«

»Die Nazis waren der Ansicht, sie hätten den Schocken-Verlag in ein jüdisches Ghetto gesperrt«, erinnert sich Lambert Schneider, der langjährige Direktor des Schocken-Verlages, »nur Juden würden diese Bücher lesen. Und so griffen sie nur ein, wenn ein treudeutscher Leser sich bei ihnen beschwerte. So haben sie ›Die Judenbuche‹ der Droste und den ›Abdias‹ von Stifter erst lange nach dem Erscheinen in der Schocken-Bücherei beschlagnahmt und verboten. Es sei eine typisch jüdische Frechheit, die Dichtungen dieser großen ›arischen‹ Menschen in einer jüdischen Bücherei herauszubringen. Doch dann verboten sie die erste Gesamtausgabe der Werke Franz Kafkas, was uns schmerzlicher traf. 1935 waren vier der auf sechs Bände geplanten Ausgabe erschienen, als Klaus Mann im selben Jahr in der ›Sammlung‹ eine begeisterte Kritik veröffentlichte.«

Klaus Mann schrieb: »Die Gesamtausgabe der Werke Franz Kafkas, die der Schocken-Verlag, Berlin, anbietet, ist die edelste und bedeutendste Publikation, die heute aus Deutschland kommt. Das Propagandaministerium verbietet sie nicht. Denn dieses geistige Ereignis vollzieht sich in einer vollkommenen ›splendid isolation‹, ganz ›abseits von der Reichskulturkammer‹, in einem Ghetto, das sich seiner Abgesondertheit vom neudeutschen ›Kultur‹-Betrieb wahrhaftig nicht zu schämen braucht. – Als Herausgeber der mit ehrfurchtsvoller Genauigkeit besorgten Edition zeichnet Max Brod – Freund, Vorkämpfer, ja: Entdekker Franz Kafkas –, zusammen mit dem jungen Prager Dichter Heinz Politzer. Es liegen in einer noblen und soliden Ausstattung bis jetzt vor: die Romane ›Amerika‹, ›Der Prozeß‹, ›Das Schloß‹ und ein Band ›Erzählungen und kleine Prosa‹. Der Plan der Ausgabe verspricht uns weiter: die Erzählungen, die unter dem Titel ›Beim Bau der Chinesischen Mauer‹ gesammelt sind, und als Abschlußband ›Fragmente, Tagebücher und Briefe aus dem Nachlaß‹. Eines der reichsten und merkwürdigsten Dichterwerke der Epoche wird uns hier endlich in seiner Gesamtheit dargeboten in schöner, sorgfältiger Anordnung. Was für ein Geschenk! Gibt es noch eine Leserschaft, die fähig und bereit ist, hohe, schwierige und sehr neue Reize auszukosten? Den eigenwilligen Ton und die objektive Vollkommenheit einer dichterischen Prosa zu begreifen? Vor der grotesken und rührenden Vision, dem tiefen, schauerlichen und begnadeten Traum eines religiösen Genies ehrfurchtsvoll zu stehen? Eine solche Leserschaft – wenn sie denn irgendwo existiert – wird angesichts der Kafka-Ausgabe des Schocken-Verlages dieselbe Dankbarkeit empfinden, die ich hier ausspreche.«

Mit dieser gut gemeinten Rezension hatte Klaus Mann dem Schocken-Verlag allerdings objektiv einen Bärendienst erwiesen. Die Nazis, die alle deutschen Presseartikel aus dem Exil viel aufmerksamer lasen als die in Deutschland erscheinenden Bücher, wurden schlagartig auf den Schocken-Verlag aufmerksam. »Die beiden letzten Bände der Kafka-Ausgabe sind trotzdem erschienen«, erinnert sich Lambert Schneider. »Pro forma zeichnete als Verlag Mercy & Sohn in Prag, jene Druckerei, bei der Schocken das Werk herstellen ließ. Mit ein bißchen Mut konnte man selbst dieser grausamen bürokratischen Diktatur ein Schnippchen schlagen.«

Von diesen Kämpfen um Literatur, Geist und Politik, von dieser existentiellen Auseinandersetzung zwischen Humanität und Barbarei wußte meine Mutter in ihrem knapp achttausend Einwohner zählenden Heimatort Lugau mit seinem bedeutenden Steinkohlenbergwerk, seiner Kammgarnspinnerei, Maschinen- und Schuhfabrikation, Eisengießerei und Kesselschmiede natürlich nichts. Sie sei in ihrem Leben ehrgeizig und ehrlich gewesen, und diese zehn Jahre bei Schocken im Warenhaus zähle sie zu ihren glücklichsten.

Meine Mutter gehört ganz sicher zu jenen zahlreichen Deutschen, die Hitlers »Mein Kampf« niemals zur Kenntnis genommen haben und wahrscheinlich auch die Verkündigungen im »Völkischen Beobachter« nicht, geschweige denn das Parteiprogramm der NSDAP, wo es unter Punkt 16 heißt: »Wir fordern die Schaffung eines gesunden Mittelstandes und seine Erhaltung, sofortige Kommunalisierung der Großwarenhäuser und ihre Vermietung zu billigen Preisen an kleine Gewerbetreibende ...« Meine Mutter sah das anders.

»Es war wirklich das schönste Warenhaus in der ganzen Gegend«, erinnert sie sich. »Die meistens bäuerlichen Kunden kamen aus Brünlos, Gablenz und Gersdorf. Zu Weihnachten haben die Bauern für ihre Leute auf den Höfen immer sehr viel eingekauft: Erzgebirgskunst, Porzellan, Nähmaschinen von Singer. Wir haben das Kaufhaus als ein jüdisches überhaupt nicht wahrgenommen. Das Betriebsklima war gut. Wir hatten schöne Veranstaltungen. Unsere Betriebsfeste feierten wir im Restaurant am Stadtbad. Da haben wir Lieder gesungen und hatten manchen Spaß.«

Auch für Salman Schocken sah die Welt zunächst noch freundlich aus. »Kurz nachdem ich ihn kennengelernt hatte«, schreibt

Lambert Schneider, »zeigte er mir recht verschämt das Manuskript einer Anthologie von Gedichten und Sprüchen Goethes, für die er die realistische Weltbetrachtung und die Lebensweisheit des Dichters klug zusammengestellt hatte. Es kostete einige Überredung, ihn dazu zu bringen, diese Sammlung zu drucken. Sie erschien 1932 in einer Auflage von dreißigtausend Exemplaren unter dem Titel: »Goethe-Gedichte. Leben und Welt. Eine Auswahl«. Das in Leinen gebundene Büchlein von 149 Seiten, es kostete 60 Pfennige, durfte nur in den Buchabteilungen seiner Warenhäuser verkauft werden, und in die Kataloge des Schokken-Verlages durfte ich es nicht aufnehmen. Und trotzdem war es knapp ein Jahr nach Erscheinen vergriffen. Es brauchte keinen Zuschuß und ergab sogar einen kleinen Gewinn.«

Doch die Zeiten änderten sich. Hitler amtierte erst kurze Zeit als Reichskanzler, da wurden die ersten Anschläge auf jüdische Geschäfte und Warenhäuser schon organisiert. Am 21. März 1933 gab Göring der »Jüdischen Telegraphen-Agentur Amsterdam« ein Interview, in dem er sagte: »Es ist richtig, daß die Warenhäuser angegriffen wurden ... Ich bin bestimmt dagegen, daß mit Gewalt gegen diese Geschäfte aufgetreten wird, aber ich sehe nicht ein, warum man die Menschen nicht warnen darf, in jüdischen Warenhäusern zu kaufen. Den Leuten bleibt es immer frei, hierauf zu reagieren, so wie sie es wollen.«

Zwei Tage später brachte dieselbe Agentur eine Nachricht, welche die Situation der jüdischen Wirtschaft in Deutschland insgesamt widerspiegelte: »Der Verband deutscher Waren- und Kaufhäuser teilt mit: Das Präsidium erklärte am 21. März seinen Rücktritt. Der Vorstand hat mit der Führung der Geschäfte eine ›Kommissarische Verbandsleitung‹, bestehend aus den Herren Fritz Jacobsen – Kiel, Adolf Feldmann – Gotha, Dr. Baier – Köln, beauftragt. Geschäftsführende Präsidialmitglieder waren bisher Direktor G. Bach, Professor Georg Bernhard, Salman Schocken, Dr. Schmitz und Georg Tietz.«

Der Übergang vom individuell geübten Boykott zum befohlenen und organisierten füllte die Presse mit grotesken Meldungen. So druckte die »Frankfurter Zeitung« am 1. April 1933: »Abstempelung ins Gesicht. Berlin, 31. März. Aus Annaberg in Sachsen wird gemeldet: Hier zogen heute vormittag vor den jüdischen Geschäften starke SS-Abteilungen auf und drückten jedem Käufer, der die Läden verließ, einen Stempel mit der Inschrift: ›Wir

Verräter kauften bei Juden!‹ ins Gesicht ... Auch in Berlin sind, wie wir aus zuverlässiger Quelle erfahren, ähnliche Maßnahmen wie in Annaberg in Sachsen vorgesehen. denen zufolge Käufern in jüdischen Geschäften von SA- oder SS-Abteilungen Stempel mit der oben gekennzeichneten Inschrift ins Gesicht gedrückt werden sollen.«

Zur gleichen Zeit wurden im Schocken-Verlag andere – humane – Sätze gedruckt. »Wenn ich mir heute den ersten Almanach des Schocken-Verlages auf das Jahr 5694, also 1933/34, ansehe«, erzählt Lambert Schneider, »dann zeichnen sich doch schon die Konturen ab, die später die Produktion bestimmten. Da stehen einerseits die Übernahme der Bibel-Übersetzung Buber/Rosenzweigs, andererseits Salman Schockens unveröffentlichte Schätze: das ›Jüdische Lesebuch‹ von Nahum N. Glatzer und Ludwig Strauß, die Arbeiten des Forschungsinstituts für hebräische Sprache ... insbesondere Agnons Erzählungs- und Romanwerk in hebräischer Sprache. Schocken war der Förderer und Mäzen Agnons. Für mich war es eine ungemein reizvolle Arbeit, hebräische Druckwerke zu gestalten. Aber das ging natürlich nur mit Schockens intensiver Mitarbeit. Viele Wochenenden saßen wir gemeinsam über den Satzproben, und ich glaube sagen zu dürfen, daß Salman Schocken mit diesen Büchern den Auftakt zur modernen hebräischen Typographie gegeben hat. Es war eine sehr geruhsame, gründliche Arbeit. Niemand wartete auf unsere Produktion. Niemand fragte nach Geld. Der Chef des Hauses wünschte sich nur das beste Resultat, in der sicheren Überzeugung, daß eine solche Arbeit sich letztlich doch auszahlt. Diese Ruhe wurde durch die ›Machtergreifung‹ jäh zerrissen. Als Chef eines großen jüdischen Unternehmens, zudem persönlich gefährdet, hatte Schocken viele Sorgen, und unsere Wochenendunterhaltungen wurden spärlicher. Um so deutlicher aber zeichnete sich seine Absicht ab, nun erst recht einen großen jüdischen Verlag mit möglichst breitem Profil aufzubauen, ihn auch zu einem geistigen Mittelpunkt für die Juden in Deutschland zu machen. Schocken emigrierte schon 1933 ...«

Fünf Jahre später begnügten sich die deutschen Judenhasser nicht mehr mit einem Stempel im Gesicht. Und wenn bis dahin in der Welt noch jemand geglaubt hatte, es ginge in Hitler-Deutschland doch irgendwie ordentlich und bürgerlich zu, so fiel die Maske im November 1938 endgültig.

»Es war schrecklich«, erinnert sich meine Mutter. »Fast alle Scheiben des Kaufhauses in Lugau wurden zerschlagen. Wir standen hinter unseren Ladentischen, froren und hatten fürchterliche Angst. Gegenüber vom Warenhaus befand sich die Brauerei Seltmann. Hinter der Mauer stand eine erhöhte Gartenlaube. Aus ihr schoß die SA auf jeden, der durch die Drehtür ins Warenhaus wollte. Auf die Scheiben, die nicht zerbrochen waren, wurden Judensterne geschmiert. Wir hatten Angst, das Geschäft zu verlassen. Und wir hatten Angst um unsere Arbeit. Niemand protestierte. Keiner traute sich, die Nazis zu kritisieren. Es ist einfach nicht darüber gesprochen worden. Als der Spuk vorüber war, ging alles so weiter. Es normalisierte sich wieder, aber es kamen immer weniger Kunden, vor allem die Frauen der Bergarbeiter und bekannte Kommunisten, die sich um die Aufforderung ›Kauft nicht in jüdischen Warenhäusern!‹ kaum kümmerten. Sie haben sich auch nicht gescheut, die Ausschreitungen laut zu verurteilen. Dein Vater war ein christlicher Mensch. ›Das sind keine Menschen!‹ sagte er empört über so viel Roheit. Aber er sagte es nur im Familienkreis.

Außer dem Direktor Seiler hatte es im Kaufhaus Schocken in Lugau nur deutsche Mitarbeiter gegeben. Direktor Seiler mußte emigrieren, und ich weiß noch, wie sich die Leute aufregten, als er sein schönes Haus in der Waldsiedlung von einem Tag auf den anderen verlassen mußte. Das Warenhaus ging dann in deutsche Hände über. Die Leuchtreklame mit dem Namen Schocken wurde demontiert und es hieß dann nur noch ›Kaufhaus‹.«

Der 9. November 1938, die Reichspogromnacht, bildete den ersten, von einer Mehrheit des deutschen Volkes in aller Öffentlichkeit gutgeheißenen, jedenfalls widerspruchslos geduldeten Schritt zur »Endlösung«. Er brachte auch dem alten Schocken-Verlag das Ende. Seine Liquidation wurde erzwungen.

Zwei Jahre zuvor war dort das Buch von Martin Buber erschienen: »Die Frage an den einzelnen«. Auf der vierten Seite heißt es: »Verantwortung ist der Nabelstrang zur Schöpfung ... Der Mensch ist nicht gut, der Mensch ist nicht böse, er ist, im eminenten Sinn, gut-böse. Die Tat des Menschen ist nach Art und Maß unvorhersehbar. Er bleibt das Überraschungszentrum der Welt. Wie Gott sollte er werden, Gut und Böse kennend, aber was er ›erkannt‹, ist Gut – und – Böse. Gut-und-böse ist er geworden. Das ist die Nacktheit, in der er sich erkennt.«

Heilige Erde. Gedanken bei der Arbeit an einem Dokumentarfilm

Eberhard Görner
2006

Der Dokumentarfilm »KZ Mittelbau Dora – 60 Jahre danach« hatte am 10./11. September 2006 im Theater der Stadt Nordhausen Premiere. Der Anstoß zu diesem Projekt kam von Wolfgang Knappe, dem Leiter des Thüringer Filmbüros, Schloß Kromsdorf bei Weimar.

Wir haben nicht viel geredet am 18. Februar 2006 auf der Fahrt von Dresden nach Ellrich. Rolf Hoppe, der berühmte Schauspieler aus der István Szabó-Verfilmung »Mephisto«, saß stumm neben mir. Was in ihm vorging, wußte ich: Seine Entscheidung, mit mir zu Dreharbeiten in seinen Heimatort Ellrich im Südharz zu fahren, war ihm nicht leichtgefallen. Das verschneite Ellrich sieht im Winter wie ein deutsches Märchen aus, mit seinen alten Fachwerkhäusern, umrahmt von den hohen Bergen des Harzes. Doch in den Jahren 1944/45 wurde diese alte Stadt zur Hölle, denn hinter den Bergen lag das KZ Mittelbau Dora. Davon wußte der damals vierzehn Jahre alte Rolf Hoppe nichts, als die SS in Ellrich Anfang 1945 verkündete, die Stadt müsse Häftlinge aufnehmen, weil der Osten Deutschlands unter dem Ansturm der Roten Armee geräumt werde. Auch Auschwitz. Im November und Dezember 1944 wurden die technischen Installationen der Gaskammern und der Krematorien I und II abgebaut. Mitte Januar 1945 begann die sowjetische Armee eine Offensive in Richtung Krakau und Auschwitz.

Die Deutschen begannen ihren überstürzten Rückzug. Die achtundfünfzigtausend Gefangenen, fast alle Juden, wurden aus den Lagern von Auschwitz auf Todesmärsche geschickt. Wer überlebte, kam ins KZ Buchenwald und von dort in das KZ Mittelbau Dora, und weil da kein Platz mehr war, wurde die Stadt Ellrich kurzerhand zum Konzentrationslager umfunktioniert. Mit allem, was dazugehörte: Baracken, Küche und Krankenlager im Tal, auf dem Berg wurde das Krematorium errichtet. Bei »ungünstigen Windverhältnissen« bewegten sich die Einwohner von Ellrich unter dem Ascheregen, der vom Krematorium auf die Stadt herabwehte. Rolf Hoppe und sein Klassenkamerad Arthur bekamen als Hitlerjungen eine Pistole in die Hand gedrückt, verbunden mit dem Auftrag, das Häftlingslager, das im größten Gasthaus mitten in der Stadt eingerichtet wurde, zu bewachen. Das Elend, das der Schüler Rolf Hoppe bis zum Ende des Krieges in seiner Stadt Ellrich sehen mußte, dieses Trauma hat ihn sein Leben lang nicht mehr losgelassen. Und die Bilder von damals waren plötzlich alle wieder da, auf unserer Spurensuche mit der Kamera nach den unter dem Schnee versteckten Ruinenresten eines der schlimmsten Konzentrationslager im Schatten des KZ Mittelbau Dora.

Dort oben, hinter dem Kohnstein, war der Rest von Auschwitz eingezogen. Dessen Lagerleitung übernahm Ende Januar 1945 das KZ Mittelbau Dora und führte hier ihr Schreckensregime weiter bis zum bitteren Ende. Nur wenige überlebten.

Vom Terror unter den Kalkbergen des Kohnstein wußte der Hitlerjunge Hoppe nichts, aber die Facharbeiter, Meister und Ingenieure aus Nordhausen und Umgebung, die pünktlich zur Frühschicht an ihren Raketen-Arbeitsplätzen erschienen, konnten die Augen nicht vor dem verschließen, was um sie herum geschah. Weil Peenemünde im Spätsommer 1943 durch britische Luftangriffe bedroht war, wurde die Serienproduktion der Raketen in die Stollenanlagen im Kohnstein bei Nordhausen verlagert. Ein Jahr später drehte der deutsche Kameramann Walter Frentz im Raketentunnel von Dora im Auftrag der »Leni Riefenstahl Dokfilm GmbH« einen Film über das unterirdische Konzentrationslager. Der Film gilt als verschollen, aber Hanns Peter Frentz jun. fand 1998 im Kellerraum des väterlichen Hauses zufällig einen Koffer mit Farbfotos, die Einblick geben, wie die Produktion der V-Raketen unter dem Kohnstein stattfand.

»Der ganze Nordharz war ein einziges Konzentrationslager«, erklärt Dr. Jens-Christian Wagner, Leiter der Gedenkstätte KZ Mittelbau Dora. »Es gab nur wenige Inseln der Zivilisation.« Mittelbau Dora war die Spinne im Netz. Unter dem Kohnstein lief alles zusammen: brutale Arbeit, Hochtechnologie, Vernichtung von Leben, perfekte Logistik der Deutschen Reichsbahn, die Hoffnung des Militärs und der SS, mit Hilfe der V-Raketen den Krieg doch noch zu gewinnen, eifriges Bemühen um Wissenschaft und Forschung für die Verbesserung des Raketenbaus unter der Leitung von Wernher von Braun und ein Feuer in den Öfen des Krematoriums, das nie ausging. Die Häftlinge hatten keine Namen. Nur Nummern, gut genug, bis zum Tode für das Tausendjährige Reich zu arbeiten. Die SS verfolgte ihr eigenes Ziel: Zerstörung der Seelen, denn die Häftlinge des KZ Mittelbau Dora hatten kein Recht auf Leben.

Als wir zusammen mit Rolf Hoppe die Stollen unter dem Kohnstein betraten, um das Modell dieser unterirdischen Vernichtungsanlage zu filmen, die rostigen Trümmer der herumliegenden V-Raketen, dachte ich an die Worte von Stephan Hessel: »Erinnern, erinnern! Die Farbe der Zivilisation darf nie wieder abbröckeln.«

Stephan Hessel, Sohn des Schriftstellers Franz Hessel und der Modejournalistin Helen Grund, deren »Ménage a trois« mit dem französischen Literaten Henri-Pierre Roche Vorbild für François Truffauts Kultfilm »Jules et Jim« wurde, ließ sich im Alter von zwanzig Jahren in Frankreich einbürgern. Er wurde 1944 bei einer Spionagemission in Paris verhaftet und überlebte Folter und Deportation im Konzentrationslager Buchenwald mit Hilfe seines Freundes Jorge Semprún, der seinen Namen auf einer Todeskartei mit dem eines bereits Gestorbenen tauschte.

Stephan Hessel machte nach Kriegsende die untypische Karriere eines Diplomaten des Quai d'Orsay mit den Stationen UNO, New York und Genf, Algier und Saigon.

Für unsere Dreharbeiten war er trotz seiner 88 Jahre von Paris nach Weimar gekommen. Unter dem Glockenturm auf dem Ettersberg wollte ich von ihm wissen, wie er das Grauen im KZ Buchenwald überleben konnte.

Stephan Hessel lächelte und antwortete: »Wenn es gar nicht mehr ging, habe ich Gedichte von Hölderlin und Rilke laut für meine Kameraden vorgetragen. Die deutsche Sprache ist wunderbar. Sie hat uns Kraft zum Weiterleben geschenkt.«

Stephan Hessel und die wenigen aus Deutschland, Holland, Rußland, Polen, Belgien, Frankreich, aus der Ukraine, Tschechien, Italien und anderen europäischen Ländern, die das KZ Buchenwald, das KZ Mittelbau Dora und Ellrich überlebt haben, trafen sich am 10. April 2005 zur zentralen Gedenkfeier zum 60.

Jahrestag der Befreiung der nationalsozialistischen Konzentrationslager in Weimar und Dora.

Dort mahnte Jorge Semprún die Öffentlichkeit: »In zehn Jahren, beim nächsten feierlichen Gedenken an die Aufdeckung und Befreiung der Nazi-Konzentrationslager, wird unser Gedächtnis der Überlebenden nicht mehr existieren, denn es wird keine Überlebenden mehr geben, die eigene, über die notwendige, aber unzureichende Arbeit der Historiker und Soziologen hinausgehende Erfahrungen weitervermitteln können. Heute gedenkt man hier in Weimar der Befreiung von Buchenwald. So schließt sich in gewisser Weise dieser Zyklus des tätigen Gedächtnisses, das die Augen nicht nur auf die Vergangenheit zurückwirft, sondern auch den Anspruch erhebt, in die Zukunft zu sehen.«

Mit der bloßen Hand wischte Rolf Hoppe den verkrusteten Schnee von den Gedenktafeln, die in Ellrich überall dort aufgestellt wurden, wo zwischen 1944 und dem Frühjahr 1945 der Tod Wohnung genommen hatte: Wir fanden die Fundamente des Krankenreviers, standen vor der Mauer eines ehemaligen Fabrikgebäudes, das als Häftlingsunterkunft diente, schauten auf die Steine des Krematoriums, das 1961, nach dem Mauerbau, auf hessischer Seite stand und 1964 vom Bundesgrenzschutz gesprengt wurde, liefen durch den eiskalten Keller unter dem neuen Küchengebäude des KZ Ellrich-Juliushütte, und plötzlich sagte Hoppes Schulfreund Artur, überwältigt von seinen Erinnerungen: »Meine Mutter hat in dieser Küche gearbeitet, wir hatten immer genug zum Essen und konnten auch den Nachbarn etwas abgeben.« Die Küche des KZ Ellrich-Juliusruh wird so blitzblank gewesen sein wie die des KZ Mittelbau Dora.

Vor ihren Mauerresten standen wir mit Vilem Svacha aus Marianszke Laszne in Tschechien. Er wurde 1938 nach dem Einmarsch der Deutschen in Prag denunziert, Widerstand gegen die Besatzungsmacht geleistet zu haben, und wurde ohne Gericht und Urteil nach Theresienstadt deportiert. Von dort wurde er in das KZ Groß-Rosen gebracht und später nach Auschwitz. Als das Lager Auschwitz bei Annäherung der Roten Armee im Januar 1945 aufgelöst wurde, kam Vilem Svacha per Sondertransport in das KZ Buchenwald und wurde im April 1945 von der US-Armee im KZ Mittelbau Dora befreit.

Auf unsere Frage, ob er bei dieser Reise durch Dantes Hölle irgend etwas Positives erlebt habe, antwortete Vilem Svacha: »Die

Küche hier in Dora war sehr schön. Immer hell und sauber. Ich habe jeden Tag Kartoffeln geschält, brauchte keinen Hunger leiden und konnte meinen Kameraden dies und das zustecken, denn der Hunger war grausamer als der Tod.«

»›Wir haben nichts gewußt von alledem, was im Kohnstein und im Lager Dora geschah!‹ behaupten alle, die man für die Folgen des Naziregimes jetzt verantwortlich macht. Wer aber so etwas sagt, lügt!

Jeder hat doch jeden Morgen und jeden Abend den schlurfenden Gleichschritt der Zebrakolonnen in der Stadt Nordhausen gehört. Jeder hat nach ihnen geschaut und die von schwerbewaffneter SS begleiteten Männer mit den blassen Gesichtern gesehen. Wie oft ist da ein Auto durch die Unterstadt in Richtung Weimar gefahren, vollgeladen mit Toten, die nach Buchenwald ins Krematorium kamen.

Ich könnte noch mehrere solcher Beispiele anführen. Sie beweisen, daß wir vom Lager Dora und ihren Zwangsbewohnern etwas gewußt haben! Wir haben den Dingen dort ihren Lauf gelassen, haben nicht gewagt, dagegen zu löcken. Wir sind verantwortlich für das, was dort geschehen ist«, schrieb der Nordhäuser Lehrer Fritz Güntsche im Jahre 1951 – zu dieser Zeit war das Büro des Kommandanten des später erbauten eigenen Krematoriums von Mittelbau Dora sicher noch in einem besseren Zustand als im April 2005, als wir dort mit unserer Kamera standen, aber zum Drehen nicht fähig waren, weil es ungeheuerlich anmutete, was da noch immer zu sehen war.

Das Krematorium von Mittelbau Dora ist kein großer Bau, zuerst betritt man einen kleinen Vorraum, von dem man auf die Öfen sehen kann. Und gleich daneben, sozusagen Tür an Tür, war das Büro des Krematoriums-Kommandanten. Nicht zu groß und nicht zu klein, mit Blick auf das Grün der Bäume vor dem Haus der Asche. Der Kommandant hatte Frau und Kind, er wollte es in seinem Büro genauso gemütlich wie zu Hause haben und hat deshalb sein Büro mit Blümchentapeten ausschlagen lassen. Da saß er ganz angenehm kühl, im Sommer bei offenem Fenster, im Winter schön warm neben der Zentralheizung, der Duft des Morgenkaffees stieg ihm in die Nase, während keine drei Meter neben ihm die Öfen prasselten und die besten Söhne Europas alle vier Jahreszeiten hindurch das Krematorium als Rauch durch die Esse verließen.

Unter den Überlebenden, die sich am 11. April 2005 aus ganz Europa zu einer Gedenkfeier im KZ Mittelbau Dora zusammen- fanden, war auch der Ukrainer Sawalko. Er erzählte uns, er sei von Beruf Maler und in seinem Beruf eingesetzt worden. Auf un- sere Frage nach dem Krematorium berichtete er, an den Tapeten im Krematorium nicht mitgearbeitet zu haben. »Ich habe außen gestrichen und Nummern gemalt. Als wir hier ankamen, gab es noch kein Krematorium. Es gab nur wenige Baracken, unsere Unterkünfte waren im Stollen, unter Tage. Als ich nach Ellrich kam, gab es da viele Leichen, die hatte man von Dora und aus anderen Lagern dorthin transportiert. An einem Berghang war ein Scheiterhaufen errichtet worden. Der Leichenstapel war hö- her als ein Haus. Dann wurden Fässer mit einer grünen, öligen Flüssigkeit herbeigerollt und alles wurde mit dieser Flüssigkeit übergossen und angezündet. Es brannte nicht nur eine Woche, eher zwei, vielleicht auch einen ganzen Monat. Was für ein Ge- stank – unbeschreiblich. Noch während es brannte, wurden weitere Leichen aufgeschichtet. Das war in Ellrich.«

Die Männer, die den stählernen Bahren des Krematoriums ent- kommen waren, halfen mit, daß Europa nach 1945 aus der Nacht der Dämonen langsam wieder zum Licht des Tages fand. Ste- phan Hessel war nicht nur in der UNO, er war auch 1993 maß- geblich an der Menschenrechtskonferenz in Wien beteiligt. Jor- ge Semprún ist nicht nur ein großartiger Schriftsteller. Von 1988 bis 1991 war er Kulturminister Spaniens.

Häftlinge in Dora waren auch André Sellier, er lebt als aner- kannter Historiker in Paris, und der Österreicher Fred Wander. Dessen Buch »Der siebente Brunnen« gehört ebenso zur Welt- literatur wie der »Roman eines Schicksallosen« von Imre Ker- tész.

General a. D. Bernard d'Astorg amtierte später als Französi- scher Stadtkommandant in Berlin. Prof. Dick de Zeeuw, heute ein geachteter niederländischer Parlamentarier, war Häftling in Peenemünde und Dora. Russische und ukrainische Häftlinge haben nach ihrer Befreiung aus dem Lager Dora als Ärzte und Wissenschaftler mitgeholfen, die Wunden zu schließen, die der Krieg über ihre Völker gebracht hatte.

Ihnen allen wurde mit der Gedenkstätte KZ Mittelbau Dora am 11. April 2005 ein Ort des Erinnerns errichtet, bei dessen Eröff- nung der ehemalige belgische Häftling Albert van Hoey als Vorsitzender des Häftlingsbeirates von der »Verwirklichung eines Traumes« sprach.

Das Museumsgebäude wurde an einem historisch nicht besetzten, aber zentralen Standort errichtet und verbindet das ehemalige Häftlingslager und die Stollenanlagen des Kohnsteins, in dem die Häftlinge gezwungen wurden, für die deutsche Rüstung zu arbeiten. Fensteröffnungen ermöglichen Sichtbezüge zwischen dem Lager und der nahegelegenen Stadt Nordhausen. Ein Modell hilft, das weiträumige Gelände, auf dem von den ehemaligen Bauten nur noch wenige übriggeblieben sind, in seinen ganzen Ausmaßen erkennbar zu machen. Wir haben in unserem Film alles dokumentiert, worauf man heute trifft.

Wenn ich die einzelnen Elemente benenne, durch die das KZ Mittelbau Dora für die jetzigen und die kommenden Generationen zu einem Ort des Erinnerns wird, so sollen auch die Motive benannt werden, warum wir unseren Film gerade darüber machten. Sie haben mit meiner Kindheit zu tun. Im Erzgebirge bei Zwickau aufgewachsen, lag für mich Weimar in der Nähe. Und was wir über das Konzentrationslager Buchenwald in der Schule gehört hatten, wollte nicht in meinen Kopf. Als ich so alt war wie Rolf Hoppe, da er hilflos, mit der Pistole in der Hand, in Ellrich die »Feinde des Führers« bewachen mußte, bin ich allein mit dem Fahrrad auf den Ettersberg bei Weimar gefahren, und was ich dort als vierzehnjähriger Schüler gesehen, gelesen und gefühlt habe, hat sich mir für mein ganzes Leben eingebrannt. Einmal bin ich in Begleitung von Fred Wander mit dem Zug an Weimar vorbeigefahren. »Was denkst du«, wollte ich von ihm wissen, »wenn du den Ettersberg siehst?«

Er schaute einen Moment lang nachdenklich zu dem Höhenzug und sagte dann: »Das ist verlorene Heimat. Da war ich jung. Dort oben gab es noch Solidarität. Das Brot war heilig, und das Leben wollten wir bis zum letzten Tropfen trinken, auch wenn der Becher voll Gift war. Wir hatten nur eine Wahl: Tod oder Leben. Jeder half dem anderen, dem Tod zu entkommen. Oftmals sinnlos, aber wir haben es versucht.«

Immer ist ein Film eine Entdeckungsreise, gleich, welches Thema man wählt. Vor Beginn der Dreharbeiten im Nord- und Südharz haben wir intensiv recherchiert. Wir waren auch in Peenemünde, der ersten Versuchsstation für die Produktion und den Start der V1-Rakete.

Zu DDR-Zeiten war das ehemalige Raketenversuchsgelände von Peenemünde Sperrgebiet der Nationalen Volksarmee. Aber für den Film öffnen sich oft Türen, die sonst verschlossen bleiben. Deshalb war es interessant, den 1967 aufwendig produzierten und zum Teil an Originalschauplätzen gedrehten zweiteiligen DEFA-Spielfilm »Gefrorene Blitze« noch einmal anzusehen. Auch in der DDR war die Beschäftigung mit Kriegsgeheimnissen und -aktionen der Nazi-Wehrmacht ein beliebtes Reizthema von großer Attraktivität. »Gefrorene Blitze« von Harry Thürk und János Veiczi war unter Benutzung eines neueren Dokumentarberichts von Julius Mader entstanden. Die Geschehnisse reichen von einer anonymen Warnung vor deutscher Atom- und Raketenentwicklung, die in London lange ignoriert wurde, über die Bombenangriffe der Alliierten auf Peenemünde und der daraus resultierenden Verlagerung von Technik und Häftlingsarbeitern nach Thüringen, ins KZ Mittelbau Dora, bis zu der von Allan Dulles vorbereiteten Übernahme der Wernher von Braun-Mannschaft in die USA-Raketenforschung. Noch nach vierzig Jahren bildet der zweiteilige DEFA-Film dank seiner historischen Präzision eine wichtige Quelle für unseren Dokumentarfilm.

Film ähnelt einem Puzzle. Nicht alles paßt sofort zusammen. Oft zieht eines das andere nach sich, und langsam reift eine gestalterische Vorstellung heran, die ahnen läßt, wo die emotionalen Höhepunkte des Filmes liegen könnten.

So ging es uns mit einer Information des Leiters der Gedenkstätte KZ Mittelbau Dora, Dr. Jens-Christian Wagner, den das Land Thüringen beauftragt hatte, mehrere Filme aus der »National Archives and Records Administration« in Washington für sein Museum zu erwerben. Das Material zu sichten, war erschütternd. Es zeigt den Vormarsch der US-Armee auf Nordhausen, Bilder kaum vorstellbarer Nazi-Grausamkeiten sind zu sehen: die Befreiung der Häftlinge der Boelcke-Kaserne, die als Außenlager zum KZ Mittelbau Dora gehörte. Das Verhalten der Zivilbevölkerung gegenüber den US-Soldaten. Das Lager Dora, der Eingang zum Stollen.

Die Filme bilden ein bis heute in der Öffentlichkeit nicht bekanntes Archivmaterial, und als authentische Zeugnisse dokumentieren sie die Wahrheit über das KZ Mittelbau Dora.

Auch ein anderes Dokument ist wieder aufgetaucht: geheimes Kartenmaterial aus dem Büro des Beauftragten für den Vierjahresplan, »Handwerkszeug des Rüstungsdiktators Hermann Göring«. Es handelt sich um eine Sammlung von dreiunddreißig Karten, die einen Überblick über die Rohstoffvorräte und Rüstungsbetriebe geben, die für die deutsche Kriegsführung von zentraler Bedeutung waren. Sie wurden im Frühjahr 1944 auf der Grundlage von Informationen angefertigt und zusammengestellt, die den Stand von 1942 und 1943 wiedergeben. Das Dokument wurde unter Görings Papieren in Berchtesgaden sichergestellt und dem Dokumentationszentrum der 7. US-Armee in Heidelberg übergeben. In den Papieren Albert Speers gab es umfangreiche Rohstoffbilanzen, die Göring als Grundlage für den auf die Rohstoffbasis bezogenen Teil gedient haben könnten. Das gilt vor allem für den als »geheime Kommandosache« klassifizierten »Betriebsatlas der wichtigsten Rohstoffe«, Teil 1, Europa, der von der Hauptabteilung Ausland des Feldwirtschaftsamtes des Oberkommandos der Wehrmacht herausgegeben wurde. Betrachtet man dieses Kartenmaterial, wird klar, welch herausragenden Platz innerhalb der Nazi-Kriegswirtschaft die Raketen-Produktionsstätte KZ Mittelbau Dora einnahm.

1944 gehörte das Kartenwerk zwar nicht mehr zum täglichen Handwerkszeug des »Rüstungsdiktators«, wohl aber zu den Unterlagen der regelmäßigen kriegswirtschaftlichen Lagebesprechungen zwischen Speer und seinem obersten Kriegsherrn. Gerade weil Hitler der Sicherung strategischer Rohstoffe höchste Priorität beimaß, waren seine militärischen Entscheidungen häufig davon bestimmt. Deshalb geht die Bedeutung, die der Atlas als historische Quelle hat, weit über die engere Kriegswirtschaft hinaus.

Im Film über das KZ Mittelbau Dora wird deutlich, daß Görings Kartenwerk eine der wichtigsten Grundlagen für die Entwicklung der Raketentechnik – zuerst in Peenemünde an der Ostsee und später im Stollenlabyrinth des Kohnstein im Harz – war.

Als ich Rolf Hoppe die europäische Räuberkarte aus Görings Besitz zeigte, erinnerte er sich wieder an István Szabós Film »Mephisto«, in dem er die Figur des Göring gespielt hatte.

Szabó urteilt über Rolf Hoppe: »Ich wollte eine ganz gewisse Macht zeigen, einen Menschen, der über Riesenmacht verfügt und damit spielt. Der ganz gemütlich damit spielt, ganz zerbrechlich und ganz gierig nach Publikum. Rolf Hoppe hat das alles mit seiner großartigen Aura auf die Leinwand gebracht. Er hat den außergewöhnlichen Mut, das Schlechte der menschlichen Seele zu zeigen.«

Görings These »Rohstoffe durch Menschen ersetzen« wurde in den Konzentrationslagern, die Hitler-Deutschland überall in Europa errichtete, skrupellos in die Tat umgesetzt. Das KZ Mittelbau Dora gehörte in diesem Zusammenhang ohne Zweifel zu den perfidesten Objekten, weil hier Hochtechnologie und »Vernichtung durch Arbeit« Hand in Hand gingen.

Für unseren Film interviewten wir einen ehemaligen jüdischen Häftling, der heute in Israel lebt. Weil dort so viele seiner Kameraden den Tod fanden, ist Dora für ihn »heilige Erde«. Er erinnert sich an »das Klopfen der Holzpantoffel, an Kälte, Hunger und Läuse«, daran, daß auf dem Appellplatz »von dreihundert nur hundert überlebten«. Und er setzt fort: »Die Kette zwischen uns Lebenden und dem Andenken der Toten ist aber nicht zerrissen. Freiheit und Gerechtigkeit müssen immer wieder verteidigt werden. Die Seele eines Menschen kann man nicht fesseln. Die Tyrannei wird zerbrechen vor dem Geist der Menschlichkeit. Das Andenken an unsere Toten fordert von mir, die Tyrannei zu bekämpfen. Amen.«

Der ehemalige ukrainische Häftling Jakowenko berichtete uns: »Ich bin wieder in Dora, weil man mich eingeladen und darum gebeten hat, mit mir als ehemaligem Insassen dieses Konzentrationslagers zusammenzutreffen. Ich habe anderthalb Jahre hier gearbeitet. Ein halbes Jahr davon lebten und arbeiteten wir nur unter Tage. Anschließend wurden wir nach oben in dieses Lager hier gebracht, das heißt, wir arbeiteten weiter dort unten und lebten dann hier oben im Lager. Das ist der Anlaß, warum ich heute hier bin.

Deutsche Truppen waren in unser Dorf einmarschiert. Das war im September 1941. Damals war ich vierzehn Jahre alt. Diese Voraustruppen der Wehrmacht, die in unseren Ort einmarschierten, verhielten sich human. Das war in der Ukraine, im Gebiet Nikolajew, in meinem Heimatdorf Baschtanka. Wir hatten, als dieser Voraustrupp eintraf, eigentlich böse Menschen erwartet. Aber die Vorhut der Deutschen entsprach ganz und gar nicht unseren Befürchtungen. Ganz im Gegenteil: Die Soldaten liefen durchs Dorf, baten um Milch, tauschten Zigaretten gegen Milch ein. Als dann nach der Vorhut die eigentlichen Besatzungstruppen eintrafen, begannen die Abscheulichkeiten. Sie raubten die Menschen aus, schlugen sie. Die Verbündeten der Deutschen, die Ungarn, waren übrigens noch schlimmer als die Deutschen. Auf dieser Basis, wegen des schlechten Verhältnisses der deutschen Truppen zu unserer Zivilbevölkerung, erstarkte die Partisanenbewegung. Natürlich schloß auch ich mich als junger Mensch dieser Gruppe an. Wie jeder Bürger sein Land liebt, liebte auch ich mein Land, und als der Feind kam, galt es natürlich etwas zu tun, um es zu verteidigen. So kam ich in eine Partisanenabteilung. Wir hatten ganz simple Aufgaben: Patronen, manchmal auch Waffen einzusammeln und diese an die Partisanen abzuliefern. Das war unsere Aufgabe, zumal wir als junge Menschen nicht weiter auffielen. Zu Hause hatte ich ein Radio. Damit empfingen wir den Moskauer Rundfunk und hörten auch Nachrichten des Foreign Office. Wir wußten im großen und ganzen über die Lage Bescheid. Unsere Situation wurde immer schwieriger, es gab immer weniger Lebensmittel. 1938 war mein Vater gestorben, und meine Mutter zog uns drei Kinder allein groß. Ein Freund fragte mich, ob ich ihm nicht mein Radio verkaufen könne. Dafür wolle er mir einen Laib Brot geben. Ich willigte ein und tauschte bei ihm das Radio gegen ein Brot. Kurz darauf, zwei oder drei Tag später, kam die Gestapo, um mich zu verhaften. Ich hatte gar keine Ahnung, was die von mir wollten. Man fragte mich nach meinem Radio. Ich gab wahrheitsgemäß zur Antwort, das Radio hätte ich verkauft, gegen einen Laib Brot eingetauscht. Sie holten den Apparat hervor und fragten mich, ob dies mein Radio sei. Ich erkannte es wieder. Daraufhin fragten sie mich, wer mein Kommandeur sei. Ich gab wahrheitsgemäß zur Antwort, ich wüßte das nicht. Wie üblich wurde ich geschlagen. Ich beteuerte nochmals, daß ich nicht wüßte, von wem die Abteilung geführt werde. Man sperrte mich in einen Keller ein. Dort waren schon viele Menschen, Untergrundkämpfer und andere. Einige Zeit später, in den Morgenstunden, wurden wir aus dem Keller herausgeführt. Ein deutscher LKW mit Kofferaufbau fuhr vor, wir mußten aufsitzen. Ich war von der Körpergröße her klein. Ein Polizist sprach mich an, der war Russe, einer von den unseren. Er faßte mich bei der Hand und brachte mich in einen Pferdestall, während die anderen abtransportiert und in einem Steinbruch erschossen wurden. Durch Zufall blieb ich am Leben. In diesem Stall waren außer mir noch zwei Frauen. Aus heutiger Sicht gibt es für mich zwei Gründe, daß ich überlebte: Entweder hat mich dieser einheimische Polizist gerettet oder die Deutschen empfanden mit mir als Heranwachsendem einfach Mitleid. Genau kann ich das nicht sagen. So ist eben das Schicksal, wer soll das wissen. Daraufhin wurde ich mit vielen anderen in das Gefängnis der ukrainischen Stadt Nikolajew abtransportiert. Dort brachte ich einen Monat zu. Von Nikolajew ging es in ein nicht weit entfernt gelegenes, neu eingerichtetes Konzentrationslager. Der Ort hieß Rajewo. Der Lagerkommandant hieß Nolte, sein Stellvertreter Hoffmann, und der wiederum hatte einen Russen namens Wassili als Gehilfen. Sein Nachname lautete Komarenko oder so ähnlich. Der Mann war noch schlimmer als Hoffmann und Nolte. Wir wurden zu landwirtschaftlichen Arbeiten herangezogen, dort gab es Kuhställe, wo wir arbeiten mußten. Als nun die sowjetischen Truppen im Anmarsch auf Nikolajew waren, das muß 1943 gewesen sein, verlud man uns auf Eisenbahnwaggons und brachte uns nach Buchenwald. Wir waren mehrere Tage unterwegs. Wir mußten in das Lager hineinmarschieren, dann ging es nach rechts. Wo genau das war, daran habe ich heute keine Erinnerung mehr. Wir wurden hineingeführt und mußten uns entkleiden. Man nahm uns alle Kleidungsstücke ab und führte uns ins Bad. Ich erinnere mich, das war eine Grube mit Desinfektionslösung, darin mußten wir mit dem ganzen Körper, auch mit dem Kopf, untertauchen. Wer das nicht tat, wurde mit einer Art Forke heruntergedrückt. Nach der Desinfektion mußten wir unter die Dusche. Jeder bekam ein Stückchen Seife und ein Tuch zum Abtrocknen. Im Anschluß daran wurden wir zu einem länglichen Gebäude geführt. Ich bin mir nicht sicher, ob es das Gebäude war, das ich bei meinem jetzigen Besuch vorgefunden habe. Dort wurden wir gemessen, Körpergröße, Statur, Schuhgröße, Mützengröße usw. Wir wurden eingekleidet. Dann wurde uns eine Nummer zugeteilt. Als Russe bekam ich ein rotes Dreieck und ein R und dazu die Nummer 25199, die bis heute zu erkennen ist. Als das erledigt war, kamen wir in Quarantäne. Das war ein Block weiter oben, wo genau, kann ich heute auch nicht mehr sagen. In der Quarantänestation blieben wir einen Monat. Danach wurden wir wieder auf LKW verladen, wieder solche mit Kofferaufbau wie damals, als man die anderen zur Erschießung abtransportiert hatte. Wir fuhren drei oder vier Stunden. Man brachte uns in einen Wald. Heute erst weiß ich, was das für ein

Wald war. Wir fragten uns, was nun kommt, ob wir uns verabschieden müssen von dieser Welt, so jung wie wir waren. Man brachte uns an eine Stelle, die mit einem Tarnnetz abgedeckt war, und wir erkannten einen Stollen, einen Tunneleingang, in den wir hineingeführt wurden. In diesem Stollen waren Schlafgelegenheiten vorbereitet. Dort gab es Pritschen in vier Etagen übereinander. Ich kam in die vierte, die oberste Etage. Von diesen Pritschenreihen gab es nach meiner Erinnerung vier, jeweils eine an den Seiten und zwei in der Mitte. So kam ich nach Dora und in dieses neue Quartier. Wir mußten in Loren Gestein hinausbefördern. Beleuchtet war der Stollen mit Karbidlampen. Es gab viel Staub, Dreck und Gas. Später, im April 1944, wurden wir nach Übertage gebracht. Es wurde gefragt, ob es Schlosser unter uns gäbe, und ich war zuvor Schlosserlehrling gewesen. Ich meldete mich und trat vor. Man fragte mich verwundert, ob ich denn tatsächlich Schlosser sei, angesichts meiner Körpergröße. Ich sei doch viel zu klein dafür. Von der Schule her konnte ich ein wenig Deutsch. So kam ich in einen Trupp, der sich Hoch-Tief-Schlosserei nannte. Die Werkstatt befand sich unmittelbar am Ausgang. Jetzt habe ich sie nicht mehr gesehen, das war am Haupttunnel, an der Böschung, neben den SS-Kasernen. Dort befand sich die Schlosserei, ein Wellblechgewölbe. Unsere Aufgabe war es, die Bohrer für die Vortriebsarbeiten zu schärfen. Dort befanden sich auch Lufteintrittsöffnungen, mit denen Frischluft in den Stollen hinein- und staubige Luft aus dem Stollen herausgeleitet wurde. Wir schärften die Bohrer, machten Schweißarbeiten und reparierten die Vorschlaghämmer. Das waren die Aufgaben in unserer Werkstatt. Wir waren drei Tschechen, einer von ihnen war Kapo, vier waren Russen, das macht sieben, dann waren da noch ein Pole und ein Franzose. Eine internationale Truppe! Wir kamen gut miteinander aus. Die Arbeit verrichteten wir ordentlich. Man hielt uns für richtige Fachkräfte. Mit uns arbeiteten auch Zivilisten als Meister, sehr gute Menschen. Der Leiter unserer Werkstatt wurde Otto gerufen, er lebte damals hier in Nordhausen. Man müßte seine Anschrift ermitteln, ich würde ihn bestimmt wiedererkennen. Doch war er damals schon vierzig Jahre alt, und er dürfte heute kaum mehr auf dieser Welt sein. Sollte er noch leben, wünsche ich ihm noch viele Jahre. Ich möchte betonen, das waren gute Menschen! In unserer internationalen Mannschaft gab es keine Zwietracht. Auch der tschechische Kapo war ein guter Mensch, ein Kommunist, ein politischer Gefangener. Die Tschechen bekamen über das Rote Kreuz ihres Heimatlandes Päckchen geschickt. Stalin hat verhindert, daß auch wir solche Päckchen bekamen. Wenn der Tscheche ein Päckchen bekam, gab er mir immer davon ab. So war das Leben bei den geringen Rationen hier in Dora etwas erträglicher. Ich möchte noch etwas über Otto sagen: Einmal, als es im Tunnel einen Sabotageakt gegeben hatte, mußten wir alle antreten. Einer der Hauptsaboteure war verhaftet worden und wurde nun an den Reihen der Gefangenen vorbeigeführt, die ihm in die Augen schauen mußten. Hinter ihm her liefen Psychologen der deutschen Armee, Spezialisten, um zu sehen, wie jeder Einzelne reagierte. Wenn sie nun jemandem eine Reaktion anmerkten, wurde der herausgezogen und abgeführt. Die Ausgesonderten wurden daraufhin im Stollen erhängt. Weil dieser Sabotageakt von einem Russen angeführt worden war, gab es einen Befehl, allen Russen, erkennbar an dem Buchstaben R, für zwei Wochen die Mäntel und Holzschuhe abzunehmen. Das war im November 1944. Als ich am Tag danach in die Werkstatt kam, barfuß und ohne Mantel, sah Otto das. Er bemitleidete mich und sagte, ich würde davon kaputtgehen. Er ging an seinen Schrank und holte ein paar Stiefel für mich heraus, und ich durfte bei der Arbeit diese Stiefel und auch eine Jacke tragen. In der Werkstatt war es ohnehin nicht besonders kalt. Zum Feierabend mußte ich die Stiefel wieder ausziehen und mir die Füße mit Papier von leeren Zementsäcken umwickeln und so ins Lager zurückkehren. Das zeigt: Otto war ein guter Mensch. Gleichgültig, ob jemand Deutscher, Franzose, Russe oder Ukrainer ist – alle Menschen sind gut. Es kommt immer darauf an, wer die Menschen führt. Nun war eben Hitler an die Macht gekommen, hatte auf die Menschen eingewirkt und Schande über ganz Deutschland gebracht. So läuft die Geschichte. Was könnte man in diesem Zusammenhang noch erzählen? Viele Dinge kommen mir in den Sinn, sicher hätte ich meine Gedanken vorher besser ordnen können. Selbst die Deutschen hatten uns damals gesagt, daß es einen Befehl Hitlers gebe, daß keiner, der in diesem Tunnel war und mit der Produktion der V-Raketen zu tun hatte, überleben durfte, weil es sich um einen geheimen Ort handelte. Auch uns wollten sie vernichten. 1945, als die Truppen der Alliierten in unmittelbarer Nähe standen, auf der einen Seite die Amerikaner, auf der anderen sowjetische Truppen, wurden wir in Richtung Bergen-Belsen evakuiert, in der Absicht, uns dort alle mit vergiftetem Brot umzubringen, das schon vorbereitet war. Am 15. April wurden wir von den Engländern, der englischen Armee, befreit. Haß auf die Deutschen habe ich nicht empfunden. Das war irgendwie ein Wunder. Damals war ich ganz jung, heute bin ich ein reifer Mensch. Wir hatten damals nicht daran geglaubt zu überleben. Es war Glück, daß wir am Leben geblieben sind.«

Wenn ein Film abgedreht ist, beginnt die eigentliche Arbeit am Schneidetisch. Mein Kameramann für das Projekt »KZ Mittelbau Dora« war Ludolph Weyer aus München. Er gehört zu den angesehensten Dokumentarfilmern in Deutschland, wie seine Mitarbeit an mehreren Mehrteilern der ARD beweist. Ludolph Weyer hatte schon vorher in den Stollen des Konzentrationslagers Mittelbau Dora für den ARD-Film »Speer und Er« von Heinrich Breloer gedreht. Keiner, der das einmal gesehen hat, wird die Bilder von den zerbrochenen Klosettschüsseln, tief unter der Erde, vergessen.

Tief beeindruckt waren wir alle von Rolf Hoppes unerbittlichem Erinnern in Ellrich. Seine Mitwirkung gibt unserem Film eine Erzählebene von großer Emotionalität.

Zur schwierigen Arbeit am Schneidetisch gehört es, Anfang und Ende des Films zu finden. Vielleicht endet unser Film mit den Worten von Johannes R. Becher, die ich vor zwanzig Jahren bei der Arbeit am Drehbuch »Der siebente Brunnen« nach der gleichnamigen Erzählung von Fred Wander gelesen habe:

Nichts und nichts von alledem vergessen

Wir dürfen nichts vergessen, nichts und nichts von alledem, was gewesen war. Im Gegenteil, wir müssen unser Gedächtnis wiedererwecken, es üben und stärken und wach im Geist sein. Gedächtnisfehler aber werden zu Denkfehlern, und wo Gedächtnisschwäche herrscht oder gar Gedächtnis erlischt, in solch einem Dämmerzustand von Bewußtlosigkeit, da erheben sich die Fehler der alten in einer furchtbaren neuen Potenz.

Eine geschichtliche Beurteilung des Vergangenen aber schafft das Gedächtnis, und nur das immer wache Wissen um sich selbst – ein intaktes Gedächtnis – erzeugt bei einem Volk Gewissen!

»Der siebente Brunnen« von Fred Wander. Die Geschichte eines nichtgedrehten Films

Eberhard Görner
2005

Meine Eltern erfüllten mir 1959, anläßlich des Schulabschlusses der achten Klasse, einen sehnlichen Wunsch. Sie schenkten mir ein blaues Campingzelt für zwei Personen. Als die Sommerferien begannen, schnallte ich das Campingzelt auf das von meinem Vater für mich gebaute Fahrrad und begab mich mit meinem Klassenkameraden Dietmar auf eine Radtour nach Thüringen. Wir fuhren von unserem Dorf Niederwürschnitz im Erzgebirge über Zwickau, Werdau und Gera. Unterwegs bestaunten wir die alten Burgen, ehrwürdigen Kirchen, die prächtigen Rathäuser – und über die Dornburger Schlösser, wo einst Goethe und Nietzsche logierten, fuhren wir weiter Richtung Weimar, denn das war mein eigentliches Ziel: das Konzentrationslager Buchenwald auf dem Ettersberg. Meinen Freund Dietmar interessierte dieser Ort nicht. Er fuhr in die Klassikerstadt Weimar, wo wir uns später treffen wollten.

Aber ich wollte schon mit eigenen Augen sehen, wovon uns im Geschichtsunterricht erzählt wurde: den Platz, wo der Vorsitzende der KPD, Ernst Thälmann, am 28. August 1944 ermordet wurde und dessen Leben und Sterben wir als Junge Pioniere mit dem Lied ehrten: »Thälmann und Thälmann vor allen, Deutschlands unsterblicher Sohn. Thälmann ist niemals gefallen, Stimme und Faust der Nation!«

Ich fuhr also allein den unendlich langen Betonweg, der von der Landstraße über den Ettersberg hin zum Konzentrationslager führte. Die Sonne flimmerte durch das grüne Blätterdach der mächtigen Buchen, die Vögel sangen, und mir fiel das Lied ein: »Wer hat dich, du grüner Wald, aufgebaut, so hoch da droben?«, und ich dachte, ein KZ in einer so wundervollen Landschaft? So schlimm kann es nicht sein.

Ein kunstvoll geschmiedetes Tor begrüßte mich mit den Worten:»Jedem das Seine« – ich ging hindurch, und vor mir lag die unendliche Steinwüste des ehemaligen Appellplatzes. Doch was ich dann sah, konnte ich kaum verkraften: Steinbruch, Genickschußanlage, Folterzellen, Strafbunker, Verbrennungsöfen, Foto- und Filmbilder von Leichenbergen nach der Befreiung durch die Amerikaner – und das alles vor den Toren von Weimar, dessen humanistische Texte von Goethe und Schiller wir im Deutschunterricht auswendig lernten.

Was treibt einen vierzehnjährigen Jungen an so einen Ort des Grauens? Die Antwort ist eine Geschichte aus unserer Familie. Nach dem Krieg, es war 1946 – da war ich zwei Jahre alt –, wurde der Mann meiner Tante Johanna in Lugau im Erzgebirge von der Roten Armee verhaftet. Er tauchte nie mehr auf, und dieser Verlust – Onkel Fritz war Vater von drei Kindern –, dieses Trauma besetzte jahrelang alle Familienfeste. Denn jedes Mal, wenn die Schwester meiner Mutter uns besuchte, erzählte sie von ihren vergeblichen Bemühungen, etwas über das Schicksal ihres Mannes zu erfahren, von dem ich wußte, daß er Schneider gelernt hatte, lange Zeit arbeitslos war, als Bergmann körperlich scheiterte und nach 1933 Aufnahme bei der Kriminalpolizei fand. Je älter ich wurde, um so mehr erreichte das Thema auch mich, denn Tante Johanna schimpfte:»Du lernst Russisch? Das ist die Sprache der Mörder deines Onkels!«

Ich fing an, meinen Eltern Fragen zu stellen. Erst wichen sie aus, aber dann meinte mein Vater eines Tages in seiner lakonischen Art:»Vielleicht haben die Russen Rache genommen an ihm.« Ich schaute meinen Vater fragend an, und er begann mir stockend zu erzählen, daß mein Onkel im Krieg während eines Fronturlaubs einmal bei uns zu Besuch war. Er hätte am Küchenschrank gestanden und plötzlich gesagt:»Wenn wir den Krieg verlieren, Arthur, die Rache der Russen wird fürchterlich!« Mein Vater hörte zum ersten Mal von den Einsätzen seines Schwagers als Mitglied des SD in der Ukraine. Mein Vater erinnerte sich, daß er sich hinsetzen mußte, weil ihm die Beine schwach wurden. Denn Schwager Fritz erzählte ihm, wie sie die Juden beseitigten und daß die SS-Offiziere den russisch-jüdischen Müttern die Babys von der Brust rissen, um sie an die Wand zu werfen. Er sei, so behauptete Schwager Fritz, einem SS-Offizier in den Arm gefallen, um das Kind zu retten, aber dieser habe seine Pistole gezogen und ihm wegen Befehlsverweigerung mit Erschießen gedroht.

Später habe ich die Laufbahn meines Onkels recherchiert, aus der klar hervorging: aus dem Schneidermeister und späteren Kriminalkommissar war ein Mörder geworden, denn die Auszeichnungen, die er für seine »tapferen Einsätze« in Rußland, im Kampf gegen den jüdischen Bolschewismus erhielt, sprechen ihre eigene Sprache.

Wir Deutschen sind ein zerrissenes Volk. Unsere Geschichte ist ein einziger Widerspruch. Hitlers Vernichtungskrieg verfolgt die Generationen bis zum heutigen Tag, und zu diesem Thema gehört auch der Zusammenbruch der DDR, der meine 1906 geborene Mutter im Jahre 1989 mit den Worten nachtrauerte: »Jetzt haben wir unseren Arbeiter-und-Bauern-Staat verloren!« Ein Satz, den ich nicht vergessen kann, denn ich weiß, daß sie dem Kaiserreich, wo sie von einem gewalttätigen Lehrer geschlagen wurde, nicht nachtrauerte. Auch der Weimarer Republik, wo sie die Inflation Hunger leiden ließ, weinte sie nicht nach. Und die Zeit unter Hitler faßte sie mit den Worten zusammen: »Alles läßt sich erleiden, nur kein Krieg. Das ist das Schlimmste, was uns die Nazis angetan haben.«

Also, wer sind wir? Wo liegt unsere historische Wahrheit? Wo belügen wir uns? Wo verdrängen wir unsere Geschichte? Warum Auschwitz und Buchenwald? Ich weiß bis jetzt keine gültige Antwort darauf, aber die Fragen führten mich – Gott sei Dank! – zu solchen Menschen wie Stephan Hermlin, Christa Wolf, Stefan Heym, Freya von Moltke, Salman Schocken, Elisabeth Mann Borgese, Hans Keilson, Gottfried Bermann Fischer, Pater Jean Bernard, George Tabori – und nicht zuletzt zu Fred Wander und seiner Erzählung »Der siebente Brunnen«.

Als ich das Buch das erste Mal in den Händen hielt, hatte ich nach der Lektüre nur einen Wunsch: daraus muß ein Film werden. Hinter mir lag die Drehbucharbeit zur Literaturverfilmung »Der Leutnant Yorck von Wartenburg« nach der Novelle von Stephan Hermlin, die das DEFA-Spielfilmstudio Potsdam-Babelsberg im Auftrag des Deutschen Fernsehfunks 1981 produzierte. Ich hoffte auf das künstlerische Vertrauen von Fred Wander – und bekam es.

Auf dem IV. Kongreß des Verbandes der Film- und Fernseh-schaffenden der DDR, im September 1982, schrieb ich in mei-nem schriftlich eingereichten Diskussionsbeitrag: »Jede Begeg-nung hat Konsequenzen. Das gilt vor allem für die Kunst. Fred Wander, nach dessen Erzählung ›Der siebente Brunnen‹ ich für das DEFA-Spielfilmstudio ein Treatment geschrieben habe, antwortete auf meine Frage, wie er den Weg durch die Hölle fa-schistischer Konzentrationslager überstanden habe, mit einer Gegenfrage. ›Warum lebt einer? Warum will einer sterben? Was arbeitet in den Menschen? Das Ungeheure ist die Motivation beim Menschen. Den größten Eindruck haben auf mich die Wi-derstandskämpfer gemacht: Arbeiter, Christen, Intellektuelle. Leute, die wegen ihres Widerstandes in die Lager kamen. Sie ha-ben mich fasziniert. Heute weiß ich, dieser Traum von Gemein-samkeit, wir müssen ihn weiter träumen.‹«

Was nun das Treatment betraf, so unterstützte der damalige Chefdramaturg im DEFA-Spielfilmstudio, Prof. Rudolf Jürschik, die Weiterarbeit zum Drehbuch. Es wurde ein Vertrag geschlos-sen und das Projekt zur Stoffentwicklung in die Arbeitsgruppe »Roter Kreis« gegeben. Ich habe mich an den Schreibtisch ge-setzt, das Drehbuch »Der siebente Brunnen« geschrieben und es bei der DEFA abgegeben.

Als nach einem Jahr noch immer keine Antwort auf meine Frage kam, wer die Regie des Films übernehmen werde, habe ich mich am 10. Januar 1983 mit einem Brief an den Stellvertretenden Leiter der Abteilung Agitation und Propaganda im Zentralkomi-tee der SED, Eberhard Fensch, gewandt:

Lieber Genosse Fensch,
wie in unserem Gespräch am 07. 01. dieses Jahres vereinbart, sende ich Dir das Szenarium »Der siebente Brunnen« nach der gleichnamigen Erzählung von Fred Wander. Zwischen der DEFA und mir liegt ein Szenarienvertrag vor. Die Weltverfilmungs-rechte sind durch die DEFA beim Aufbau-Verlag Berlin erworben worden. Politischer Ausgangspunkt, dem DEFA-Studio diesen Stoff als Filmprojekt vorzuschlagen, war für mich die Wieder-kehr des 40. Jahrestages der Befreiung Europas vom Faschis-mus. Außerdem die tiefe Überzeugung, daß mit dieser Prosa von Fred Wander ein Stück Weltliteratur vorliegt. Wenn die DEFA es sich leisten kann, über ein Jahr mit Schweigen bezüglich der

Regie-Entscheidung zu operieren – ich finde, unsere DDR-Kulturpolitik kann es sich nicht leisten, kreatives und literarisches Potential in die Ecke zu stellen. Das ist keine Beschwerde, sondern meine Meinung zu Arbeitshaltungen.

Die DDR war ein zentralistisch regierter Staat. Ihr Respekt vor der Kunst war groß, aber auch ihre Angst davor. Fred Wander lebte als österreichischer Schriftsteller in der DDR – eine Verfilmung seiner Erzählung »Der siebente Brunnen« berührte das antifaschistische Selbstverständnis der DDR-Kulturpolitik. Zwei Monate nach meinem Brief bezog die DEFA-Arbeitsgruppe »Roter Kreis« endlich Position:

Gruppe ›Roter Kreis‹
Babelsberg, 16. 03. 83
Stellungnahme zum Szenarium ›Der siebente Brunnen‹ von Eberhard Görner nach der gleichnamigen Erzählung von Fred Wander.
Es gab in der Gruppe schon einmal die Überlegung, nach Fred Wanders Buch einen Film zu machen, 1970, als es erschien. Was zu der Überlegung bewegte, war die Botschaft des Buches. Wander hat die eigene Vergangenheit und sein Verhältnis zu ihr artikuliert. Er ruft die Vergangenheit herauf und ruft den Heutigen ins Gedächtnis, daß Faschismus erst dann wirklich bewältigt ist, wenn die Gesellschaft in ihrer Entwicklung so weit vorangekommen ist, daß er nicht mehr möglich ist, in der Vielfalt seiner Erscheinungsformen. 25 Jahre hat Wander gebraucht, um uns den Weg durch die Konzentrationslager, die Begegnung mit Menschen aus den unterschiedlichsten Bevölkerungsschichten, Angehörigen vieler Nationalitäten, Glaubensrichtungen und politischen Überzeugungen so mitteilen zu können: Eine Zeit des Grauens – aber nicht der Hoffnungslosigkeit. Wander erzählt vom Sterben. Viele sterben, denn zum Sterben hat man sie zusammengetrieben. Und er erzählt vom Kampf um Leben. Von Solidarität im Kampf um Leben. Das ist Widerstand gegen Gewalt. Das ist letztlich Sieg. Wander erzählt von der großen Mühe, Mensch zu sein. Dies war in unserer Lesart seine gültige Botschaft. Insofern erzählt er eine exemplarische Geschichte. Als Ich-Erzähler entsprach ihm bei diesem seinem Anliegen eine assoziative Erzählweise.

Einzelne Lebensläufe heben sich aus der Erzählung nicht eindeutig hervor. Dennoch: Mendel Teichmann, Jossel, Joschko, Pechmann, Moll – alle, insbesondere Jacques und der Kommunist Petrow –, alle sind Individuen. Es entsteht ein Gruppenbild in achronologischer Ordnung.

Einen Weg zu finden, auf dem Wanders Erzählung und Erzählweise sich ohne unvertretbare Einbuße zu einer schlüssigen Filmfabel strukturieren läßt, war Hauptproblem.

In dem vorliegenden Szenarium hat der Szenarist Eberhard Görner unseres Erachtens jenen Weg, jenen Schlüssel zu Wanders Erzählung gefunden.

Görner hat die assoziative Erzählweise Wanders aufgehoben zugunsten einer chronologischen. Er hat dem Ich-Erzähler Wander Namen und Gestalt gegeben – Perecz – und damit eine in die Gesetze des optischen Mediums Film übernehmbare und durchgehende – oder genauer: durch das Gruppenbild führende – Gestalt geschaffen.

Folgerichtig wird von Görner die Liebe zwischen Pechmann und Maria als Liebe zwischen Perecz und Maria erzählt, an den Anfang gestellt und angereichert.

Durch diese relativ wenigen aber grundlegenden Änderungen gegenüber der literarischen Vorlage sind die Voraussetzungen für eine relativ straffe Fabel in einem klaren Handlungsbogen geschaffen. Gleichzeitig ist damit das künstlerische Ordnungsprinzip für Auswahl und Stellenwert der einzelnen Begebenheiten gefunden, ohne daß dem Literatur-Autor Gewalt angetan ist. Das Prinzip des bewegten Gruppenbilds im Sinne von Stafette ist erhalten geblieben. Der Zuwachs an Position, auch im Szenarium, erwächst aus der Begegnung mit vielen, insbesondere mit Maria, Jacques und Petrow, drei für die Sinngebung des Ganzen wesentlichen künstlerischen Gestalten, die Görner stärker herausgearbeitet hat.

Wander und Görner erzählen keine einfache Leidensgeschichte – obwohl viel gelitten wird, viele sterben. Sie erzählen auch die Geschichte des Leben-Wollens und des Sinn- und damit Positionsgewinns des Überlebens. Sie erzählen die Behauptung vom Menschsein in unmenschlicher, nicht menschenwürdiger Zeit für eine bessere, möglicherweise dennoch schwierige Zukunft. Die Bögen der Handlung, die Görner baut, sind darauf gerichtet. Die Dialektik von Sozialem und Nationalem – ein besonderer Wert in der Haltung Fred Wanders – ist in Görners Szenarium ebenso bewahrt wie die Balance von Erdulden und Tun. Das Szenarium hat die Wahrheit der literarischen Vorlage sorgsam bewahrt. Geist und Struktur des Szenariums sind in der Gruppenberatung voll akzeptiert worden. Übereinstimmend besteht die Auffassung, daß dem Szenaristen Görner ein weiterer Schritt ins Optische und damit auch ins weitergehende Interpretatorische nur in Zusammenarbeit mit einem Regisseur abgefragt werden kann. Für die Weiterarbeit in Zusammenarbeit mit einem Regisseur wird empfohlen:

– die ersten zwei Erinnerungen, die jetzt noch illustrativen Charakter haben, auszutauschen gegen solche mit ideellem Gewinn;

– durchgehend zu überprüfen, wie weit bis jetzt noch verbal Artikuliertes optisch sinnfällig zu machen ist;

– noch einmal zu überprüfen, wie weit die Exposition – Liebe Maria-Perecz, Flucht, Auslieferung – organisch in den weiteren Handlungsverlauf überleitet;

– mit dem Szenaristen Görner gilt als fest verabredet, daß im Sinne der Balance von Nationalem und Sozialem jüdisch Rituelles nicht überzubetonen und niemals im Film ins Folkloristische auszuweiten ist, denn die Leidens- und Widerstandsfähigkeit jüdischer Menschen ist Beispiel, nicht Verabsolutierung – (siehe Jacques, siehe Petrow).

– jene komplizierte Balance zwischen Naturalem und notwendiger Überhöhung für die gesamte Filmgeschichte ist nach einheitlicher Auffassung nur in Zusammenarbeit mit dem Regisseur zu finden;

– die szenaristische Vorgabe wird von uns als filmtauglich betrachtet.

Fred Wander hat zum Entstehen des Szenariums durch zusätzliche Erzählungen von Erlebnissen beigetragen. Er ist mit der Bearbeitung voll einverstanden.

Er versichert seine Bereitschaft zur weiteren Beratung. Wir beantragen die Abnahme des Szenariums.

Thea Richter
stofführende Dramaturgin

Am 21. März 1983 fand beim Chefdramaturgen der DEFA das Abnahmegespräch statt, und am 29. März 1983 schrieb mir das DEFA-Studio für Spielfilme:

Wir teilen Ihnen mit, daß das von Ihnen ausgearbeitete Szenarium ›Der siebente Brunnen‹ am 22. 03. 1983 [...] abgenommen wurde. Es wurde festgelegt, daß am Drehbuch noch notwendige literarische Arbeiten von Ihnen gemeinsam mit dem vom Studio zu benennenden Regisseur im Rahmen des Szenarienvertrages zu leisten sind. Die in der Protokollnotiz des Chefdramaturgen festgehaltenen Auflagen und Hinweise sind in dieser Arbeit zu berücksichtigen.

Nach diesem für Fred Wander und mich erfreulichen Prozeß ging ich auf den Regisseur Alexander Lang zu, der Mitte der achtziger Jahre zum erfolgreichsten Regisseur am Deutschen Theater in Berlin avancierte.

Alexander Lang las die Erzählung »Der siebente Brunnen« von Fred Wander und danach mein Drehbuch. Er fand den Stoff aufregend, auch wäre es seine erste Regiearbeit für den Spielfilm gewesen. Seine Zustimmung teilte ich der DEFA mit, die wiederum über so einen renommierten Zugewinn an Regiekunst hoch erfreut war. Zusammen mit Fred Wander gingen wir an die Arbeit.

Wir waren ein gutes Team, in das im August 1983 der Blitz einschlug: Die stofführende Dramaturgin teilte uns mit, daß der Generaldirektor der DEFA, Hans-Dieter Mäde, entschieden habe, daß dieser Stoff nicht zur Verfilmung kommt.

Das war eine Entscheidung gegen den Schriftsteller Fred Wander, gegen den Regisseur Alexander Lang und gegen den Drehbuchautor. Aber vor allem war es eine Entscheidung gegen das Thema »Der siebente Brunnen« – das aber konnte und wollte ich nicht glauben.

Deshalb setzte ich mich am 12. August 1983 an meine Schreibmaschine und schrieb an Professor Kurt Hager, Mitglied des Politbüros der SED und Leiter der Ideologischen Kommission der SED, einen Brief.

Ich war fest davon überzeugt, daß Kurt Hager, seit 1930 Mitglied der KPD, nach 1933 als Gegner des Nationalsozialismus zeitweilig in Haft, von 1937 bis 1939 aktiver Teilnehmer auf der Seite der Republik im Spanischen Bürgerkrieg, später Emigrant in Frankreich und Großbritannien, daß ein Mann mit einer solchen politischen Biographie unser Filmprojekt »Der siebente Brunnen« unterstützen würde:

Sehr geehrter Genosse Hager!
Am 22. 03. 1983 wurde in einer Beratung beim Chefdramaturgen der DEFA, Prof. Jürschik, das Szenarium »Der siebente Brunnen«, welches ich nach der gleichnamigen Erzählung von Fred Wander für einen DEFA-Spielfilm zum 40. Jahrestag der Befreiung vom Faschismus erarbeitete, abgenommen. Am 04. 08. 1983 setzte mich die Genossin Thea Richter, Leiterin der Arbeitsgruppe »Roter Kreis« und Dramaturgin des Stoffes, davon in Kenntnis, daß der Generalsekretär der DEFA, Genosse Mäde, entschieden habe, diesen Stoff nicht zu produzieren. Seine Entscheidung sei in Konsultation mit dem Leiter der Hauptverwaltung Film beim Ministerium für Kultur, Genossen Pehnert, sowie der zuständigen Abteilung im ZK erfolgt.
Sehr geehrter Genosse Hager! Diese Entscheidung des Generaldirektors der DEFA halte ich für kulturpolitisch falsch. Warum? Absicht der Autoren war es, unserer nationalen Spielfilmproduktion ein Buch vorzulegen, das sich dem antifaschistischen Widerstandskampf verpflichtet fühlt. Von der politischen und emotionellen Wirkung, von der Verfilmbarkeit dieser humanistischen Botschaft des Schriftstellers und Kommunisten Fred Wander bin nicht nur ich als Szenarist überzeugt. Die Kenntnis des Stoffes, seine durch und durch antifaschistische Aussage, hat den Intendanten vom ORF, Wolf in der Maur, veranlaßt, gegenüber der DEFA Co-Produktionsbereitschaft zu avisieren. Leider wurde auf dieses Angebot bis zum gegenwärtigen Zeitpunkt nicht geantwortet. Das Arbeitsangebot des Regisseurs Alexander Lang, welcher diesen Film inszenieren wollte, wurde durch den Generaldirektor der DEFA abgelehnt. In der Entscheidung, werter Genosse Hager, diesen Stoff nicht zu produzieren, sehe ich ein Abrücken von der großen antifaschistischen Traditionslinie der DEFA, welcher sie in hohem Maße ihr internationales Ansehen verdankt.
Ich bitte Sie, meine Bedenken entgegenzunehmen.
Mit sozialistischem Gruß
Eberhard Görner
Bad Freienwalde, 12. 08. 1983
Anlage 1 Szenarium

Parallel zu diesem Schreiben nahm ich mit Hellmuth Strasser, dem Botschafter der Republik Österreich in der DDR, Kontakt auf. Damals waren die Beziehungen zwischen beiden Ländern sehr gut. Es gab regen ökonomischen, politischen wie kulturellen Austausch. Ich bat den Botschafter, das Drehbuch »Der siebente Brunnen« nach der Erzählung von Fred Wander zu lesen, im Hinblick auf eine filmische Co-Produktion zwischen Österreich und der DDR.

Botschafter Strasser brachte die Idee einer Fernsehfilm-Co-Produktion zwischen dem ORF und dem DDR-Fernsehen ins Spiel, die Wolf in der Maur mir gegenüber schriftlich unterstützte. Wir konnten wieder hoffen, und deshalb ergriff ich neuerlich die briefliche Offensive, indem ich diese Möglichkeit der Abteilung Agitation und Propaganda im ZK der SED am 17. August 1983 mitteilte, mit dem Zusatz: »Fred Wander, welcher Mitte September nach Berlin aus Österreich kommt, hat mir zugesichert, bei einer eventuellen Fernsehverfilmung alle Unterstützung zu gewährleisten.«

Mein Brief blieb ohne Antwort. Statt dessen wurde ich zu einer Aussprache zum Stellvertreter des Ministers für Kultur, Horst Pehnert, in die Hauptverwaltung Film des Ministeriums für Kultur eingeladen. Ihr Ergebnis faßte ich in einem Brief an Fred Wander zusammen:

Lieber Fred!
Die folgenden Zeilen sollten besser mündlich erzählt werden, aber wir haben jetzt über drei Jahre den Gang der Dinge um unser Filmprojekt »Der siebente Brunnen« dokumentiert.
Deshalb die schriftliche Wiedergabe des letzten Gesprächs.
Am Dienstag, dem 4. Oktober, wurde ich in die HV Film gebeten. Anwesend waren der Minister für Film der DDR, Genosse Horst Pehnert, sowie der Vertreter der Abteilung Kultur im ZK, Genosse Jürgen Harder. Letzterer bezog sich auf meine Eingabe an das Politbüromitglied Kurt Hager (vom 12. 08. 83), die Gegenstand des Gesprächs sei, das Szenarium »Der siebente Brunnen« betreffend. Er zählte für die Begründung einer Verfilmungsablehnung folgende Punkte auf:
– das Szenarium »Der siebente Brunnen« nach der Erzählung von Fred Wander stelle die Frage der Zweckmäßigkeit der Verfilmung hier und heute;
– die Momente der Passivität, der Resignation würden überwiegen. Es würden aber Filme gebraucht, die den Leuten Mut

machen. Dies wäre in einer Zeit der Raketenbedrohung aber ein Stoff des Leidens, woraus eben die Frage nach der künstlerischen und politischen Zweckmäßigkeit erwächst;
– die Häufung von Grausamkeit im Verhältnis zur Passivität der Figuren, deren Haltungen aus religiösen Motiven erwachsen, sei für die antifaschistische Traditionslinie, wie sie die DEFA versteht, nicht verfilmungswürdig;
– in diesem Stoff suche man vergeblich den politischen Aktivismus der Helden. Es hat Buchenwald gegeben, den Aufstand dort. Diese Geschichte (»Der siebente Brunnen«) erzähle Buchenwald einseitig;
– man könne sich vorstellen, daß so ein Film wie ›Nackt unter Wölfen‹ in einer anderen Geschichte von der DEFA verfilmt wird, aber so ein Film wie »Der siebente Brunnen« gehe zur Zeit nicht;
– außerdem lasse das Szenarium erkennen, daß man es hier auf einen Kunstfilm anlege. Wie sich gezeigt hätte, wäre der DEFA-Film »Dein unbekannter Bruder« mit ähnlichen Ambitionen beim Publikum durchgefallen. Der Stoff »Der siebente Brunnen« bediene nicht das Konzept der Massenwirksamkeit;
– der bittere Ernst der Geschichte, ihre Authentizität, die niederdrückt, würde vom Publikum sicher nicht angenommen werden. Genosse Pehnert führte dann aus, daß die Bereitschaft des Zuschauers, in einem Film mitzuleiden, nachgelassen habe. Der Zuschauer wolle sich dem Leid auf der Leinwand nicht mehr unterwerfen.
Deshalb meide er solche Filme aus der Zeit zwischen 1933 bis 1945, dies zeigten auch die Kinoergebnisse.
Ich habe mich zu dem Aufgeführten so geäußert, daß ich es nicht verstehe, warum so ein Grundsatzgespräch, das bereits im Oktober 81 hätte geführt werden können, erst jetzt – und zwar nur wegen meiner Eingabe! – zustande kommt. Warum man Regievorschläge blockiert und Co-Produktionsangebote durch ORF-Intendant Wolf in der Maur nicht beantwortet. Warum man Filmemachern den Dialog verweigert. Und warum man es zu einem so eklatanten Widerspruch wie der Abnahme durch die Chefdramaturgie und der brüsken Ablehnung durch den Generaldirektor der DEFA kommen ließ.
Und ich habe erklärt, daß ich mit dieser Begründung nicht einverstanden sein kann, da die Gründung des Buchenwald-Komi-

tees die Ausnahme war. In Auschwitz sei nur gelitten worden, politischer Aktivismus wäre kaum vorhanden gewesen.

Der Widerstand ging darum, das Leben zu erhalten und sich gegenseitig zu helfen, den Tod zu besiegen. Darin läge für mich auch die Größe der Figuren im »Siebenten Brunnen«.

Man hat es sich angehört, lieber Fred, nicht widersprochen aber die Entscheidung der Nichtverfilmung blieb natürlich unwiderrufen. Ich habe darauf hingewiesen, daß ich der Meinung bin, wie mit diesem Stoff umgegangen worden ist, dies habe zu Beschädigung und Vertrauensverlust geführt. Ob man es sich leisten kann, mit geistiger Substanz derart unsensibel umzugehen? Damit ist die Arbeit und der Kampf um dieses Projekt zu Ende. Zumindest hier in der DDR und bei der DEFA.

Ich werde mich jetzt emotionell auch nicht darin verbeißen, sondern würde Dich bitten, lieber Fred, auf der Grundlage des vorliegenden Szenariums gemeinsam mit mir nach einem anderen Produzenten Ausschau zu halten.

Wo man tagespolitische Überlegungen gegen die Kunst setzt, kann man wahrscheinlich schlecht Filme drehen.

In der Hoffnung, bald von Dir zu hören, grüßt Dich und Susanne herzlichst

Dein Eberhard

Die Ablehnung des Filmprojekts »Der siebente Brunnen« wollte ich nicht hinnehmen, und deshalb bin ich ein Jahr später, 1984, auf der Treppe des Palastes der Republik in Berlin, anläßlich des Nationalfeiertages der DDR im Oktober, Erich Honecker hinterhergerannt, um ihm mein Drehbuch in die Hand zu drücken.

Daß ich mit dieser Absicht nicht weit kam, hätte ich mir vorher denken können, aber meine innere Panik hatte ihre Gründe. Ich begriff, daß die in der DDR-Verfassung formulierte antifaschistische Staatsdoktrin, die ich immer unterstützt hatte, politisch einseitig gedacht war. Bei Lichte besehen, ging es der Regierung der DDR, viele ihrer Mitglieder hatten zwischen 1933 und 1945 im Widerstand gegen Hitler Tapferkeit bewiesen, vor allem um die Darstellung des kommunistischen Widerstandes. Das war der Verfassungsscheck für ihre politische Macht in der DDR, die sie nach 1945 von der Sowjetunion erhalten hatten.

Ihre Angst, diese Macht im Angesicht einer sich rasant verändernden Welt zu verlieren, spiegelte sich zunehmend in Dialogunfähigkeit auf allen gesellschaftlichen Ebenen wider. Natürlich konnte das DDR-Fernsehen an eine Co-Produktion mit dem ORF auch nur denken, wenn das SED-Politbüromitglied Hager gegenüber dem Ministerium für Kultur und der DEFA sein kategorisches Nein zu unserem Filmprojekt verkündet hatte.

Aber ich war und bin ein unverbesserlicher Optimist. Mit Interesse beobachtete ich die Annäherung der DDR-Politik an ihre jüdischen Mitbürger. Im September 1987 begrüßte der Staatssekretär für Kirchenfragen, Klaus Gysi, den neuen Rabbiner der Jüdischen Gemeinden in der DDR, Isaac Neumann.

Das Zentralorgan der SED, die Zeitung »Neues Deutschland«, gab am 22. September 1987 die Erklärung von Klaus Gysi wieder, in der es hieß, »daß in der DDR Rassenhaß und Völkerhetze überwunden sind und das Vermächtnis des antifaschistischen wie auch des jüdischen Widerstandes in Ehren gehalten wird«.

Fred Wander ging zurück in seine Heimatstadt Wien. Ich aber suchte noch immer Verbündete und schrieb am 23. September 1987 erneut einen Brief:

Sehr geehrter Herr Isaac Neumann,

gestatten Sie mir, Ihnen zu Ihrer neuen seelsorgerischen Aufgabe als Rabbiner für die jüdischen Gemeinden in der DDR herzlich zu gratulieren und Ihnen dafür alles Gute zu wünschen.

Anbei lege ich Ihnen ein Filmszenarium vor, welches ich nach der Erzählung von Fred Wander, die 1971 und 1987 im Aufbau-Verlag Berlin erschien, geschrieben habe.

Das Szenarium wurde 1984 vom DEFA-Spielfilmstudio abgenommen, aber leider nicht produziert.

Fred Wander, der heute in Wien lebt [...], jedoch im Aufbau-Verlag noch verlegt wird, wie auch bei Luchterhand, BRD, war und ist an einer Verfilmung seiner Erzählung interessiert.

Ich arbeite als Szenarist für das Fernsehen der DDR über Themen, die sich mit den Problemen der Geschichte des deutschen Volkes von 1933-1945 auseinandersetzen, und hier wiederum steht für mich die antifaschistische Thematik im Vordergrund, wie in den Filmen »Der Leutnant Yorck von Wartenburg« (1981), »Die Zeit der Einsamkeit« (1984), »Die erste Reihe« (1987).

Literarische Grundlagen für diese Filme sind Erzählungen von Stephan Hermlin, welcher das Buch von Fred Wander ebenfalls außerordentlich schätzt.

Meine Frage an Sie: Gibt es in den USA eine Filmgruppe, die sich mit einer solchen Geschichte, wie ich sie Ihnen vorlege, produktiv ins Verhältnis setzen könnte?

Ich schreibe Ihnen diesen Brief, weil ich nach wie vor von der großen Filmwirkung des Stoffes überzeugt bin und mich dafür einsetze, auch weil es eine Botschaft ist, die uns Fred Wander aufgeschrieben hat, die zeitlos bleiben wird.

Ihrer Antwort entgegensehend
Hochachtungsvoll
Eberhard Görner

Auf meinen Brief bekam ich keine Antwort.

Inzwischen geriet die DDR immer mehr in politische Agonie. Trotzdem nahm ich das Thema »Der siebente Brunnen« noch einmal auf. In einem Diskussionsbeitrag auf dem V. Kongreß des Verbandes der Film- und Fernsehschaffenden der DDR, im April 1988, erklärte ich:

»Wir leben in einer Zeit – nämlich genau zwölf Jahre vor dem Jahre 2000 –, wo jede Lüge und jede Heuchelei bitter bezahlt wird. Und zwar in der Langzeitwirkung, so wie ein verschmutzter Fluß, der die Anwohner schreckt, aber sie doch in Sicherheit wiegt, denn das Meer, in das dieser Fluß fließt, ist weit weg. Seit unserem IV. Kongreß im Jahre 1982 sind sechs Jahre vergangen. Auf diesem IV. Kongreß hatte ich in meinem schriftlichen Diskussionsbeitrag die Arbeit am Drehbuch ›Der siebente Brunnen‹ avisiert.

Das Szenarium wurde mit Lob bei der DEFA abgenommen. Alexander Lang wollte es inszenieren. Die Verfilmung wurde verhindert mit der Begründung, daß die Leinwand der DDR keine passiven Helden zeigen kann. Fred Wander ist heute Schriftsteller in Wien. Regisseur Alexander Lang arbeitet als Regisseur am Thalia Theater in Hamburg. Ein Stück Weltliteratur, auf dem Boden der DDR entstanden, wurde für das nationale Kino zum Fenster hinausgeworfen. Ich glaube, daß wir, wenn wir aus diesem Fenster hinausschauen, unten einen ziemlich großen Berg nicht genutzter Literatur vorfinden.«

Es dauerte kaum mehr als zwei Jahre, und die DDR hörte auf, politisch zu existieren.

Im Februar 1990 trafen sich die Filmemacher aus der ehemaligen DDR mit ihren Kollegen aus der BRD beim Berliner Filmfestival. Die Hoffnungen auf Zusammenarbeit waren riesengroß. Jetzt wächst zusammen, was zusammenwachsen will, dachte ich, in Anlehnung an die Worte von Willy Brandt, denn seiner These: »Jetzt wächst zusammen, was zusammengehört!« stand ich kritisch gegenüber.

Aber 1990 waren wir alle in einer rauschhaften Euphorie. Und so schrieb ich am 12. März jenes Jahres an den Leiter der Redaktion Film und Teleclub im Bayerischen Fernsehen.

Lieber Herr Bittmann!

Anknüpfend an unser produktives und konstruktives Gespräch, das wir beide während der Berliner Filmfesttage führen konnten, möchte ich Ihnen einige Gedanken mitteilen, die helfen sollen, einen Einstieg für eine eventuelle Verfilmung der Erzählung »Der siebente Brunnen« von Fred Wander zu gewinnen.

Meine Sicht auf den Helden ist, daß er nur überleben konnte, weil er auf das Prinzip Hoffnung, auf das Prinzip Liebe vertraute. Diese beiden Prinzipien, Grundsäulen jeder menschlichen Existenz, sind ethisch-moralische Konstanten, aus denen zum Beispiel eine so wichtige Haltung wie Solidarität erwachsen kann. Eine Solidarität, wie sie der Franzose Jacques und der Russe Petrow gegenüber Perecz zum Ausdruck bringen.

Dort, wo Liebe und Hoffnung nicht das Leben der Menschen prägen, treten dem Homo sapiens Haß und Unglaube entgegen. Beide Banner trägt der Krieg vor sich her, seit es Menschen gibt. Die Erfahrung der jüngeren Geschichte mit diesem Spektrum von Widersprüchen menschlicher Existenz wirken bis in unsere Tage.

Das französische Internierungslager von Perpignan, das Fred Wander beschreibt, hat es sicher in ähnlicher Form auch schon während der Römerfeldzüge gegeben. Das Holzarbeiter-KZ in Hirschberg im Riesengebirge, es wird sich nur klimatisch von den Höllenqualen unterscheiden, die schwarze Sklaven in den Zuckerrohrplantagen Lateinamerikas erleiden mußten. Die Verbringung, der Transport von Häftlingen nach dem Konzentrationslager Buchenwald, nach Dachau und Auschwitz mit Viehwaggons der Deutschen Reichsbahn haben ihr Pendant in vier Millionen Sklaven, die allein im Jahre 1800 von Afrika nach

Kuba auf Schiffen, die als Menschen-Container funktionierten, verbracht wurden. Die Geschichte hat keinen Mangel an Vergleichen. Trotzdem ist das, was unter Hitlerdeutschland geschah, ein historisches Novum, weil zum erstenmal in der Geschichte der Völkermord industriell und als politisches Modell praktiziert wurde.

Ich meine, Fred Wander gibt uns mit seiner Erzählung »Der siebente Brunnen« ein Motiv in die Hand, das man nicht leichtfertig mit Worten wie Passivität, Leidensgeschichte, Religiosität belegen kann. Ich sehe in seiner Literatur vielmehr einen Appell, einen Kampfaufruf an das Gewissen der Menschen, an den Progreß von Zukunft zu glauben.

Die Geschichte von Fred Wander folgt einer inneren Logik: Perpignan, Hirschberg, Buchenwald, Krawinkel oder Wien, Amsterdam, Paris und Łódź – all diese Lokalitäten sind nur das Synonym, die Variation auf das Thema: Leben!

Auch dies ist der Grund, warum ich in meinem Glauben an die Verfilmbarkeit der Erzählung »Der siebente Brunnen« von Fred Wander, an ihre künstlerische Brisanz und Langzeitwirkung seit der Aufnahme der Szenarienarbeit keine Minute schwankend geworden bin.

Mit freundlichem Gruß
Eberhard Görner

Drei Monate später, am 22. Juni 1990, kam die Antwort des Bayerischen Fernsehens. Sie lautete:

»Der siebente Brunnen« ist von eindringlicher bildhafter Kraft und Poesie und besticht durch seine, trotz allem Grauen, menschliche »Botschaft«.

Ein sehr bewegendes Buch, eine sicherlich ungewöhnliche Art, mit dem Thema KZ umzugehen.

Allerdings ein Thema, das es schwer hat und in unserer »Kinolandschaft« zunehmend schwerer haben wird.

Nach meiner persönlichen Meinung hätte dieses Buch, vielleicht etwas gestrafft, eher eine Chance als Fernsehspiel in Form einer größeren Co-Produktion zwischen mehreren Sendern unter Einbeziehung des DDR-Fernsehens.

Das Fernsehspiel ist allerdings nicht unser Arbeitsgebiet. Falls Sie die Möglichkeit haben, würde ich Ihnen raten, sich an die

Fernsehspielabteilungen der Sender zu wenden. Herr Bittmann wird vermutlich nicht vor September zur Verfügung stehen.
Mit freundlichen Grüßen
Christine Undritz

Da stand ich nun wieder draußen vor der Tür, denn die ARD hatte Besseres zu tun, als an eine Filmproduktion »Der siebente Brunnen« zu denken. Sie mußte das DDR-Fernsehen mit seinen rund sechstausend Mitarbeitern, einschließlich meiner Person, rasch abwickeln. Also versuchte ich es beim ZDF – aber auch diese Bemühung verlief erfolglos.

Doch ich erinnerte mich des Satzes, den der Schriftsteller und Bildhauer Wieland Förster einmal zu mir gesagt hatte und der mir im Laufe der Jahre zur Maxime geworden war: »Was gut ist, setzt sich durch, und wenn es Jahrzehnte dauert!«

»Der siebente Brunnen« ist in meinem Kopf schon viele Male als Film abgelaufen, weil ich weiß, daß sein Thema künstlerisch in einer Reihe mit solchen Filmen steht wie »Jakob der Lügner«, »Schindlers Liste«, »Das Leben ist schön« oder »Der Pianist«.

Als ich 2002 das Drehbuch von einem Text-Büro in Berlin noch einmal abschreiben ließ, fragte ich, als ich das Manuskript dort abholte, welche Wirkung es hinterlassen habe. Die Sekretärin antwortete mir ohne Zögern: »Ich habe manchmal gelacht, aber öfter geweint!«

Es ist immer ein Fehler, etwas aufzugeben, von dessen Notwendigkeit man überzeugt ist.

Ich wollte gern den Kreis schließen, bevor ich mit meinem Szenarium des »Siebenten Brunnens« im Wiener Literaturhaus vor die österreichische Öffentlichkeit trat. Deshalb gab ich es nach über zwanzig Jahren noch einmal jenem Mann zu lesen, der sich damals, ganz am Anfang, für seine Verfilmung eingesetzt hatte. Rudolf Jürschik antwortete mir am 2. Dezember 2002:

Lieber Eberhard,
Im »traurigen Monat« hast Du mir Dein Filmszenarium nach Fred Wanders »Der siebente Brunnen« geschickt, damit ich es nach so vielen Jahren neu lesen kann. Wieder habe ich erfahren müssen, daß man sich eine solche Lektüre nicht einfach »vornehmen« kann; sie braucht eine ganz bestimmte innere Einstellung – ein »offenes Herz« für so unvorstellbare wie doch

wirkliche Erfahrungen, die Menschen machen mußten –, ohne die wir nicht fassen, was da geschrieben steht. Und es braucht auch eine bekennende Kraft für die Bilder, die beim Lesen vor uns aufscheinen. Dies, damit Du verstehst, warum es mit meiner Antwort etwas gedauert hat. Es ist schon gut, daß nur scheinbar äußere Veranlassungen zu solcher Lektüre führen, weil uns die darin angerufene Realität bewußt bleiben muß; weil wir letztlich vor uns selbst versagen würden schon bei dem Gedanken, sie vergessen zu können oder gar zu wollen.

Damit hast Du mein uneingeschränktes »Ja« zu jeder Bemühung, Fred Wanders Buch doch noch für das andere Medium, das bewegend-bewegte Bild zu adaptieren.

Und rückblickend haben wir uns selbst zu fragen, ob wir damals wirklich alles getan haben, den Film zu realisieren. Eine Frage, die ich nicht abweisen möchte, auch wenn wir gemeinsam mit einer moralischen Berechtigung sagen können: Wir haben es doch versucht. Denn es ist dies ja eine Frage, die letztlich mit dem ideellen Kern des Buches selbst korrespondiert: War, was wir im Bemühen um den Film taten, schon das uns menschlich Mögliche? Sicher nicht – aber um eine hinreichende Antwort zu finden, wäre gewiß ein sehr komplexer Vorgang zu erörtern; und solches rückschauendes Erkunden der Umstände und unseres Selbst braucht ein direktes Gespräch. Freilich sind mit dem Buch wie mit Deinem Szenarium Dimensionen solcher Fragen zu schauen und zu ahnen, denen wir Glücklichen uns nie zu stellen hatten, war unser Sinnen und Trachten doch nie wirklich existentiell bedroht.

Da war – und ist – entscheidend, wie man als Leser alles Sinnen und Trachten von Jost Perecz wahrnimmt.

Wir waren, was erinnert werden muß, konfrontiert mit einer – jedenfalls so geäußerten – Wahrnehmung und Wertung des Filmvorhabens von »Entscheidungsträgern über uns«, die weder das reflektierte Geschehen verdrängen wollten, noch die literarische Leistung des Autors verkannten und dennoch in einer auffallend antithetischen Denkweise argumentierten, ein vorherrschendes vereinfachtes Bild vom hier angerufenen Geschehen bedienend: Widerstehen auf Widerstandskampf einschränkend.

Laß mich hier an eine Erfahrung erinnern, weil ich meine, daß sich darin gleichermaßen ein allgemeines Klima hinsichtlich des Umgangs mit geschichtlichen Tatsachen spiegelt wie auch eine erheblich eingeschränkte Souveränität in film-kunst-politischen Entscheidungen. Wir hatten doch 1982 den bemerkenswerten Film »Dein unbekannter Bruder« (Ulrich Weiß) nach dem Buch von Bredel ins Kino gebracht und waren sofort mit einer kollektiven Meinung unter dem Schlagwort »So waren wir nicht« – Artikel in »Der antifaschistische Widerstandskämpfer«, Heft 6/82 – im Wortsinn »konfrontiert«.

Das Problem war natürlich nicht, daß dort eine kritische Meinung zum Film geäußert wurde – das Problem war der immanente Anspruch auf eine einzige gültige Sicht. Niemand von uns ließ es an Achtung gegenüber den Mitgliedern des Komitees antifaschistischer Widerstandskämpfer fehlen; aber wie umgehend dieser Artikel einen regressiven Umgang mit dem Film und seinen Machern auslöste, das konnte schon arg erschrecken. Und die Auswirkungen dieses Erschreckens – Folge einer Art von »Deutungshoheit« – waren das eigentliche Problem. Aus meiner Sicht bestimmte es auch primär das Verhalten in bezug auf das Vorhaben »Der siebente Brunnen«. Zu Ende gedacht, bedeutete diese »Deutungshoheit« aber nicht nur eine Reduktion des Geschichtsbildes, sondern letztlich eine solche des Bildes vom Menschen selbst.

»Leidensweg«, ein »bloßer Leidensweg« ohne »Kampf in der Gewißheit, daß der Sieg unser sein wird« – das war ein in Varianten (eben jenem Artikel folgendes) oft vernommenes »Argument«. Damit bin ich hier wieder bei meinem Eindruck nach wiederholter Lektüre Deines Szenariums: Es muß einer ganz und gar nur an der Oberfläche der Bilder bleiben, der Leid und Widerstand antithetisch denkt. Wen die Botschaft (ich scheue mich nicht vor diesem Wort) der Bilder – vom Widerstehen dessen, was im Innersten des Menschen unangreifbar und unverletzbar ist – nicht erreicht, wie kann dem noch geholfen werden?

Es muß ihm aber geholfen werden, und solche Hilfe vermag nach und neben dem Glauben nur die Kunst. Solchen Zusammenhang wirklich zu begreifen, dürfte die alles entscheidende Voraussetzung sein, um dieses Projekt nicht aufzugeben, sondern gerade jetzt zu realisieren. Alle pragmatisch-macherischen Überlegungen, die äußeren Handlungselemente zu verkürzen, den Aufwand zu reduzieren, um überhaupt in den Bereich einer Wahrscheinlichkeit zu gelangen – müssen hier nicht erörtert werden. Einem Gespräch vorbehalten seien auch Überlegungen zu einer

Verdichtung von Figurenbeziehungen im Interesse einer filmge-
mäßeren Erzählweise – Wirkungsüberlegungen solcher Art sollten wir nie geringschätzen.

Noch einmal und abschließend für heute: Ich danke Dir für die
Aufforderung, erst Dein Szenarium, dann das Buch von Fred
Wander wieder zu lesen. Diese Reihenfolge war diesmal wich-
tig. Wenn ich mich recht erinnere, so geht mir ein Gedanke von
Anna Seghers dauernd im Kopf um, ohne jetzt nachschlagen zu
wollen.

Man spürt das Siegen des Geschundenen, des Unzerstörbaren
im Menschen. Wo und wie immer ich könnte, ich wäre an Dei-
ner Seite in allem Mühen um dieses Buch, diesen Film, diese
Werte.

Gruß Rudi

Mit diesem Brief des ehemaligen Chefdramaturgen der DEFA,
Professor Rudolf Jürschik, ende ich mein erinnerndes Nachdenken über den Film »Der siebente Brunnen«, der nicht gedreht
wurde, wohl wissend, daß seine Geschichte nicht zu Ende ist.

II

Im Dialog bleiben

Eberhard Görner auf dem IV. Kongreß des Verbandes der Film- und Fernsehschaffenden der DDR
1982

Ein Kongreß der Film- und Fernsehschöpfer ist für mich kein mechanischer Vorgang. Ich sehe darin ein Instrument, das seinen Mitgliedern nicht nur künstlerische und ideologische Vorgaben macht, sondern vor allem Basis und Dach darstellt, auf der und unter dem schöpferische Dialoge stattfinden sollten. Für mich heißt Dialog nicht, subjektive Bauchschmerzen in die Arena von Öffentlichkeit zu tragen. Für mich hat dieses Wort einen produktiven inneren Wert, nämlich: die Interessen aller in der Wechselrede, gemeinsam, objektiv und innerhalb eines funktionierenden Kommunikationssystems für die Gesellschaft bedeutungsvoll und wichtig zu machen. Dabei lege ich besonderen Wert auf den Begriff »Funktionierendes Kommunikationssystem«. Fällt einer der Bausteine heraus, bricht das Gebäude zusammen. Redet mein Chef nicht mit mir, kann ich nicht mit meinem Autor reden; kann ich nicht mit meinem Autor sprechen, kann dieser kein Buch schreiben; schreibt dieser kein Buch, kann der Regisseur nichts inszenieren; wird nichts inszeniert, fehlt eine Sendung oder ein Film. Das heißt, das Zwiegespräch zwischen dem Massenmedium Film und Fernsehen und seinen Zuschauern findet einmal weniger statt.

Ist das Film- oder Fernsehprodukt in seiner künstlerischen Umsetzung schlecht oder mittelmäßig, ist die Wechselrede gestört. Oder, um es ganz klar zu sagen: Der gesellschaftliche Wert eines Films oder einer Sendung entspricht dann nicht dem ökonomischen Einsatz. Die materiellen Mittel aber erwirtschaftet unser Zuschauer, das heißt die Gesellschaft als Ganzes. Dialog heißt also auch Verantwortung!

Ich muß kein ausgebuffter Ideologe oder Soziologe sein, um die Zusammenhänge dieses Puzzles zu erkennen. Aber diese Zusammenhänge bestimmen Qualitäten, Lebensgefühl, Identifikation von Gesellschaft. Bin ich mir ihrer Wirkungen nicht bewußt, kann es früher oder später ein böses Erwachen geben.

Die Kurzzeitwirkung von Sendungen ist leicht festzustellen, die Langzeitwirkung schon schwerer, das heißt: Die Hinwendung oder das Abwenden unseres Publikums zum Massenmedium Fernsehen ist steuerbar!

Ich dachte mir, ich könne auf diesem Kongreß nur das Wort ergreifen, wenn ich vorher geprüft habe, welche Sendeleistungen zwischen dem letzten und dem jetzigen Kongreß des Verbandes mit meinem Namen verbunden sind. Ich bekenne ehrlich, das Suchen in der Sendekartei war nicht nur aufschlußreich, es hat mich auch überrascht. Wir leben in einer schnellen Zeit, man vergißt leicht. Manch einer verliert sich selbst.

Vom 21. Mai 1977 bis zum 5. September 1982 sind im Fernsehen der DDR sechzehn Sendungen ausgestrahlt worden, deren Abspann meine Mitarbeit auswies. Elf Sendungen als Dramaturg und fünf als Autor. Die höchste Bewertung lag bei 2,00 und die höchste Zuschauerzahl bei 69,5 Prozent; die niedrigste Bewertung bei 3,74 und die niedrigste Zuschauerzahl bei knapp 24 Prozent. Das sind Zahlen, was aber passierte in dieser Zeit wirklich? Die Reihe »Polizeiruf 110« eroberte die Zuschauer und hat ihre nationale und internationale Anerkennung gefestigt. Dies geschah durch die handwerkliche Qualifizierung der Autoren, Dramaturgen und Regisseure, die für diese Reihe arbeiteten und arbeiten. Was mir aber der Schlüssel zum Erfolg der Massenwirksamkeit dieser Reihe zu sein scheint, ist die ständige Suche der Filmschöpfer nach der Wahrheit der menschlichen Psychologie! Eine Suche, die auch gesellschaftliche Wahrheit verlangt. Nicht in jedem Fall ist die äußere Aktion das Salz an der Suppe, sondern die Konfliktfreude der jeweiligen Geschichte, die Ehrlichkeit gegenüber dem Zustand, in dem sich die Gesellschaft befindet, machen den Erfolg aus. Und dieser Zustand, das weiß jeder, ist dialektisch bestimmt, er befindet sich im Fluß, in der Entwicklung. Hier mitzuhalten verlangt Progressivität und den Mut der Filmemacher. Die Entmystifizierung des Täters, der Prozeß der Humanisierung eines Genres setzt Maßstäbe oder, wie es die Rezensentin des »Tagesspiegel«, Ursula Schaaf, zu unserer jüngsten Sendung, »Der Unfall«, lakonisch umriß: »Mit Spannung allein begnügt sich diese Sendereihe ohnehin nicht.« Das klingt wie ein Kompliment gegenüber einer künstlerischen Alternative, nämlich gegenüber dem sozialistischen Gegenwartskriminalfilm, und ich bin überzeugt, genauso ist es gemeint.

Meinen Sprung vom Kriminalfilmgenre zur antifaschistischen Thematik hat manch einer in solcher Konsequenz vielleicht nicht für möglich gehalten. Aber wer will verlangen, daß einer, der seit zwölf Jahren Kriminalfilme entwickelt und schreibt, nur Kriminalliteratur liest!

Das Beschäftigen mit Literatur versetzt uns manchmal in die Lage der Jünger von Emmaus: »Da sie so redeten, und befragten sich miteinander, nahete Jesus zu ihnen, und wandelte mit ihnen ... Und es geschah, da er mit ihnen zu Tische saß, nahm er Brot, dankte, brach es, und gab es ihnen. Da wurden ihre Augen geöffnet, und erkannten ihn. Und er verschwand vor ihnen. Und sie sprachen untereinander: Brannte nicht unser Herz in uns, da er mit uns redete auf dem Wege, als er uns die Schrift öffnete?«

»Der Leutnant Yorck von Wartenburg« brannte sich in mein Herz, und jetzt drängt mich diese Literatur einen Berg hinauf, von dessen Gipfel ich dem Tal der Erkenntnis ein Stück näher zu kommen hoffe.

Jede Begegnung hat Konsequenzen, das gilt vor allem für die Kunst. Mein Freund Fred Wander, nach dessen Erzählung »Der siebente Brunnen« ich für das DEFA-Spielfilmstudio ein Treatment geschrieben habe, antwortete auf meine Frage, wie er den Weg durch die Hölle faschistischer Konzentrationslager überstanden habe, mit seinen Gegenfragen nach dem Sinn des Lebens und Gründen fürs Sterbenwollen. Er beschreibt den Traum von der Gemeinsamkeit, der weitergeträumt werden müsse.

Diesen Traum von Gemeinsamkeit, diese alte Sehnsucht des Menschen, finde ich auch in der Erzählung »Zeit der Gemeinsamkeit« von Stephan Hermlin, die das DDR-Fernsehen 1983 verfilmen will, ein Traum, den wir nicht nur in der Literatur finden. Wir finden ihn bei Beethoven genauso wie bei Mozart, bei Picasso wie bei Heinrich Heine, bei Büchner oder bei Peter Weiss. Alle Kunst mündet in die Ästhetik des Widerstandes gegen die Kräfte der Reaktion und für die Kräfte des Fortschritts. Film und Fernsehen haben deshalb eine bedeutsame Verantwortung. Immerhin stehen wir achtzehn Jahre vor dem Jahr 2000. Das ist für meine Generation fast unvorstellbar. Haben wir doch Anfang der fünfziger Jahre mit unserem Klassenlehrer darüber phantasiert, wie die unterirdischen Glaspaläste aussehen werden, die Hochstraßen, die Wolkenkratzer, das Einkaufszentrum im Weltall.

Heute sagen wir: »Wenn ich einen Baum sehe, weiß ich, daß er mein Freund ist!« Wir möchten mit unserem grünen Freund den Traum von der Gemeinsamkeit träumen. Doch unsere Freunde sterben einen leisen Tod. Ich muß meinen Freund schützen. Sein Leben ist auch mein Leben. Und auch dieser Konflikt hat mit unserer Arbeit zu tun, hat mit Kunst zu tun, mit Aufklärung. »Um Brot zu essen, benötigst du ein kleines Brett aus frischem Holz«, schreibt Fred Wander. »Du kannst dir ein solches Brett überall beschaffen. Holz ist der Wald, die grüne Lichtung, das Dickicht. Es ist das Haus, Geborgenheit, Behagen. Das Verlorene. Leg es auf die Erde, das Brett, auf die Pritsche, auf deine Knie, und du hast einen sauberen Tisch, bist zu Hause, bei dir. Und nun das Brot: Teile es in drei dicke Scheiben, die Scheiben in Würfel. Kaue jeden Würfel lange und sorgfältig. Schmecke das Korn darin, den Regen, den Sturm. Laß den Geschmack der Sonne auf der Zunge zergehen. Brot ist Leben.«

Ich möchte, daß solche einfachen Wahrheiten nicht vergessen werden. Das Medium Fernsehen gibt mir die Möglichkeiten dazu. Ich möchte diese Möglichkeiten verantwortungsbewußt wahrnehmen, bin ich doch überzeugt, daß es Probleme sind, die nicht nur mich interessieren. Tragen wir unsere künstlerischen Interessen zusammen, sprechen wir darüber! Machen wir die Interessen aller Leute objektiv gemeinsam in einem funktionierenden Kommunikationssystem gesellschaftlich belangvoll. Bleiben wir im Dialog!

Film in Zeiten der Erstarrung

Bernhard Wicki im Gespräch mit Eberhard Görner
1990

Eberhard Görner:
Im August sendeten der ORF und das ZDF Ihren Film »Das Spin-
nennetz« nach dem gleichnamigen Roman des österreichischen
Schriftstellers Joseph Roth. Ein Werk, das erstmals 1923 als
Fortsetzungsroman in der Wiener »Arbeiterzeitung« erschien.
Ihr Film hatte im Frühjahr 1988 Premiere in Cannes, anschlie-
ßend in Berlin und München. Er wurde in den Kino-Verleih von
Spanien und Italien genommen, für den Oscar nominiert und
hatte in der Bundesrepublik Deutschland über zweihunderttau-
send Besucher. In die Kinos der DDR kam er nicht mehr, weil der
Zusammenbruch der DDR den hiesigen Progreß-Film-Verleih
handlungsunfähig machte. Das »Spinnennetz« ist Ihr vorerst
letzter Film. Eine Arbeit, die Sie zehn Jahre lang beschäftigt hat.

Bernhard Wicki:
Ich habe 1985/86 den Film »Die Grünsteinvariante« nach einem Buch von Wolfgang Kohlhaase bei der DEFA gedreht, dann
»Sansibar oder der letzte Grund«, nach dem Roman von Alfred
Andersch, und schon während dieser Zeit hat mich »Das Spinnennetz« beschäftigt. Den Vorschlag, diesen Roman von Joseph
Roth zu verfilmen, hatte mir ein Dramaturg des Österreichischen Fernsehens angetragen. Er sagte, man merke dem Roman
wohl an, wo sein Autor, unter dem Druck, die nächste Fortsetzung schreiben zu müssen, geschludert habe – aber der dramatische Vorwurf sei einfach glänzend und verlange eine filmische
Adaption. Unter Umständen bestünde beim ORF Interesse für
den Stoff. Ich habe das Buch gelesen und war von der Geschichte
sofort angetan. Dann kam ich nach Berlin.
Ich sprach mit Konrad Wolf, mit dem ich befreundet war, über
meine Filmabsicht. Ich dachte, ein Film, der 1918 in Berlin be-

ginnt, der ist bei der DEFA sicher leichter zu machen. Wolf schickte mich zu Hans-Dieter Mäde, dem damaligen Generaldirektor der DEFA, und Thomas Brasch, der Drehbuchautor sein sollte. Die erste Skizze hatten wir schon gemeinsam erarbeitet, da platzte die Sache. Mäde bot mir an, den Film ganz und gar bei der DEFA zu produzieren, aber so fest wollte ich mich nicht binden, und so ist das damals nicht zustande gekommen. Es waren noch manche Hürden zu überwinden, bis man mich mit der Film-Produktionsfirma »Provobis« zusammenbrachte. Von da an lief es.

Im Grundsätzlichen hat mich dieser von Roth bearbeitete Stoff sehr stark getroffen. Da war etwas, das im deutschen Film, ich glaube, bis jetzt nicht wirklich gezeigt wurde. Es geht um die Zeit kurz nach dem Zusammenbruch des Kaiserreiches, mit dem entstehenden, aber damals schon virulenten Faschismus. Und die Zeit der Soldatenbünde – diese ganze Zeit ist im deutschen Film eigentlich nie behandelt worden. Joseph Roth ist ein faszinierender Romancier.

»Das Spinnennetz« wirkt wie ein Vexierbild auf die Zustände nach dem verlorenen Ersten Weltkrieg in Deutschland, dem sich Roth, trotz seiner »reichsdeutschen Lautsprecher«, bis zuletzt verbunden fühlte. Die Hauptdarsteller in Ihrem Film, der junge Kriegsheimkehrer Theodor Lohse, gespielt von Ulrich Mühe, und der jüdische Doppelagent Benjamin Lenz, den Klaus Maria Brandauer verkörpert, drücken in ihren extrem gegeneinander verlaufenden Biographien und mit ihrer exzellenten Schauspielkunst die historischen Widersprüche der aufkommenden Weimarer Republik aus.

Was die Besetzung betraf, gab es natürlich noch andere Möglichkeiten. Erst als ich Ulrich Mühe kennenlernte, dachte ich mir die Figur in diese Richtung. Auch Klaus Maria Brandauer stand für mich nicht von vornherein fest.

Sie besitzen die Schweizer Staatsbürgerschaft seit Ihrer Geburt, sind aber in Österreich geboren und in Deutschland aufgewachsen, wo Sie auch Ihr Abitur gemacht haben. Sie haben die Schauspielschule bei Gründgens besucht und das Reinhardt-Seminar in Wien. Am Deutschen Theater in Berlin haben Sie als Schauspieler

begonnen. Ihre Filme »Die Brücke« (1959), »Das Wunder des Ma-
lachias« (1961), »Das falsche Gewicht« (1971) nach Joseph Roth,
»Karpes Karriere« (1972) nach einem Szenarium von Günter Ku-
nert und »Die Eroberung der Zitadelle« (1975/77) nach der No-
velle von Günter Herburger, haben Ihren internationalen Ruf als
einer der besten deutschen Filmregisseure begründet. Ihre Affini-
tät zur Verfilmung von Literatur wird dabei besonders deutlich.
Sie wollten auch »Steppenwolf« von Hermann Hesse verfilmen ...

... und auch nach »Homo Faber« von Max Frisch wollte ich einen
Film machen. Ich war damals in Italien, und Frisch sagte mir
den Stoff zu. Aber da kam irgendeine Sache mit dem Verlag, der
die Rechte an den Neffen von Visconti gab, ohne es mit Frisch
richtig abgesprochen zu haben. Ich wollte sie zurückkaufen und
sprach mit Anthony Quinn darüber, ich drehte gerade mit ihm
und Ingrid Bergman »Besuch der alten Dame« von Friedrich
Dürrenmatt. Anthony Quinn las das Buch und war so begei-
stert davon, daß er nicht nur den Stoff kaufte, sondern auch den
Homo Faber unbedingt selber spielen wollte. Das hielt ich allerdings für eine vollkommen falsche Besetzung, und ich habe den
Stoff dann aufgegeben. Anthony Quinn hat den Stoff jahrelang
gehabt. Aber es hat sich niemand gefunden, den Film mit ihm
zu machen, weil er genau das Gegenteil dessen ist, was Homo
Faber darstellt.

Die Filme, in denen Sie als Schauspieler mitwirkten, werden
noch immer gern gesehen, erinnert sei an »Die Zürcher Verlo-
bung« mit Liselotte Pulver aus dem Jahre 1958 oder an »Paris
Texas« von Wim Wenders. Warum sind Sie vom Schauspiel zur
Regie übergewechselt?

Schon am Theater wollte ich Regie führen, und mir war sehr
früh klar, daß ich Filme machen werde. Auf dieses Ziel habe
ich hingearbeitet. Das war zum Teil abenteuerlich. Ich erinnere mich, daß ich einen Stoff für die Allianz-Film gemacht habe,
für ein Drittel meiner Schauspielergage. Der Film »Es wird alles wieder gut« brachte mir ein Regie-Angebot der Allianz-Film
ein. Ich sollte mit Hans Albers das Remake von »Der Greifer«
drehen. Damals drehte ich gerade in Tanger unter der Regie von
Wolfgang Staudte »Madeleine und die Millionäre«. Ich schleppte

also die Drehbücher des alten »Greifer« mit nach Marokko und schrieb dort an dem neuen Buch. Kurz bevor ich nach Italien zurückging, las ich im »Filmecho«, der Film, von einem anderen Regisseur gemacht, stünde knapp vor seiner Fertigstellung. Das waren meine ersten Erfahrungen.

Wenn Sie auf Ihr Leben zurückblicken, auf das, was Sie bisher gemacht haben, sind Sie zufrieden?

Nein. Ich hätte viel mehr machen können und wahrscheinlich auch machen sollen. Zufrieden bin ich nicht.

Wie haben Sie begonnen?

Seit 1940 spielte ich intensiv Theater. Meinen ersten Film als Schauspieler habe ich 1953 gemacht. Bis dahin war ich ständig am Theater gewesen. Ich habe in Wien die Schauspielprüfung und die Prüfung als Regisseur am Reinhardt-Seminar abgelegt. Ich hätte als Eleve im Wiener Burgtheater anfangen können. Aber den ersten Vertrag habe ich damals nicht mit Wien, sondern mit Freiberg in Sachsen abgeschlossen, weil ich dort die Möglichkeit bekam, Regie zu führen. Ich ging das Jahr darauf von Freiberg fort, war für zwei Jahre in Bremen und dann am Staatstheater in München. Später wechselte ich zum Schauspielhaus Zürich.

Ihr Durchbruch als Filmregisseur gelang Ihnen 1959 mit Ihrem Film »Die Brücke«, gedreht als Auseinandersetzung mit dem Faschismus in Deutschland, aber auch als Reflexion auf diese schlimme Zeit.

Sicher, der Film war für mich eine Erinnerung an diese Zeit. Das Hauptthema rankte sich jedoch um den Begriff vom Heldentum – daß Helden nur dann Helden sind, wenn sie sich für die richtige Sache einsetzen. Der sinnlose Kampf halber Kinder für Hitler und sein Reich am Ende des Zweiten Weltkrieges, das war mißbrauchtes Heldentum.
Ich glaube, daß in all meinen Filmen das Politische immer das Wichtigste ist: die Beziehungen zwischen den Menschen, ihre Leidenschaften, das, was durch den Verstand passiert.

In welche filmische Tradition würden Sie sich einordnen? Haben Sie Vorbilder in der europäischen Filmgeschichte?

Ich habe mich nie einem Vorbild oder einer Richtung verbunden gefühlt. Damals und auch im nachhinein war für mich der italienische Neorealismus wichtig, also de Sica, Rossellini, später dann Antonioni und Fellini, mit dem ich eine Zeitlang gut befreundet war. Diese Filme waren sehr prägend – auch als Vorbilder. Aber, ich fühle mich, wenn man so etwas überhaupt sagen kann, als Deutscher. Zumindest ist das meine Heimatsprache. Natürlich habe ich eher ein Heimatgefühl zu meiner Kindheit in Österreich, zu Oberösterreich, unten am Traunsee. Und da habe ich ja filmisch auch immer wieder hingelangt. Zum Beispiel ist »Das falsche Gewicht« von Joseph Roth eine typisch österreichische Geschichte, während »Das Spinnennetz« nur in Deutschland spielen kann. In dieser Zeit, zwischen 1918 und 1920, war Roth in Berlin. Da war er mittendrin im Chaos des Zusammenbruchs.

Haben Sie die Absicht, einen Film über den Zusammenbruch der DDR und die sich daraus ergebende Vereinigung der beiden deutschen Staaten zu drehen?

Theo Hinz vom Filmverlag der Autoren in München hat Schlöndorff, mir und anderen Regisseuren vorgeschlagen, einen Film über die Vereinigung zu machen. Es ist nichts daraus geworden, und ich glaube, daß das ganz gut ist. Das Thema ist zu komplex und hätte ein völlig falsches Gesicht, wenn es in der Mehrheit von westdeutschen Regisseuren gestaltet würde.

Die DEFA-Studios von Babelsberg, in denen Sie ja zum Teil auch Ihre Film gedreht haben, sind von der Treuhand an den französischen Mediengiganten CGE verkauft worden. Von den ehemals rund zweieinhalbtausend Mitarbeitern haben noch knapp siebenhundert eine Beschäftigung, aber auch deren Zukunft sieht düster aus. Die DEFA GmbH verfügt nicht mehr über eigene Produktionsmittel, sie kann nur noch Dienstleistungen anbieten. Was empfinden Sie, wenn Sie in den Zeitungen lesen, daß ein Platz, wo deutsche und europäische Filmgeschichte geschrieben wurde, wie eine Immobilie auf dem Markt gehandelt wird, anstatt die Stu-

dios von Babelsberg unter die kulturelle Verantwortung des Bundes zu stellen, um dem Film im neu vereinigten Deutschland an diesem einmaligen historischen Standort eine Chance zu geben?

Das alles ist unglaublich ... Noch dazu, wo Berlin ja keine wirklichen Studios mehr besitzt. Brauners CCC-Studios sind eine andere Geschichte, und die UFA-Studios in Tempelhof, wo ich auch gedreht habe, sind kaum erwähnenswert. Die Studios der DEFA, sie waren einzigartig. Sowohl in der Größe als auch an handwerklichen Werten, die sich in diesen Studios erhalten hatten. Der DEFA-Kostüm- und Requisiten-Fundus gehört zu den größten in Deutschland. Das ist unersetzliches Kulturgut. Daß das alles unter rein kommerziellen Gesichtspunkten vermarktet wird, das will mir nicht in den Kopf.
Andererseits muß man natürlich einen wirtschaftlichen Weg finden, wie sich alles erhalten läßt. Aber gerade deshalb denke ich, daß die deutsche Regierung hier eine Verpflichtung hätte ...

Viele Filme, die zu DDR-Zeiten im Fernsehen und in der DEFA entstanden, werden jetzt gleichgesetzt mit Honeckers »Unrechtsstaat«.

Ich glaube nicht, daß alles aus dieser Zeit in den Müll fällt. Sicher gab es Produktionen, die ich nicht gesehen habe, die aus rein politisch-agitatorischen Gründen gedreht wurden. Die werden verschwinden, auch wenn sie rein handwerklich gut gemacht waren. Alle anderen Filme bleiben bestehen, soweit Filme überhaupt bestehen bleiben. Filme sind zumeist in dem Moment, in dem sie über die Leinwand gegangen sind, aus und vorbei. Film ist eine leicht verderbliche Ware.

Für die Filmemacher der ehemaligen DDR ist es eine bittere Erkenntnis, daß ihre Utopie vom Sozialismus, die sie ja mit ihrer Biographie, mit ihrem künstlerischen Engagement mitgetragen haben, am Ende dieses Jahrhunderts ein historisches Debakel von grandiosen Ausmaßen darstellt. Ganz zu schweigen von den vielen Filmkünstlern in der ehemaligen Sowjetunion. Was dort unter dem Aspekt einer sozialistischen Vision in Auftrag gegeben und produziert wurde. Jetzt müssen die soziale Marktwirtschaft auf der Basis des Grundgesetzes von Demokratie und das

Modell vom real existierenden Sozialismus, zwei vollkommen gegensätzliche gesellschaftliche Denkmodelle, die sich nach 1945 in Deutschland realpolitisch hergestellt haben, irgendwie verschmolzen werden, um zu einer gemeinsamen Sprache zu finden, auch für den Film. Der jetzt vorhandene deutsche Film, das ist der westdeutsche Film und die hinter ihm stehende Struktur, wie Filmförderung, öffentlich-rechtliche Rundfunkanstalten und so weiter. Wenn wir aber in einem zukünftig vereinten Europa eine Stimme, eine Filmstimme, haben wollen, müssen wir dann in Fragen der geistigen Zusammenarbeit, der Produktion von Filmen, in der Auswahl der Thematik nicht zu neuen Konzepten kommen? Finden Sie, daß es so weiter gehen kann in der bundesdeutschen Filmstruktur, in der es bis zum Oktober 1990 relativ gut gegangen ist?*

Ich weiß nicht, ob es in der Bundesrepublik in den letzten vierzig Jahren wirklich so gut gegangen ist mit dem Film. Der westdeutsche Film, von einer Anfangsphase in den fünfziger Jahren abgesehen, ist doch eigentlich von einer Krise zur anderen getaumelt. Wie wir unter den neuen Umständen zu einer nationalen Filmstimme kommen können, weiß ich nicht. Aber bestimmt nicht heute und nicht morgen. Genauso, wie man jetzt von einer gemeinsamen nationalen Stimme in Arbeitsbeschaffungsfragen usw. weiter entfernt ist denn je.
Ich glaube, daß das alles zehn bis fünfzehn Jahre dauert, bis eine wirkliche Angleichung stattfindet.

Manche Filmkritiker schreiben von Ihnen wie von einer deutschen Filmlegende. Sind Sie sich dessen bewußt?

Nein. Gott sei Dank haben mir das wenige gesagt. Ich wüßte auch nicht, wie man das eigentlich aushalten soll.

Haben Sie sich während Ihrer Regielaufbahn für den Nachwuchs engagiert?

Nach meiner ersten großen Krankheit kamen plötzlich Leute vom Kultusministerium auf mich zu, mit der Bitte, ich solle die Münchener Filmakademie übernehmen, aber auch in Berlin mit den jungen Leuten arbeiten. Doch ich hatte das Gefühl, ich müßte einfach noch ein paar Filme machen. Das war im Jahre 1965 – ich sagte ihnen, ich bin bereit, das zu tun, die Leitung dieser Filmhochschulen zu übernehmen, wenn mir im Jahr genügend Zeit gegeben wird, meine eigenen Filme zu machen. Das wurde aber so nicht angenommen. Sie wollten jemand, der ständig zur Verfügung steht. Da habe ich gesagt, dann kann ich es nicht machen.

Was möchten Sie den jungen Filmemachern aus Ost und West sagen, jetzt, in diesem neuen Deutschland? Sollen sie Hoffnungen auf den deutschen Film setzen, oder haben sie inzwischen vielleicht alle den falschen Beruf? Welche Themen sollen sie gestalten?

Dazu kann ich nichts sagen. So wie ich einfach immer arbeiten wollte, mir die Arbeit als Regisseur herbeigewünscht habe und mich einen Teufel darum geschert habe, was gerade en vogue war oder was es gerade für Strömungen gab – ich glaube, daß einfach nur dann etwas entsteht, wenn man nicht anders kann, weil man etwas machen will und muß. Nur aus diesem unmittelbaren Trieb, aus diesem »Ich bin so, und ich kann nicht anders«, und ich mache es, ob jemand meinen Film sieht oder nicht sieht, nur daraus kann etwas werden ... Wobei allerdings auf Dauer nur dem eine Chance gegeben wird, der Filme macht, welche die Leute auch sehen wollen. Aber mir war das immer gleichgültig, ich war getrieben zu diesem Beruf. Ich wollte nie für einen kulturellen oder politischen Auftrag arbeiten. Ich wollte mich ausdrücken. Daß meine Filme durch meine persönliche Geschichte, ob ich es wollte oder nicht, politisch wurden, ist nur Ausdruck dessen, daß ich nicht anders konnte. Wer einen Zwischenweg für sich sieht, etwas anderes zu tun, der sollte lieber das andere tun. – Ein paar Unbelehrbare werden bleiben, die Filme machen müssen.

Das Grundthema Ihrer künstlerischen Aussage ist die Auseinandersetzung mit dem deutschen Faschismus. Verstehen Sie sich als ein antifaschistischer Künstler?

Ja, wenn das Gegenteil von Faschist Antifaschist ist, dann bin ich ein antifaschistischer Künstler. Aber mir blieb auch keine andere Wahl. Als Dreizehnjähriger war ich in der kommunistischen Jugend. Als ich achtzehn war, wurde ich denunziert. Göring steckte mich ins Konzentrationslager, und danach war ich ein überzeugter Gegner des Nationalsozialismus. Und das bin ich mein ganzes Leben lang geblieben. Es war eine Grunderfahrung, die mir als jungem Menschen auf eine sehr schmerzliche Weise eingeimpft wurde.

Das zwanzigste Jahrhundert geht zu Ende. Man sollte sich einmal die Mühe machen und alle Filme ansehen, die in diesen hundert Jahren in Deutschland gedreht wurden. Das wäre ein interessanter Reigen von extremer deutscher Zeit- und Filmgeschichte. – Hat der Film auch im nächsten Jahrhundert noch eine Chance?

Das glaube ich schon. Denn gerade in Zeiten des Umbruchs, in Zeiten einer Neuentwicklung, die wir momentan ja zweifelsohne erleben, hat Film eine bedeutende Chance: als Verständigungsmittel, zur Auseinandersetzung mit der Umwelt, mit dem Leben. Eine Auseinandersetzung mit immer verschiedenen Aspekten. Und in Zeiten der Entstarrung, deren Zeugen wir sind, wäre der Film das Mittel, dem Tür und Tor geöffnet sein müßten. Ich mache den Filmemachern im neu vereinigten Deutschland Mut, ihre Sicht auf die Welt in Bilder und Töne umzusetzen.

Opposition
ist eine demokratische Verpflichtung

Klaus Löwitsch
1997

Ich versuche, mich daran vorbeizulügen, daß ich schon sechzig bin, aber ich glaube, man fühlt sich ganz schön mies. Vor mir liegt ein Haufen unrealisierter Träume und Wünsche, und ich sehe, die Zeit ist nicht so, um sie in absehbarer Zeit verwirklichen zu können. In meinem Alter hat man aber keine Dispositions-Zeiten mehr vor sich: Was noch zu geschehen hätte, müßte schnell geschehen.

Aber den Wünschen und Vorhaben folgt schon der Gedanke an Resignation. Wenn etwas in dieser Zeit nicht realisierbar ist, dann muß ich, um nicht zu resignieren, eine andere Entscheidung treffen. Ich muß für mich eine Lebensentscheidung treffen, in der diese Wünsche keine Rolle mehr spielen. Das ist Gott sei Dank noch nicht der Fall. Auch weiß ich, man soll nichts übers Knie brechen, denn gute Dinge brauchen ihre Zeit.

Schnelle Entwicklungen, das ist meine Erfahrung, wirken sich meist negativ aus. Also, irgendwie beißt sich die Katze in den Schwanz. – Es ist halt ein blödes Alter.

Wenn ich allerdings meine Wünsche und Träume weglasse, ist es ein gutes Alter. Zwar ist so gut wie nichts von dem, was ich gewollt habe, in meinem Leben aufgegangen, aber ich kann trotz aller Fehler und Ausrutscher, was mich an mir beschämt, doch sagen, du hast es im großen und ganzen gut gemacht.

Ich habe es nicht besser verstanden und habe es eben so gut gemacht, wie ich es begriffen habe. So gesehen, bin ich eigentlich froh, daß ich schon sechzig bin: Die Kämpfe gegen Windmühlenflügel werden weniger. Schon als Zehnjähriger trat ich in einem Kommunistischen Kindertheater in Wien auf. Es war ein Stegreif-Theater und wurde von Hanna Berger geleitet, Lebensgefährtin Fritz Cremers, des großen Bildhauers.

Uns Kindern wurde das Theater auf schönste Weise nahegebracht. Und so war meine Entscheidung, Schauspieler zu werden, rein pubertär.

In der Schule zu sitzen, hat mir wenig Spaß gemacht. Ein besonders guter Schüler war ich nicht, und so bin ich mit fünfzehn Jahren von der Schule abgegangen.

Ich komme aus einer großbürgerlichen Familie – bourgeoises Akademikertum –, aber mein Vater war zum ungünstigsten Zeitpunkt gestorben. Und so ging es uns damals richtig dreckig. Meine Mutter kam in große Nöte, ich habe die Schule verlassen, weil ich meinte, Schauspieler werde ich sowieso. Ich bin an das Reinhardt-Seminar in Wien gegangen. Und ich dachte, wenn ich dazu noch tanzen lerne, eine Ballettausbildung nehme, dann ist das gut für den Beruf, und vielleicht kann man als Tänzer auch früher auf die Bühne. Ich wollte für mich sorgen und für meine Mutter. Das war auch gut so: Meine Mutter betrieb eine Kleinkinder-Gymnastikschule. Eines Tages brach Kinderlähmung aus. Da war es für sie mit der Arbeit vorbei. Ich mußte meine Schauspielerausbildung abbrechen und nahm ein Engagement als Gruppentänzer an der Wiener Volksoper an.

Danach bin ich an das Staatstheater München unter der Intendanz von Kurt Meisel gegangen. Die fünfziger Jahre waren für das Theater vielleicht nicht die größte Zeit, aber für mich waren es die wichtigsten und schönsten Jahre. Unter Kurt Meisel konnte ich machen, was ich wollte. Er ließ mich große Rollen spielen, gab mir einen bestens ausdefinierten Protagonisten-Vertrag, und ich durfte mich auch als Regisseur ausprobieren. Sowohl in einer Werkstatt als auch auf der Hauptbühne.

Als die Intendanz dann wechselte, gab sie die Parole aus, der Löwitsch ist auf den Teppich zurückzubringen. – Nivellierungsversuche, die ich nicht akzeptieren konnte.

Seit den letzten dreißig Jahren schleppe ich mich mit der Frage herum, ob es überhaupt richtig war, als Schauspieler tätig zu sein. Ich hatte einen Onkel, einen Bruder meiner Mutter, der führte eine ausgezeichnete Allgemein-Praxis in einer Arbeitergegend in Berlin, im Wedding. Als Dreißigjähriger war ich wütend auf mich, nicht Medizin studiert zu haben. Meine Zweifel am Sinn des Schauspielerberufs wurden eher größer als kleiner, und ich war mehr und mehr davon überzeugt, die Leute hätten kein aufrichtiges Bedürfnis nach den Geschichten, die ich als

161

Schauspieler ihnen erzählte. Ich fühlte mich eher als der Teil eines gehobenen Bildungs- und Freizeitprogramms, das sich als Theater verkaufte.

Auch der deutsche Nachkriegsfilm ging in dieser Zeit den Bach hinunter. Dann aber kamen das Fernsehen und der junge deutsche Film. Das war dann schon eine aufregende Zeit, auch wenn sie nicht das brachte, was ich mir unter Kino vorgestellt hatte. Eigentlich bin ich immer noch am Realismus der französischen und italienischen Filme orientiert.

Meine erste Fernsehrolle hatte ich in der »wahren Geschichte von der Schändung und Wiederherstellung des Kreuzes« nach dem Text von Franz Werfel. Das produzierte damals der Sender Freies Berlin im österreichischen Burgenland. Regie führte Tom Toelle.

So fing es für mich verhältnismäßig anspruchsvoll an. – Und ich finde, es sollte nicht verhältnismäßig anspruchslos aufhören.

Die Schauspielerei hat einen Januskopf. Auf der einen Seite befriedigt sie den Wissensdurst und die Neugier auf den Menschen, der analytische Effekt des Berufes kann süchtig machen. Andererseits verführt eine solche Arbeit. Wer macht denn schon solche Sprünge: Ballett – Boulevard – Musical – Kammerspiel – TV-Film? Und nach jeder Arbeitserfahrung steht man wieder am Anfang, will man Neues wissen.

Inzwischen liegen auch zweiundsechzig Folgen »Peter Strohm« hinter mir. Eine Arbeit, die mich neun Jahre lang voll beschäftigte.

Zwischendurch war eine Pause von dreizehn Monaten, die ich damals dem sich emanzipierenden Sender RTL angeboten hatte. Was daraus wurde, war schlimm, obwohl große Chancen darin lagen.

Und es ist auch aus Peter Strohm nicht das geworden, was ich mir darunter vorgestellt habe. Aber eine Entscheidung mußte getroffen werden. Entweder, sagte man mir, sind Sie mit diesen fünfundvierzig Minuten zufrieden oder eben nicht. Damals dachte ich, stell den Fuß in die Tür, vielleicht bekommst du sie ein Stück weiter auf. Das ist mir nicht geglückt. Nur minimal habe ich sie aufgedrückt. Mein Grundgedanke war, eine Fernsehfigur zu entwickeln, die sich total unterscheidet von allem bisher Gesehenen. An die Polizeiarbeit, die im Fernsehen gezeigt wird, glaube ich nicht. Ich glaube, daß der gute Polizist eine ausgeprägte, kriminelle Phantasie haben muß, daß er, mit einem starken Rechtsbewußtsein ausgestattet, durchaus anarchisch handelt und daß er, um zum Erfolg zu kommen, nicht immer dem Gesetz treu sein kann. Das aber kann alles nicht schlimm sein, solange die Gerechtigkeit sein Handeln bestimmt. Vor allem sollte die Figur auch zeigen, daß es die Bewertung von Gut und Böse nicht gibt, sondern daß eine gesellschaftsfeindliche, die Harmonie der Gesellschaft störende Handlung meist eine Ursache hat, daß jeder Störung ein Konflikt vorausgeht.

Den kennenzulernen, hätte mich sehr interessiert. Aber die Serie bewegte sich unmerklich weg davon. Als ich das mitbekam, war ich schon in der zweiten Staffel, lagen bereits zwanzig Folgen hinter mir, und ich hatte meinen Stempel weg. Gut, dachte ich, mach weiter und versuch mit dem bißchen Kraft, das du hast, inhaltlich und formal, vom Niveau her einigermaßen damit zurechtzukommen. Vielleicht war es ein Fehler. Aber ich wußte nicht, wo die Alternative zu finden gewesen wäre.

Wahrscheinlich ist mein schlechter Ruf als Schauspieler das Beste an mir. Dabei will ich nichts anderes, als meine Sache so gut wie möglich machen. Wenn das andere Leute nicht wollen oder wenn sie das als Querulantentum sehen, dann ist das ihre Sache. Ich habe mich mit der Figur des »Peter Strohm« in den letzten fünf Jahren mehr oder weniger gequält. Natürlich habe ich versucht, mir trotzdem noch so viel Spaß an der Arbeit zu erhalten, wie es geht. Aber es blieb eine Qual. Denn diese große Serie, eine der aufwendigsten Produktionen in der ARD überhaupt, war gleichzeitig ihr ungeliebtes Kind. Eine solche Serie prägt nicht nur den Schauspieler, sie prägt ein wenig auch die Zuschauer. Jetzt, wo Schluß ist, höre ich, daß es Absichten gibt, diese Geschichte wieder zu beleben, aber der Zug ist nun leider abgefahren.

Das Positive an dieser Serie war die Tatsache, daß sie föderalistisch produziert wurde. Das heißt, es hat nicht ein Sender, eine Redaktion die Verantwortung gehabt, sondern sechs oder sieben Sender mit den jeweiligen Redaktionen verfügten über ihre eigene Sende-Autonomie. Insofern war dieser »Peter Strohm« unter diesem Einheitstitel eine ausgesprochen vielfältige Angelegenheit. Das war nicht immer spürbar, weil das Format von fünfundvierzig Minuten ein dramaturgisches Diktat ausübt. Trotzdem waren die einzelnen Folgen vielfältig und differenziert.

Ich denke, keine Folge hat der anderen geglichen. Die Figur des »Peter Strohm« war natürlich immer dieselbe, aber die Geschichten um sie herum waren sehr abwechslungsreich. Die Aufgabe bestand darin, die Figur nicht von Folge zu Folge zu erneuern, sondern mit ihr den roten Faden durch die einzelnen Geschichten zu ziehen.

Vielleicht brachte das Niederlegen der Rolle des »Peter Strohm« meine Art ganz persönlicher Opposition gegen den kulturellen Niedergang in den Medien zum Ausdruck. Aber Opposition ist eine demokratische Verpflichtung. Ich versuche, meinen eigenen Weg zu finden. Die Rolle hat mir gebracht, was sie mir bringen sollte. Eine Institutionalisierung der Persönlichkeit und ein bescheidenes finanzielles Polster, das mir gestattet, zu sagen, was ich nicht spielen will.

Wir haben jetzt das Privatfernsehen. Wahrscheinlich muß es so sein, wie es ist. Wenigstens nimmt es dem öffentlich-rechtlichen Fernsehen die Aufgabe ab, so zu sein wie das Privatfernsehen. ARD und ZDF können im Gegenteil kulturelle Maßstäbe setzen. Und wenn schon Unterhaltung, dann anspruchsvolle Unterhaltung. Wir sollten ein stärkeres Risiko eingehen, Qualität zu produzieren. Wenn ich so etwas fordere, denke ich auch an mich. Natürlich habe ich die Hoffnung, daß dem Schauspieler Löwitsch nach »Peter Strohm« Angebote gemacht werden, für die er sich nicht schämen muß. Wenn sich niemand mehr für mich interessiert, muß ich mir eine Welt schaffen, in der Schauspielerei nicht mehr stattfindet.

Fernsehrollen mit einer Theaterrolle oder einer großen Spielfilmrolle zu vertauschen, daran hätte ich natürlich Spaß, aber bei aller Träumerei bin ich Realist.

Es gab den großen Spielfilm bei uns nicht. Den gab es vielleicht in der DDR. Mit dem Tod von Rainer Werner Fassbinder brach auch das zusammen, was man den neuen deutschen Film nannte. Eigentlich kam der aus dem Experimentieren nie so richtig heraus. In Italien, Frankreich und Amerika hat man damit Neugier gesät, die Deutschen selber aber haben nicht so viel davon gehalten, was sich da an deutschem Film entwickelte.

Warum mich keine ausländischen Filmproduzenten besetzt haben? Ich muß nüchtern feststellen, daß ich einen solchen Erfolgshintergrund wie Jürgen Prochnow oder Klaus Maria Brandauer nicht hatte. Der aber ist nötig, wenn man sich auf Dauer im Ausland behaupten will. Außerdem ging es mir immer nicht so sehr um den internationalen Film als vielmehr um den deutschen. Sich im internationalen Film durchzusetzen klappt letztlich sowieso nicht, weil die Film-Majors der USA keinen an den Kuchen ranlassen. Mir wäre es lieber gewesen, mit all unseren künstlerischen und ökonomischen Energien dort weiterzumachen, wo Fassbinder und andere Leute einstmals begonnen hatten.

Dann kam die Wende, und ich habe gedacht, vielleicht kommen jetzt die Impulse, wenn sich das ostdeutsche DEFA-Potential mit dem westdeutschen Film zusammenschließt. Auch das hat leider nicht funktioniert. Der Westen wollte davon nichts wissen, und der Osten war so irritiert, daß er sich in dieser neuen Republik nicht getraut hat, seine kulturellen Wünsche zu formulieren, zu realisieren und zu etablieren.

Jetzt habe ich den Eindruck, unser Kulturgut verschwindet zugunsten der immer schneller werdenden technologisch-elektronischen TV-Highways im Orkus. Gute Filme erzeugen sich nicht so schnell. Aber da niemand mehr eine ethisch-künstlerische Geduld hat, keine Lust, sich durch nationale Filmkunst zu etablieren, auch international, existiert der deutsche Film in der Welt praktisch nicht mehr. Von deutscher Filmlandschaft zu sprechen, wäre reine Übertreibung. Worauf alles hinausläuft, ist der schnelle Genuß. Die TV-Programme degradieren sich immer mehr zur Einrichtung manipulierter Informationen, sind oberflächlich, leicht und geschmäcklerisch.

Es kommt nichts mehr aus der eigenen Seele, aus der eigenen Identität. Die Deutschen artikulieren sich nicht mehr über den Film. Der Geist des Films ist verflogen. Zwischen den Generationen gibt es Verständnisschwierigkeiten. Das Inflationäre der filmischen Angebote kann Deutschland, das im Vergleich zu USA, Rußland oder Kanada ja ein kleines Land ist, genauso wenig verkraften wie die Konkurrenz, der es auf den internationalen Filmmärkten ausgesetzt ist.

Zwar kann jeder große oder kleine Produzent seine individuellen Wünsche bei der Filmförderung anmelden, dennoch ist auf deutschen Kinoleinwänden zu besichtigen, daß die Aufspaltung der filmschöpferischen Kräfte zu einem großen Ansehensverlust des deutschen Films in der Welt geführt hat. Vielleicht hat das alles aber auch etwas mit unserer Zeit zu tun. Dieses Phänomen der filmischen Sprachlosigkeit hat auch Länder wie Rußland,

Italien oder Frankreich erfaßt, die einmal an der Weltfilmgeschichte mitgeschrieben haben.

Unser Publikum ist eingeschworen auf gehobenes Mittelmaß, denn im Grunde können die Deutschen irrationale Größen, und das sind Idole und Stars nun mal, nicht verkraften. Als Schauspieler habe ich das Gefühl, mich in einem immer größer werdenden Vakuum zu befinden.

Bei aller Kritik an den Praktiken der Filmwirtschaft der USA: Sie schafft es in der Vielheit ihrer Konkurrenz, uns Jahr für Jahr mit mindestens einem besonderen Film zu überraschen. Bei Lichte betrachtet, liegt das »Geheimnis« des Erfolgs der amerikanischen Kino-Industrie darin, daß sie immer wieder ihre nationalen Wünsche, Träume, Konflikte und Ängste zu Filmstoffen macht. Das heißt, aus intensivster filmischer Beschäftigung mit der nationalen Physis und Psyche der USA werden internationale Erfolge, während der deutsche Film immer mehr zur Kopie von der Kopie mutiert.

Sieht man sich die deutsche, immer flacher werdende Film- und Fernsehlandschaft an, könnte man fast glauben, daß hinter den inhaltlichen Defiziten, die man dem Zuschauer anbietet, eine Absicht steckt, eine Manipulationswirkung, eine Demagogie der Volksverdummung, der sich die absolute Mehrheit zu unterwerfen hat. Statt sich auf seiten der Film- und TV-Macher einer ethischen Verantwortung gegenüber dem Zuschauer bewußt zu werden und die Sehgewohnheiten künstlerisch anzuheben, ist deren anhaltende Zerstörung zu beobachten.

Für mich ist Theater und Film eine einfache Sache. Es wird falsch damit umgegangen. Aber ich will mich an Intrigen und politischen Balgereien nicht beteiligen. Im Film wie im Theater versammeln sich in den Führungspositionen zu viele Leute, bei denen es für die Politik nicht reicht, die aber glauben, Theater und Film, dieses irrationale Ding, wäre für ihre Sandkastenspiele gut genug.

Wenn ich nach England oder Italien gehe, sehe ich Theater, das ist einfacher, wesentlich amüsanter und keineswegs weniger intelligent. Allerdings muß ich der Gerechtigkeit halber sagen, daß mir das Klima in der deutschen Theaterlandschaft im Gegensatz zu den Filmmedien viel angenehmer und produktiver erscheint. Das Theater bemüht sich, Wege zu suchen und zu finden, den Dialog mit der Gesellschaft, das heißt mit dem Zuschauer aufrechtzuerhalten. Ein Mann wie August Everding ist für das deutsche Theater ein großes Glück.

Obwohl ich das Gefühl habe, daß nach der Wende noch keine entscheidende künstlerische Fusion zwischen der ost- und der westdeutschen Theaterlandschaft stattgefunden hat, agieren sehr viele Theater – ich nenne hier stellvertretend das Deutsche Theater in Berlin – auf einem hohen Niveau. Es ist konkret, kulinarisch-intelligent, es ist identisch mit dem positiven Teil der Nation.

Die Vereinigung der beiden deutschen Staaten DDR und BRD zu diesem größer gewordenen Deutschland halte ich für das größte Geschenk, das dieser Nation gemacht wurde. Aber sie geht fahrlässig, kleinkariert und provinziell damit um, statt all ihre Erfahrungen, ihre Kreativität einzubringen, ihre regionalen Unterschiede hervorzuheben, zu artikulieren und aus all dem Positiven wie auch aus all den Widersprüchen ein großes dialektisches Spiel zu machen. Es gilt, gemeinsam weiter an der Qualität unserer demokratischen Gesellschaft zu arbeiten, ihre ethischen Werte nicht aufzugeben, auf Beständigkeit und Solidität zu beharren.

Ich selbst bin ein Einzelgänger und komme gut mit mir zurecht. Bevor ich mich in schlechter Gesellschaft langweile, langweile ich mich lieber mit mir selber. Ich brauche keinen Medienrummel. Als Schauspieler bin ich politisch genug, das fällt, Gott sei Dank, nicht so auf. Ich will ja nicht viel, ich will nur positiv mit meiner Arbeit auf Menschen wirken, denn ich weiß, man kann Menschen motivieren. Geschichten, die man mit den Mitteln der Schauspielkunst erzählt, können Menschen helfen, aus einem Tief herauszukommen. Film ist eine Scheinwelt, trotzdem kann man in ihr etwas vorleben, man kann Impulse geben und Lebenshilfe vermitteln. So gesehen, macht meine Arbeit als Schauspieler vielleicht doch einen Sinn.

Die politische Vernunft beginnt in der Familie

Klaus Maria Brandauer
im Gespräch mit Eberhard Görner
1992

Klaus Maria Brandauer:
Ich bin in Altaussee geboren, in der Steiermark. Dort, in Österreich, bin ich aufgewachsen und habe bis zu meinem sechsten
Jahr gelebt. Mein Vater war Deutscher, er hat in Deutschland
gearbeitet, und auch ich bin nach Deutschland gekommen und
habe die Schule besucht.

Aber seit ich sieben war, bin ich jeden Sommer vier bis fünf Wochen lang mit großer Begeisterung immer wieder in Altaussee
gewesen. Und wenn mein Vater sich das leisten konnte, auch in
den Weihnachts- und Osterferien.

Ich kann nicht sagen, wann ich mich entschieden habe, Schauspieler zu werden. Ich weiß es nicht mehr. Auf die Erzählungen
von meiner Mutter und meiner Großmutter und den anderen
Familienangehörigen kann ich mich nicht verlassen. Die behaupten, es wäre an jenem Tag gewesen, als ich, mit einem Re-
clamheftchen bewaffnet, auf dem Dachboden meines Großva-
ter-Hauses vor einem riesengroßen alten Spiegel gestanden und
irgendwelche Rollen einstudiert hätte. Ich kann mich an den
Spiegel nicht erinnern und auch nicht an das Büchlein. Karl May
habe ich gelesen, das weiß ich.

Seit dreißig Jahren, seit ich diesen Beruf ausübe, habe ich nie
über diese Frage nachgedacht, es hat mich nicht so sehr interessiert. Ich akzeptiere, daß es so ist.

Und ich stelle fest, daß das, was ich mache oder gemacht habe,
mir nach wie vor große Freude bringt, daß es mich fasziniert
und brennend interessiert. Das hat sicher etwas damit zu tun,
daß mein Weg, den ich in dieser Profession gegangen bin, einigermaßen glücklich verlief.

Eberhard Görner:
Liegen Ihre Quellen in der Landschaft Ihrer Kindheit?

In Altaussee, es hatte keine zweitausend Einwohner, gab es während meiner Kindheit kein Kino, kein Fernsehen, von Theater gar nicht zu reden.

Was es gab, waren Sommerfrischler, Filmproduzenten aus Amerika, London, Wien und München, Schriftsteller, Musiker und schöne Damen in kostbaren Kleidern, die auf dem Tennisplatz Tennis spielten. Vielleicht ahnte ich schon damals, daß der Kirchturm von Altaussee und dieses Tal nicht die Welt sein würden.

Die Tenniskleider waren lang, ich war der Ballbube, und es gab eine Dame, die ich sehr verehrte, und ich weiß noch, wie ich mich furchtbar vorbeugte, um ihr Knie zu sehen. Denn sie war eine große, stattliche Frau, mit langen, blonden Haaren, immer unglaublich braun gebrannt und etwas vorlaut. Das war meine erste große Liebe. Nur eines war klar: Während ich zu Hause das Buch »Ich, Claudius und Kaiser« las und das zum Anlaß nahm, ein deutsch-amerikanisches Kaiserreich zu gründen, hat mich diese Frau beim Ballspiel natürlich überhaupt nicht beachtet. Alle meine Versuche, ihren Blick zu kreuzen, waren vergeblich. Sie hat einfach durch mich hindurchgesehen. Sie hat auf gar keinen Fall bemerkt, daß sie mit mir, Kaiser Claudius dem Ersten, zu tun hatte.

Also, wie wird man Schauspieler? Man kommt nicht zu diesem Beruf, wenn man nicht den Wunsch verspürt, auffällig zu werden, im Rampenlicht zu stehen. So einen Wunsch kann man sich erfüllen, indem man gut Ski fährt, was ich tat. Oder man ist so neugierig, daß man Pilot wird. Dann lernt man die Welt kennen. Als ich merkte, daß ich bei dieser Dame überhaupt keine Chance hatte, habe ich mich den Schriftsteller-Gästen zugewandt. Zum Beispiel bin ich zum Haus von Friedrich Torberg gegangen, der vorgebeugt, neben sich eine Thermoskanne, immer nur geschrieben hat. In der Thermoskanne war kalter Kaffee, und um ihn herum lagen lauter gespitzte Bleistifte.

Jeder der Sommergäste hat mir etwas von der Welt erzählt, ob nun der Produzent Auerbach oder Charles Wassermann, der Sohn von Jakob Wassermann. Und eines Tages, ich war schon kein kleines Kind mehr, habe ich den berühmten Schauspieler

Rudolf Forster, der auch im Altausseer Land wohnte, auf der Wiese gefragt – er schrieb damals an seinem Buch »Das Spiel, mein Leben« – was ich tun müsse, um Schauspieler zu werden. »Haben Sie Geld von zu Hause?« fragte er zurück. Heute weiß ich, daß er mir mit diesem Satz bedeuten wollte, daß das eine brotlose Kunst sei. Ich log ihn an: »Ja!« Da sagt er: »Ja, dann versuchen Sie es einfach ...«

Mein Vater, der aus mir einen Juristen machen wollte, willigte zähneknirschend ein. Er arbeitete damals in Baden-Württemberg und fragte ganz praktisch, wo die nächste Möglichkeit für mich sei. Das war die Hochschule für Darstellende Kunst in Stuttgart. »Gut«, sagte er. »Da gehst du hin. Freitag bis Sonntag kommst du zurück, damit ich dich ununterbrochen bearbeiten kann, daß du es nicht machst!«

Ich ging also auf diese Schule und fand das furchtbar langweilig. Das ging schon damit los, daß ich meinen Altausseer Dialekt wegbekommen sollte. Atem holen, Sprechen, Körpertraining. Das hat mich alles überhaupt nicht interessiert. Ich war heilfroh, als eines Tages der Intendant von Tübingen kam, der sich einen Studenten aus dem sechsten Semester mit Richard III. anhörte. Ich mußte die Stichworte geben. Er nahm nicht den Älteren, sondern mich, den Kleinen.

Zu Ihrer Theaterarbeit sind später Filmrollen hinzugekommen. Was bedeutet Ihnen dieses Medium? Warum Film?

Mir ist der Film eines Tages sozusagen in meine Biographie hineingeschneit. In München kam eines Tages der Produzent Otto Preminger zu mir: »Wir sind von der ›Twenty Century Fox‹, Los Angeles. Wir drehen den Film ›Salzburg Connection‹. Wir wollen Sie gerne haben.«

Ich habe das Drehbuch gelesen und dachte, das kann man spielen, und ich habe diesen Film gemacht. Die Arbeit war wenig befriedigend, wenn man vorher Shakespeare und Schiller gespielt hat. Aber andererseits wußte ich natürlich, daß man mit Film, diesem Stück Zelluloid, eventuell die Welt erreichen kann. Irgendwie hat mich das schon beeindruckt, wie sich große Schauspieler-Kollegen um den Film bemühten, sich förmlich nach ihm sehnten. Ich habe danach nicht weiter mit Film gerechnet, sondern ein Engagement am Wiener Burgtheater abgeschlossen.

Das Gefühl: »Ich kann es schon« hatte ich nicht. Ich konnte sehr wenig. Außer, was man vielleicht Begabung nennt, war nicht viel da. Ein unbändiger Ausdruckswille, ja, aber sehr wenig Technik. Da habe ich mich darangemacht, meine Defizite abzubauen. Das ging am besten über Arbeit: Don Carlos, Hamlet, Tartuffe, Ferdinand – es war eine glückhafte Theaterzeit.

In dieser Zeit häuften sich die Angebote von Krimiserien und Filmrollen. Drehbücher aller Art lagen auf meinem Tisch, aber das meiste habe ich beiseite gelegt. Ich wollte nicht Tartuffe sein und gleichzeitig in irgendeinem seichten Filmchen drehen. Was mich störte, war das Didaktische, das Schulfunkartige.

Bis eines Tages einer anrief, und der sagte: »Hören Sie zu: Klaus Mann, ›Mephisto‹ ...«

Ich ließ ihn nicht ausreden und sagte: »Das ist meine Rolle!« Da hat er gelacht. Das war István Szabó. Dann haben wir uns in Budapest getroffen. Das Drehbuch, das mir außerordentlich gefallen hatte, stellte folgende Aufgabe: Es galt, für diesen Höfgen, diesen aalglatten, gleißnerischen Menschen und Berufsausüber, zu werben. Wir drehten fünf Monate in Budapest, Prag und Ostberlin. Wir waren eine verschworene Gemeinschaft aus Polen, der Tschechoslowakei, Ungarn und der DDR – meine Freundschaft mit dem Dresdner Schauspieler Rolf Hoppe datiert aus dieser Zeit. Wenn auf der anderen Seite nur die stilisierte Figur eines Generals oder eines Potentaten gestanden hätte, wäre es mir nicht möglich gewesen, den Höfgen richtig zu bewerten. Ich wurde um so glaubwürdiger, je klarer und kraftvoll-menschlicher Hoppe den Generalfeldmarschall auf der anderen Seite spielte. Sein Spiel machte es mir überhaupt erst möglich, diese Figur nicht in überheblicher Weise zu kritisieren, sondern mich vollständig auf sie einzulassen. So hat der Film seine richtige Ausgeglichenheit und dadurch sein Gewicht bekommen. In dem Regisseur István Szabó hatten wir einen hochgescheit denkenden Menschen, brisant und liebevoll – ein wirklicher Filmemacher. Während der Dreharbeiten haben wir uns nicht mit Göring, Goebbels, Gründgens beschäftigt, sondern mit uns selber: Was wird mit der Solidarność in Polen? Was ist mit Ungarn? Wie geht es in der DDR weiter?

Über Klaus Manns Roman »Mephisto« als Transportmittel haben wir eine Bestandsaufnahme unserer Zeit versucht. Darin liegt für mich die Brisanz des Filmes. Er sollte dann im Fernsehen laufen. Plötzlich kam die Nachricht, daß wir zum Filmfestival nach Cannes kommen können. Von Cannes hat dieser Film seinen Siegeszug angetreten und ist zu so etwas wie einem Kultfilm geworden.

Inzwischen haben Sie den Schritt vom Filmschauspieler zum Filmregisseur getan. Eine beachtliche Konsequenz, auch in der Wahl des Themas vom Bombenattentat auf Hitler 1939 im Münchener Bürgerbräukeller. Sie haben Ihren Film »Georg Elser – einer aus Deutschland« 1988/89 nach dem Roman »The Artisan« von Stephen Shepard mit einer internationalen Besetzung gedreht. Wo liegen die Kriterien für die Wahl ihres Stoffes?

Film ist ein komplizierter Vorgang. Am Theater kann ich heute den Bleichenwang spielen und morgen Hamlet, Figuren von Hasenclever oder Molière auf die Bühne bringen. Da wird niemand sagen: »Über diese Figur will er ein Beispiel geben, wie alles sein soll.« Im Film ist das, was ich am Theater so liebe, eine große Gefahr: Identifikation. Das heißt, im Leben ist der Schauspieler wie im Film. Mein englischer Freund Anthony Hopkins, wenn er in London in ein Restaurant geht, wird jetzt immer gefragt, ob er heute auch wieder Leber essen will. Weil: Er hat doch im »Schweigen der Lämmer« ... Die unausrottbare Verwechslung mit der Figur im Film ...
Nach dem »Mephisto« hat mir Hollywood eine Menge Drehbücher geschickt, in denen ich laufend SS-Schergen spielen sollte. Das hat mich geärgert, weil sie den Film »Mephisto« offensichtlich vollkommen mißverstanden haben.
Deshalb war ich froh, als mir angeboten wurde, mit Sean Connery in einem James Bond-Film zu spielen. Die Zuschauer wollen am Abend eine spannende Geschichte sehen und sich nur unterhalten. Niemand glaubt, daß die Geschichte wahr ist. Ist die Qualität vorhanden, dann ist diese Form von Film Operette, ein unterhaltendes Märchen, ein Riesenspaß. Das Einzige, was ich mir damals für den Film »Sag niemals nie« ausbedungen hatte, war: keinen Buckel, keinen Goldzahn, keine Maske, sondern so, wie ich bin: Schwarze Jacke, Pullover und Hose. So habe ich diesen Millionär gespielt und an der Figur darzustellen versucht, was man neurotische Abgründe nennt. Das hat eine solche Wirkung gehabt, daß ich lange darüber nachgedacht habe, warum

ein Film wie »Mephisto« in der Welt »nur« rund fünfundzwanzig Millionen Zuschauer erreicht hat, dieser James Bond-Film aber, im Schlepptau des Ruhmes von Sean Connery, über fünfhundert Millionen.

Aber dann dachte ich mir, das kann nicht schaden. In meinem nächsten Film mit István Szabó, »Oberst Redl«, konnte ich davon profitieren. Man kann nicht ununterbrochen ein einziges Genre bedienen. Man muß Ausflüge machen, zum Actionfilm »White Fang« nach Alaska, zu »Jenseits von Afrika« oder zu »Becoming Colette«, damit man sich die ernsthaften Themen leisten kann.

Sie sind der Initiator einer Veranstaltungsreihe »Poesie im Ausseerland«, und die Zuschauer verfolgen mit Begeisterung Ihre Inszenierung »Spiel im Berg« nach einem Stück von Felix Mitterer, das Sie zweihundertfünfzig Meter unter Tage, auf einem Salzsee, präsentieren.

Ich habe hier in meiner Heimat nicht den Status eines Stars, sondern ich bin der Klaus, und es behandelt mich niemand irgendwie anders, weil ich ansonsten in der Welt herumgondele. Nach wie vor muß ich am Stammtisch beweisen und durch Skifahren, daß ich hier bin. Was soll ich machen? Wir hatten irgendwann die Idee, die drei Gemeinden Bad Aussee, Altaussee und Grundelsee zu bitten, einen Verein zu gründen. Es zog sich über Jahre hin, die drei Gemeinden und drei Bürgermeister unter ein Dach zu bringen. Als es dann soweit war, haben wir mit Lesungen und Konzerten angefangen. Das Artis-Quartett aus Wien hat gespielt. Wir hatten Lesungen mit Jewgeni Jewtuschenko, Heiner Müller, Barbara Frischmuth, Wolfgang Bauer, Maria Schell und Helmut Lohner haben Texte gelesen. Dann wollte man auch ein Theater. Da haben wir die Spielstätte im Berg, auf einem Salzsee, entdeckt. Um zu spüren, ob da überhaupt Zuschauer hereinkommen, haben wir ein paar Bänke aufgestellt. Im ersten Jahr habe ich merkwürdige Literatur gelesen, von Faunen und Wassernixen, auf einer ganz kleinen Bühne, mitten im See. Es waren sehr viele Menschen da. Dann habe ich mir gedacht, versuchen wir es noch einmal mit jemand anderem, mit Reinhold Messner, der immer auf die Berge steigt. Der Abend hieß »Messner im Berg«. Auch das hat funktioniert. Da haben wir uns entschlossen, den Autoren Barbara Frischmuth und Felix Mitterer einen

Auftrag zu erteilen, ein Stück über zwei Bergleute zu schreiben, die verschüttet werden, und was sie da erleben. »Das Spiel im Berg« von Felix Mitterer ist eine Mischform. Es wird von Laien und Professionellen gestaltet. Einige Wochen lang ging eine verschworene Truppe in den Berg und hat kein Theaterstück, sondern eher eine meditative Stunde organisiert. Der Zuschauer geht eine Viertelstunde zu Fuß durch einen Stollen in den Berg hinein. Um die Arena-Bühne herum können mehr als sechshundert Personen sitzen. Drinnen sind es acht Grad, aber die Menschen stürmen hinein, weil sie ein Spiel sehen wollen, das von ihnen kommt. Wir machen die Arbeit unentgeltlich, so können wir das Spiel finanzieren. Es wäre falsch, zu sagen, das ist ein Festival oder so etwas Ähnliches: Es ist ein Bürger-Service.

Der ORF und das ZDF haben im August 1992 »Das Spinnennetz« nach dem Roman von Joseph Roth in der Regie von Bernhard Wicki gesendet. Eine Geschichte, die in Berlin spielt, kurz nach dem Zusammenbruch des Kaiserreichs und des sinnlosen Ersten Weltkrieges. Sie spielen darin den Juden Lenz. Was hat Sie an dieser Rolle interessiert?

Als ich den Bundesfilmpreis für »Oberst Redl« bekam, fragte mich Bernhard Wicki, ob ich in seinem Film »Das Spinnennetz« den Leutnant Lohse spielen würde. Ich sagte zu, und es wurde ein Vertrag gemacht. Aber in dem Jahr der Vorbereitung wurde mir immer klarer, daß der Leutnant Lohse ein junger Mensch sein muß. Ich faßte das erste Mal in meinem Leben einen Entschluß, der mir schwerfiel. Ich habe den Produzenten angerufen und ihm gesagt, ich sei für diese Rolle zu alt. Diese Figur könne nur jemand spielen, der keine Falten im Gesicht habe, sonst würde das ein abgrundschlechter Mensch. Er müsse die Unschuld eines Mittzwanzigers haben.
Es wurde diskutiert, und ich sagte, mich interessiert die Figur des Lenz. Das ist eine Art Opfer, kein Loyalist wie im »Oberst Redl« und Opportunist wie im »Mephisto«, eher ein aktives Opfer, aber man kann an ihm kratzen. Diese Figur ist eine gewaltige Möglichkeit. Wir haben uns dann dazu entschlossen, und so habe ich den Lenz gespielt. Mir hat das Freude gemacht, weil hier zwei Figuren parallel zueinander laufen, die versuchen, sich mit ähnlichen Möglichkeiten aus einer katastrophalen Lage

herauszuwurschteln. Sie tun das, den anderen akzeptierend, mit großer Kompromißfähigkeit und Opportunität. Bis zu dem Augenblick, wo sich der Lenz sagt: »Ich mach nicht mehr mit!« Kompromißlose Leute imponieren mir überhaupt nicht. Ein kompromißloser Mensch ist unfähig, in einer Gesellschaft zu leben. Es gibt einen Moment, wo man, bei aller Kompromißlosigkeit, sagen muß: »Wie hoch ist mein Preis?« Und der Lenz hat einen Preis. Das hat mich fasziniert. Um sich und seinen Bruder aus Polen nach Deutschland herauszukriegen, nutzt er die dunklen Machenschaften der Zeit. Aber dann kommt der Moment, in dem er sieht, wenn er sich weiter mit den Leuten um Lohse einläßt, verliert er sich selber und damit den Bruder, die Mutter, und dann Land und Überzeugung. Denn politische Vernunft und Weltanschauung beginnen in der Familie.

Ich habe die Figur des Lenz mit ernstem Vergnügen gedreht und bin mit dem Ergebnis sehr zufrieden. Es ist der siebente Film über die Zeit des Dritten Reichs, über den Faschismus, in dem ich mitgewirkt habe. Darauf bin ich ziemlich stolz.

Die Familie Brandauer hat sich der Kunst verschrieben. Ihr in Chicago lebender Sohn Christian ist Musiker und Komponist, und Ihre Frau hat sich als Film- und Fernsehregisseurin einen Namen gemacht.

Meine Frau hat vor zehn Jahren mit mir einen zweiteiligen Fernsehfilm gedreht, »Der Weg ins Freie« von Arthur Schnitzler. Das war unsere letzte gemeinsame Arbeit. Zu Hause sprechen wir natürlich über alles, auch über unsere Projekte. Macht man gar zusammen einen Film, hört das Diskutieren überhaupt nicht auf. Das führt zu einer zentrierten Zweisamkeit, die unter Umständen der ganzen Gruppe schaden kann. Das wollten wir nicht. Meine Frau hat mit Dokumentationen begonnen und ist dann allmählich in den Fernseh- und Spielfilmbereich hineingewachsen. Ihre Filme hatten alle Erfolg.

Jetzt tut es uns eigentlich leid, daß schon wieder zehn Jahre vergangen sind, ohne daß wir miteinander an einem Film gearbeitet haben. Wir wollen es, aber man kann das nicht erzwingen. Es muß sich ergeben.

Wann wir schreiten Seit' an Seit'...

Klaus von Bismarck
im Gespräch mit Eberhard Görner
1990

Eberhard Görner:
Seit dem 9. November 1989 ist der Prozeß des Aufeinanderzuge-
hens beider deutscher Staaten in Gang gekommen. Wie schätzen
Sie heute diesen historischen Vorgang ein und welche Richtung
wird er, speziell im Bereich der Kultur, in Zukunft nehmen?

Klaus von Bismarck:
Wir kennen uns gut genug, daß ich mich dafür freigebe, Ihnen
zu antworten, auch wenn meine Einsichten in keiner Weise abgeschlossen sind und sich noch im Zustand einer zum Teil auch
selbstquälerischen Gärung befinden.
Ich bin kurz vor Weihnachten 1989 und danach bis heute viermal
in der DDR gewesen und habe ziemlich ausführliche Gespräche
geführt, zum Teil auch mit der Chance, das Gespräch in einer
größeren Runde von qualifizierten Bürgern zu führen. Immer
etwa halbe-halbe: DDR und Bundesrepublik. Unter ihnen viele
künstlerisch Tätige. Leute, denen ich, jedenfalls von ihrem bis-
herigen Lebensweg, die Kreditkarte ausstellen würde, daß sie
verhältnismäßig besonnene Gesprächspartner aus dem Bereich
der DDR sind – also nicht Augenblickseinflüssen von Hoffnungen auf wirtschaftliche Verbesserungen usw. haltlos ausgesetzt.
Ihre Frage ist doch viel schwieriger zu beantworten, als ich
es mir zunächst gedacht hatte. Was ist das Vorher? Diese Frage setzt auf meiner Seite eine ziemlich gründliche Beschäftigung mit der Frage voraus, was das Kulturabkommen zwischen der DDR und der Bundesrepublik – es wurde vor ungefähr drei Jahren abgeschlossen – eigentlich eingebracht hat.
Die Ergebnisse dieses Kulturabkommens, die ich sowohl in der
DDR wie auch in der Bundesrepublik ziemlich genau habe über-

prüfen können, waren erstaunlich positiv. Zunächst einmal hatten ich und meine Freunde in der DDR ebenso wie die in der Bundesrepublik die Sorge, daß durch ein staatliches Abkommen, gewissermaßen auf den staatlich genehmigten Autobahnen, eigentlich nur noch das passieren könne, was von Steiff-Tieren auf beiden Seiten betrieben wird, welche die richtige Marke im Ohr haben.

Das trat nicht ein. Es war vielmehr so: Neben den Veranstaltungen, die offiziell genehmigt wurden, wie etwa in Duisburg mit zweihundert DDR-Künstlern oder in Erlangen oder in Dortmund hat sich die eigenständige Kommunikation einzelner Städte, Universitäten, interessierter Gruppen, der Evangelischen Akademien in der Zeit nach Abschluß des Kulturabkommens verdreifacht. Der positive Eindruck überwog, daß es auf beiden Seiten ein elementares Interesse an Kontakten gibt. Und viele der Repräsentanten aus der Kultur der DDR hatten und haben uns etwas zu sagen.

Oder um ein anderes Beispiel zu nennen: Es gibt eine sehr bemerkenswerte, relativ neue Biographie über den Reichskanzler Otto von Bismarck, deren Autor ist Ernst Engelberg. Dieses Buch ist ein klassisches Beispiel dafür, wie die Prägung durch unterschiedliche gesellschaftliche Verhältnisse dazu beitragen könnte, bestimmte historische Tatbestände komplementär und damit richtiger zu erfassen. Herr Engelberg, der ja auch mein eigenes Herkommen beschreibt – mein Vorfahr war der Bruder Otto von Bismarcks –, ist viel zu qualifiziert, um eine primitive Antifeudalgeschichte des Adels in der Mark Brandenburg zu servieren. Er hat so viel Witz, er hat so viel subtile Kenntnis, wie er das beschreibt, wenn Sie wollen, diese Fontane-Welt – ohne eine vorgegebene Grundachtung vor der guten, alten Ordnung der adligen Deutschnationalen. Und obwohl die soziale Frage verbal nicht vorkommt, wird sie doch gestellt. Es ist eine andere Sicht. Der Standort prägt das Denken. Nicht nur der geographische, sondern auch der zeitgeschichtliche Standort. Die Kultur einer Biographie wie der von Engelberg birgt für mich die Möglichkeit einer solchen kreativen Kompatibilität.

Ich glaube, daß ähnliches auch für die Lutherforschung gilt. Natürlich hat die DDR seinerzeit dieses ganze Lutherjahr aus sehr durchsichtigen Motiven so herausgestellt. Aber wie auch immer – es hat sich zum Beispiel in der Evangelischen Akademie in

Tutzing gezeigt, daß die Historiker aus der DDR über souveräne Sachkenntnis verfügten. Antworten vor diesem Hintergrund zu finden, ist viel schwerer.

Die Tatsache des 9. November 1989, des Durchbruchs durch die Mauer, der radikalen und unerwarteten Veränderung, hat bei einigen Spitzenpolitikern in der Bundesrepublik Illusionen hervorgerufen. Ich zitiere wörtlich einen von ihnen: »In diesem Augenblick finden Millionen von Deutschen wieder zueinander.« Das stimmt nicht. Ich glaube, diese über vierzigjährige Trennung im Denken, im Empfinden, aber auch im Stolz auf das jeweils Geleistete kann nur langsam aufgearbeitet werden. Obwohl ich meinte, mich auszukennen, ist das auch für mich ein erheblicher Lernprozeß. Ich hatte in all den Jahren die vielfältigsten Kontakte zu jenen wichtigen Leuten, die in der DDR die Kultur repräsentieren: Stephan Hermlin, Stefan Heym, Christa Wolf, Günter de Bruyn ... Jetzt merke ich, das reicht nicht aus. Diese Leute waren schon durch ihre Reisemöglichkeiten so privilegiert, daß auch sie in einer Art höherer Region schwebten und uns die unmittelbar vor dem 9. November vorhandene Realität nur bedingt vermitteln konnten.

Ich schätze diese Persönlichkeiten nach wie vor, und ich finde es widerlich, wie sie zum Teil an den Pranger gestellt werden. Ich kenne ja solche Typen auch aus meiner Zeit als Intendant beim Westdeutschen Rundfunk, das sind Redakteure im Feuilleton, die demonstrieren wollen, wie gut sie an den Intellektuellen ihr Messerchen schleifen können. Aber das ist *l'art pour l'art*, das ist ungerecht und ohne Tiefenschärfe. Bei ihnen ist sehr viel Selbstdarstellung mit im Spiel.

In der gegenwärtigen Situation besteht die Gefahr von politischen Mißverständnissen, besteht die Gefahr von Gesprächsverlusten zwischen den Kulturträgern in beiden deutschen Staaten. Statt miteinander darüber zu reden, wie die Kultur, der ethische Auftrag der Kunst, nach einer Vereinigung aussehen soll, beschimpft man sich. Damit, so denke ich, bringt sich die Kultur um ihren politischen Einfluß, verliert sie an seelischer Kraft. Aber genau diese Kraft wird gebraucht.

Die Einsichten über die Entwicklung der Kultur sind schwieriger geworden. Ich habe mich in meinen zwölf Jahren als Präsident des Goethe-Instituts oft gefragt, was denn die Aussagen und die kämpferischen Schreie auf der Barrikade – ich denke an Günter Grass, – taugen, was sie zu einer Humanisierung oder zur Korrektur des allgemeinen gesellschaftlichen Denkens beigetragen haben?

Was das Goethe-Institut betrifft, weiß ich es genau: die Künstler, Partner und Kollegen – gleich, ob sie nun etwas weiter rechts stehen, wie Golo Mann, oder etwas weiter links, wie Günter Grass und Heinrich Böll, haben zum Dialog mit anderen Kulturen enorm viel beigetragen. Sie hatten großen Anteil daran, einen selbstverständlichen Dialog der ganzen Welt mit der Bundesrepublik in Gang zu setzen, was ja nach dem Kriege keineswegs selbstverständlich war.

Natürlich habe ich mich jetzt auch gefragt, wenn es denn unbezweifelbar ist, daß es mit Christa Wolf, Stefan Heym und manchem anderen kluge und mutige Köpfe gegeben hat – es hat ja keinen Zweck, sich immer nur die Brust aufzureißen –, die sich warnend und zum Teil auch prophetisch äußerten, ist das denn irgendwo angekommen, hat das im SED-Apparat irgend etwas verändert? Da bin ich sehr zögerlich.

Ich bin heute der Meinung, das geht wahrscheinlich nur in Einzelgesprächen. Das braucht sehr viel Zeit. Wie kann es weitergehen? Welches sind die Voraussetzungen für eine positive Entwicklung? Oder: Für welche Art von Entwicklung muß man sich jetzt engagieren? Wie müßte es weitergehen?

Als Landwirt beziehen sich meine Vorstellungen von Zeiträumen mehr auf die Wachstumsperioden von Eichen als auf Feldpflanzen, die nach nur einem Jahr geerntet werden. Das heißt, drei Generationen und nicht Schweinezüchten. Politiker blicken auf die nächste Wahl, die wollen schlachten. Das geht nicht. Man muß einen Sinn für Wachstum haben.

Ich glaube, ohne die Erfahrung des Schocks der eigenen Blindheit kann es nicht gehen. Nehmen wir als Beispiel Polen, was diesem Land durch die Deutschen angetan wurde.

Das andere ist, auch im Bereich der Kultur, nicht beim Fernsehen, das unvermeidliche Nadelöhr einzelner Personen, die etwas erfahren haben, dann auch dazu stehen und nicht immer, aber manchmal in der Lage sind, das auszudrücken.

Dazu würde ich solche Schriftsteller wie Heinrich Böll und Christa Wolf zählen.

Im Moment erleben wir in der DDR eine Zerschlagung von Kultur. Ob dies gewollt ist, ob dahinter eine politische Konzeption steht, wird sich zeigen. Der objektive Vorgang sieht jedenfalls so aus, daß alle in der DDR verbliebenen Kulturträger als Anpasser und Träger des ehemaligen stalinistischen SED-Systems denunziert werden. Wenn aber die ehemalige DDR jetzt in ihren objektiven und subjektiven Strukturen zerschlagen wird, dann ist für die Bundesrepublik bald kein Gesprächspartner mehr vorhanden. Sie braucht jedoch physisch und psychisch gesunde Menschen, will sie in den nächsten fünf bis zehn Jahren ein vereintes Deutschland aufbauen, das in sich funktioniert. Ich habe die große Sorge, daß dieses Nadelöhr, von dem Sie gerade gesprochen haben, aus einer Abrechnungslust heraus zertrümmert wird, daß es zu keinem vernünftigen Dialog mehr kommt, der vor dem 9. November noch relativ gleichberechtigt stattgefunden hat. Jetzt ist die Kommunikation auf Angriff und Verteidigung heruntergekommen.

Diese Gefahr beunruhigt mich auch. Lassen Sie es mich noch einmal vor einem nüchternen Hintergrund sagen: Natürlich, die ehemaligen DDR-Künstler, die hier wohnen, sind die Ausnahme, wie auch Propheten einmalig sind. Natürlich mußten sich unter den Verhältnissen der DDR sehr viele Leute anpassen, wie sie sich auch in der französischen, britischen und amerikanischen Besatzungszone angepaßt haben. Und natürlich ist von der Bundesrepublik aus im Spiel, daß diese Anpassung unterschiedlich bewertet wird, weil eben die Anpassung an die Sowjetunion von sehr vielen Leuten aus dem konservativen Bereich als eine Anpassung an das Reich des Bösen gesehen wird, als Anpassung an Marxismus-Leninismus, als Identifikation mit dem Feindlichen, dem Feind, dem infamen Gegner. Deswegen ist eine Ungleichartigkeit gegeben.

Auf der anderen Seite sind mir in der letzten Zeit in der DDR sehr viele Leute begegnet, die immer noch sagen: »Der Staat muß machen«, die sagen: »Wenn nicht mehr Herr Honecker, dann muß es jetzt Herr de Maizière machen.« Es gibt, wie Sie genau wissen, sympathische, aktive Künstler, und es gibt Leute an den Museen, an den Musikhochschulen, auch an den Theatern, die zur Zeit die Daumen drehen und fordern: »Macht den Hahn auf, damit wir wieder weiterkommen!«

Aber die Kunst im Bereich der Kultur ist kein in der Bundesrepublik anwendbares Parksystem. Ich glaube jedoch, daß es sehr wichtig wäre, auf dieses angestaute Bedürfnis »Wir müssen ja endlich mal leben!« literarisch zu reagieren. Ich habe die Hoffnung noch nicht aufgegeben, daß es eine ganze Reihe jüngerer Autoren in der DDR gibt, die gegen diesen hektischen Konsumtrend anschreiben werden. Beobachten Sie DDR-Bürger, die sich im letzten Vierteljahr nach dem Geldtausch einen schnellen Schlitten besorgt haben, wie brutal die Auto fahren, wie Bescheidenheit, Zurückhaltung wegfallen.

Wenn jetzt die richtigen Musen die richtigen Leute küssen, so würde sich aus der DDR heraus eine andere Blickrichtung ergeben, etwa so, wie das Buch »Der Richtplatz« von Tschingis Aitmatow plötzlich eine vollkommen andere Sicht auf die Sowjetunion eröffnet hat.

Oder denken Sie an Günter Grass, an sein grafisches Werk und seine Bücher. Er ist ein Mann von hoher geistiger und auch politisch-ethischer Wachheit. Was aber nun die Haltung in der Bundesrepublik gegenüber Künstlern aus der DDR angeht, so wirkt es sich natürlich aus, daß diejenigen, die ein kollegiales Verständnis gezeigt haben, wie Günter Grass oder Walter Jens, bei sehr vielen Leuten schon als krankhaft links angesehen werden.

Wenn Sie den Bismarck-Biographen Engelberg positiv bewerten, dann deshalb, so habe ich Sie jedenfalls verstanden, weil dieses Buch, seine literarische und historische Qualität, auf dem Boden der DDR entstanden ist. Dies heißt doch in der Konsequenz, daß in dem Moment, da es die DDR nicht mehr gibt, solche Sichten und Zugriffe auf Geschichte oder auf historische Persönlichkeiten, nicht mehr gemalt, geschrieben, komponiert oder verfilmt werden können. Bedeutet das nicht Verlust im geistigen Sinne? Andererseits ist die Tatsache, daß die Nachkriegszeit auf dem Gebiet der ehemaligen DDR – auch staatlich – zu Ende geht, nicht mehr zu bestreiten. Vielleicht waren die vierzig Jahre DDR dazu gut, daß der Frieden in Europa erhalten blieb, in diesem System eines militärischen Patts, entstanden im Ergebnis des Zweiten Weltkrieges? Wenn sich die politische und kulturelle Funktion der DDR, zehn Jahre vor der Jahrtausendwende, historisch erledigt hat, müssen wir uns vielleicht gar keine Sorgen darüber machen, daß ein Kulturverlust entsteht, weil es historisch eben so gegeben ist. Oder können wir es uns doch nicht ganz so leicht machen?

Ihre Frage löst das aus, was ich am Anfang unseres Gesprächs als »quälend« bezeichnete, und wenn ich redlich bin, kann ich Ihre Frage jetzt nicht gestochen scharf beantworten.

Der Hysterie des Augenblicks, den Lebensstandard mit Hilfe der DM schnell zu verbessern, ist es geschuldet, diese weitreichenderen Folgen völlig zu vergessen. Daß dieser Vorgang eines möglichen Kulturverlustes, den sie zu Recht ansprechen, viele verunsichert, verzweifeln läßt, die sich in der Freiheit auskennen, und durch den viele qualifizierte, nachdenkliche DDR-Bürger in einer Art Depression landen, das sehe ich als eine große Gefahr. Auf der anderen Seite komme ich, wie Sie wissen, vom Lande. Ich bin ein voll ausgebildeter Landwirt und neige dazu, die Dinge ein bißchen wachsen zu lassen. Leider gibt es im Augenblick hysterische Politiker, die triumphierend, auf eine für mich widerliche Weise, verkünden, nicht nur der Marxismus, sondern der ganze Sozialismus habe ausgelitten, das müsse jetzt wie mit Unkraut-Ex ausgemerzt werden, das sei jetzt erledigt! Und die Herrschaft des christlichen Abendlandes breche für ganz Europa wieder an. Das ist schrecklich. Ich glaube, diese Nivellierung, die aus meiner Sicht auch der polnische Papst befördert hat, leugnet in sich gewissermaßen die Aufklärung. Dieses christliche Abendland leugnet, daß es Europa nötig hatte, sich in der Gestalt Polens, der UdSSR oder auch der DDR so rigoros aus kirchlicher Bevormundung zu lösen. Das christliche Abendland ist als Reich Karls des Großen nicht wieder herstellbar, auch wenn ich hoffe, daß die Religionen in der Tschechoslowakei, in Rumänien oder in der Sowjetunion, die unter dem Druck des Staates zusammengepreßt wurden, sich wieder kräftigen und erholen. Das kann heilende Wirkungen haben.

Aber es muß eine kulturelle Entwicklung geben, das betrifft jetzt die DDR, und wenn Sie wollen, auch die PDS. In meinem Verständnis von Europa muß es in diesem politischen Haus Räume geben, wo auch Leute leben können, atmen können und als Gleichberechtigte angesehen werden, die ihre Hoffnung auf einen Sozialismus mit menschlichem Antlitz nicht aufgegeben haben. Natürlich kann man heute zurückblickend sagen, daß die Anfänge des Sozialismus in Deutschland durch die Jugendbewegung stark beeinflußt wurden. »Wann wir schreiten Seit' an Seit'« und so fort – der Glaube an den Sozialismus, an das Gute im Menschen, war aber auch immer mit Selbsttäuschung verbunden. Hitler hat uns das ziemlich konsequent ausgetrieben. Auch die Selbsttäuschung über uns selbst, über unsere eigenen herrlichen Eigenschaften. Da kann der Teufel manchmal ganz schön hervorkommen.

Die christliche Kirche muß sich anders verstehen. Sie kann nicht im Siegeszug von Litauen, über die Ukraine, Polen und die Tschechoslowakei wieder das christliche Abendland errichten. Das geht an der Geschichte vorbei.

Das ist auch einer der Gründe, weshalb ich mich lange vor dem 9. November 1989, das kann ich so sagen, sehr stark für die osteuropäischen Länder als eigene Kraft eingesetzt habe. Dieses Eintreten für die Länder Osteuropas auf der kulturellen Ebene darf nicht von Kräften verdrängt werden, die jetzt sagen: »Aha, die Zeit ist günstig, auf nach Tannenberg!« Und dann der Rückschlag: »Auf nach Grünwald!« Also, ich bin tief beeindruckt von der Gläubigkeit des russischen Volkes, aber es darf keine religiöse Restauration geben. Davor habe ich Angst.

In der letzten Zeit hatte ich viele Gespräche mit jüngeren Autoren in der DDR. Die, mit denen ich gesprochen habe, machten insofern ein Fenster auf, als sie mich auf etwas hinwiesen, was ich überhaupt nicht wußte und was meiner Meinung nach fünfundneunzig Prozent der kulturell interessierten Leute in der Bundesrepublik nicht wissen. Ich habe sie gefragt, welche Autoren, welche Künstler der heutigen Welt für sie wichtig sind? Die Antwort war: »Die jungen Autoren der Sowjetunion. Sie leben in einer grauen, von Apparatschiks kontrollierten Welt wie wir auch. Deshalb setzen wir uns mit ihnen auseinander.« Sie haben mir dann Namen genannt, Autoren aus der jüngeren Sowjetliteratur, insgesamt zwanzig, davon kannte ich vielleicht vier, die anderen waren mir vollkommen unbekannt. Ich habe angefangen zu lesen. Diese Geschichten sind deshalb so erstaunlich, weil sie unglaublich auf den einzelnen Menschen gerichtet sind. Sein Leiden, seine Ängste, seine Hoffnungen – das ist weitab von jeder Staatsideologie. Im Mittelpunkt steht das einzelne Schicksal.

Wenn man den Prozeß des Zusammenwachsens der beiden deutschen Staaten erlebt, müßten die kulturellen Institutionen der

Bundesrepublik nicht aktiver in diese Entwicklung eingreifen? Ich meine solche Institutionen, die in den letzten Jahren Gastgeber waren, als es die DDR noch gab, die Evangelischen Akademien, die Literaturhäuser, die Theater, Kommunalen Kinos oder die literarisch ambitionierten Gesellschaften. Sie haben zu Zeiten des »real existierenden DDR-Sozialismus« die Kulturschaffenden empfangen, haben sie zu Wort kommen lassen, es wurde demokratisch diskutiert, und die, die nicht in der Bundesrepublik geblieben sind, sind eben wieder zurückgefahren und haben versucht, die Denkangebote, die sie mitbrachten, in ihrem Bereich umzusetzen.

Wäre es nicht zu begrüßen, wenn diese Institutionen ihren Wirkungskreis auf das Territorium der Noch-DDR erweitern? Daß sie sich genauso offensiv verhalten wie die Banken, Unternehmer und Immobilienhändler, die versuchen, sich schon vor der Vereinigung rechtzeitig zu etablieren?

Wir können Coca-Cola nicht alles überlassen. Ich habe auch schon darüber nachgedacht. Ich könnte mir denken, daß, über die von Ihnen genannten Möglichkeiten hinaus, die Partnerschaft stärker ins Gewicht fällt. Das Goethe-Institut hat ja schon eine Reihe von Gesprächen geführt und verfolgt sie weiter. Ich glaube, daß umgekehrt auch in der Bundesrepublik die Kenntnis über die verschiedenen kulturellen Bereiche der DDR, wie Theater, Film, Literatur, verstärkt werden muß.

In der Praxis sieht es momentan so aus, daß ARD und ZDF bundesdeutsche Filmproduzenten darauf hinweisen, daß Co-Produktionen mit Film- und Fernsehmachern aus der DDR so lange auszusetzen sind, bis klar ist, wie die Landesrundfunk- und Fernsehanstalten nach dem 2. Dezember 1990 aussehen werden.

Das heißt, Dialoge über Filmprojekte können nicht stattfinden, weil sich die Medienanstalten zur Zeit ökonomisch, politisch und menschlich verweigern. Aber gerade jetzt ist es psychologisch außerordentlich wichtig, miteinander zu reden.

Die Zeit, die in Erwartung neuer gemeinsamer Produktionsstrukturen verlorengeht, wirkt zerstörerisch.

Ich verstehe, was Sie sagen wollen. Aber auch dabei würde ich ein bißchen mehr Vertrauen in die künftige Wachstumsfähigkeit setzen. Ich will das Wort »zerstörerisch« so nicht stehen lassen. Die Problematik ist lästig und schwierig. Ich war fünfzehn Jahre Intendant des Westdeutschen Rundfunks, ausgeschieden bin ich 1976 – ich kann Ihnen ein bißchen erklären, ohne daß ich allumfassende Informationen habe, warum die ARD und das ZDF so nervös sind.

Sie lassen sich so lange auf keine Absprache ein, bevor nicht die Sache mit den Landesrundfunkanstalten geklärt ist. Diese Nervosität hat etwas mit der Erfahrung bei Bund und Ländern zu tun. Jedes Land in der Bundesrepublik ist anders akzentuiert, die einen führt die CDU, die anderen die SPD – sie haben alle einen unwahrscheinlichen Ehrgeiz, daß nichts zentral entschieden wird. Über jedem Gebäude muß die Fahne der föderalistischen Struktur flattern.

Ich füge hinzu, daß auch noch nicht klar ist, was mit dem RIAS in Berlin wird, vereinigt er sich mit dem ZDF? Was wird mit dem Deutschlandfunk und der Deutschen Welle, werden sie sich der ARD anschließen? Das alles sind noch nicht zu Ende geführte Operationen.

Radikale Veränderungen stehen bevor, die Gesamtstruktur ist im Augenblick in Frage gestellt. Die Länder passen auf, daß ja nicht irgend etwas zentral vorgeht. Das hat im Grunde mit der DDR nichts zu tun, das ist eine unglückliche Auswirkung von existentiellen Erfahrungen an den Landesrundfunkanstalten der Bundesrepublik.

Welche Gefühle bewegen Sie, wenn Sie darüber nachdenken, was die Zukunft den demnächst vereinigten beiden deutschen Staaten bringt?

Ich beginne mit dem, was mich bedrückt. Ich habe das Gefühl, dieses wieder oder neu vereinigte Deutschland könnte nicht nur wirtschaftlich, sondern auch friedens- und abrüstungspolitisch durch einen dirigierten Nationalismus der Stunde den Test verfehlen, den alle seine Nachbarn mit ihm anstellen. Denn sie stellen sich natürlich die Frage: Wie geht Deutschland mit einem solchen Zuwachs an Macht um? Ist es in der Lage, kosmopolitisch zu denken, statt national.

Ist es in der Lage, einseitige nationale Interessen zugunsten europäischer Zusammenarbeit zurückzustellen? Das hoffe ich.

Aber seit dem 9. November sind mir auch wilhelminische Attitüden von deutschem Muskelspiel begegnet, die mir angst machen. Das heißt, wir müssen mit unseren Freunden, auch mit
denen anderer Nationen, zusammenhalten, weil wir dagegen ein
europäisches Korrektiv brauchen. An dieser Stelle ist mir nicht
wohl. Ich gebe zu, ich sehe auch Gespenster. Aber ich weiß, daß
Gespenster manchmal sehr real sind.

Ich bin kein Philosoph, dennoch neige ich dazu, Bekenntnisse
zum Prinzip Hoffnung abzulegen, mit oder ohne Bloch. Ich war
in meinem Leben von 1912 bis jetzt bemüht, insbesondere im
Krieg und während der Zeit des Nationalsozialismus, aber auch
danach, aufrechten Ganges, wie das so schön heißt, vorwärts
zu gehen, nicht stehen zu bleiben und auf das zu warten, was
passiert, sondern vorwärts zu gehen. Dabei habe ich viele persönliche Erfahrungen gesammelt. Oft habe ich mit meinem Verstand und Analyse-Vermögen keinen positiven Ausweg gesehen.
Dann habe ich mich bemüht, es als Christ mit Martin Luther zu
halten: »Und wenn die Welt morgen untergeht, so will ich heute
noch mein Apfelbäumchen pflanzen!«

Trotzdem führt mich mein Verstand nicht zu sehr rosigen Schlüs-
sen. Ich glaube, daß das, was auf uns zukommt, sehr schwer zu
bewältigen sein wird.

Ich hatte aber in der DDR, gerade in jüngster Zeit, wie auch in
Polen, in der Sowjetunion, in Frankreich, rund um die Welt, Be-
gegnungen, die mich auf eine einfache Rezeptur brachten. Viele
einzelne Menschen in zahlreichen Ländern sind für mich wichtiger als alle die Stammtischbrüder in der DDR oder in der Bundesrepublik.

Im Vertrauen auf diese vielen einzelnen Leute lasse ich mich in
der alles entscheidenden Frage, ob nun diese Welt, auch die Welt
meiner Kinder, bestehen bleibt, nicht von den schwarzseheri-
schen Propheten unserer Zeit überwältigen.

Diese Haltung ist das Ergebnis meiner Nähe, auch meiner Kor-
rekturen, es bildet die Summe meines Denkens.

Ich versuche, Fragen zu stellen ...

Klaus Staeck
2007

... die mich beschäftigen und noch ein paar andere Leute, verbunden mit der Hoffnung und Erwartung, daß sich etwas ändert. Was denn sonst!

Es gibt Beispiele, wo man Erfolg hat, wo sich etwas bewegt, auch in der Politik, die immer mein Partner war. Ich gehöre nicht zu den Leuten, welche die Politik für alles verantwortlich machen. Die Demokratie, das sind wir nämlich selber. Das vergessen die Leute meistens. Aber – wir wählen, und wenn wir keine anderen finden, die sich aufstellen lassen, dann haben wir das verdient. Aber dann zu sagen: Ihr habt Schuld, daß dieses und jenes nicht klappt, das ist mir immer zu einfach, zu billig gewesen. Und da hat man manchmal skeptische Zuhörer.

Wer Politik verachtet, bekommt Beifall von allen Seiten. Wer sie verteidigt, wird schräg angesehen, und sie sagen: Was ist denn das für einer da vorne?

Aber ich tue es trotzdem. Ich bin selber in die Rolle gekommen, zu kandidieren. Zum Schluß habe ich es immer abgelehnt. Weil ich genau wußte, mit welcher Arbeit das verbunden ist, wenn man es ernst nimmt: jeden Feuerwehrhelm grüßen, jeder Kuh ans Euter fassen, wenn es auf der Landwirtschaftsausstellung sein muß. Es ist keine so tolle Vorstellung. Trotzdem, es muß gemacht werden. In der Demokratie gehört es dazu. Die Politiker regeln unsere Beziehungen, wenn wir es nicht jeden Tag selber machen wollen.

Ich versuche, die Dinge mit Humor anzupacken, Lust auf Demokratie zu machen. Das ist nun mal eine der besten Formen, die wir haben, wenn wir auf unsere Geschichte zurückschauen. Deshalb richtet sich mein Blick auch immer auf das Alltägliche. Das ist immer meine Arbeit gewesen. Die Weltrevolution war nie mein Ziel.

Auch der neue Mensch, vor dem graut es mir. Weil dann immer Leute bestimmen wollen, wer der neue Mensch ist!

Lieber Vorsicht und Abstand halten vor jeder Menschheitsbeglückung. Deshalb bin ich auch immer ein schlichter Sozialdemokrat geblieben.

Ich bin allerdings am 1. April 1960 dieser Partei beigetreten. Nach fünfundzwanzig Jahren habe ich gemerkt, daß ich am gleichen Tag auch in die Krankenversicherung gegangen bin. Von der SPD bekam ich eine kleine, versilberte Nadel, von der Krankenkasse eine Urkunde. Aber das soll keine Rückversicherung sein, daß ich am gleichen Tag in die Krankenkasse und in die SPD eingetreten bin.

In meiner neuen Rolle als Präsident der Akademie der Künste habe ich es natürlich auch nicht ganz einfach. Denn eine Institution, die über dreihundert Jahre alt ist, die denkt, die nächsten hundert Jahre schaffe ich auch noch. Ob mit dem oder mit dem, spielt keine Rolle.

Aber es war eine Situation entstanden, da kam eben das protestantische Verantwortungs-Ethos – und plötzlich war ich in der Falle. Aber es macht auch Spaß, von Leuten, die einen längst abgeschrieben hatten, auf einmal wieder ernst genommen zu werden. Ich kann nur sagen: ein gutes Gefühl! Ihre Gesichter erzählen: Jetzt kommt der schon wieder. Wir hatten ihn doch so schön in einem Loch untergebracht, jetzt kriecht der aus einem anderen Loch heraus!

Es war immer mein Prinzip: Das Karnickel hat in seinem wunderbaren Baugeflecht immer mehrere Ausgänge. Es weiß genau, wenn der eine zugemacht wird, müssen wir einen Notausgang haben. Nicht als Flucht, sondern als Möglichkeit einer dauernden Bewegungsfreiheit.

Ich habe meine Energie immer darauf verwandt, wenn mal was schiefging, zu fragen: Wie können wir es ändern? Wen finden wir als Partner?

Und ich bin immer auf der Suche mit der Frage, ob das, was ich mache, Satire, auf der Straße ankommt? Ob die Leute das überhaupt sehen? So war es auch mit dem Dürer-Plakat: »Würden Sie dieser Frau ein Zimmer vermieten?« Das war ein Überfall auf das soziale Gewissen der Leute.

Was wir in der Kunst toll finden, hoch verehren, teuer versichern, das habe ich ins Leben zurückgeholt. In diesem Fall in Nürnberg, anläßlich der Dürer-Jubiläums-Ausstellung, zurück an die Litfaßsäule. Und ich habe mich gefragt: Hat das eine Chance, wahrgenommen zu werden?

In meinem Büro, in der Altstadt von Heidelberg, teste ich das, indem ich meine Plakate an die Ladentür hänge. Und wenn die Touristengruppen vorbeigehen, erschallt Gelächter. Und da merkt man genau, wie jemand sozial empfindet, und dann nimmt das Gelächter langsam, aber sicher ab. Das ist genau der Effekt, den ich eigentlich erreichen möchte: eine bestimmte Nachdenklichkeit, das ist das Ziel! Viel mehr kann man gar nicht mit Plakaten erreichen, als Anregen, Fragen stellen – aber dann irgendwann auch auf Antworten bestehen.

Ich war ein sehr schwächliches Kind. Und da braucht man irgendwelche Anker, Halteseile, an denen man sich festhält. Und ich habe früh entdeckt, daß die Satire, die Ironie eine Art Überlebenschance für mich bedeutet. Um nicht vor den Starken, um das mal so auszudrücken, von vornherein zu resignieren.

Eigentlich kann ich die Welt nur satirisch sehen, sonst müßte ich verzweifeln. Und das möchte ich nicht. Da ich relativ gern lebe, ist das immer so eine Art Selbstrettung gewesen. Auch in schwierigen Situationen, in der Schule, wenn man aneckte und wußte, die anderen sind immer die Mehrheit. Man ist bei der Minderheit mit dem, was man will, was man erreichen möchte, was man ändern möchte. Da war das eine Chance, erst mal ganz schlicht und einfach zu überleben. Natürlich sehe ich die Welt mit anderen Augen. Meine Fotos sind ja eigentlich nur Zustandsbeschreibungen alltäglicher Situationen.

Die Absurdität des Alltags, auch die versteckte Ironie, welche die meisten Menschen gar nicht wahrnehmen, die ich aber sehe! Und ich möchte - gerade mit den Fotos – den Leuten die Augen öffnen, daß der Alltag auch Heiteres zur Verfügung stellt, wenn man nur hinschaut. Wenn man durch das Leben nicht nur mit Tunnelblick geht, sondern bereit ist, offen auf die Welt zuzugehen. Aber mit einer bestimmten Neugier. Das gehört dazu.

Es gibt das berühmte Bild vom Sisyphos, der den Stein den Berg hoch rollt, und der rollt immer wieder zurück. Das verbindet sich mit Günter Grass und vielen anderen. Es sind gar nicht so wenige, die das betreiben, denn das Schöne daran ist: Man hat immer Arbeit! Und in einer Gesellschaft, der die Arbeit auszugehen droht, ist es keine schlechte Vorstellung, immer was zu tun zu haben.

Das hängt ein bißchen mit meiner Jugendzeit zusammen, mit meiner Erziehung. Ich gehöre zu der Generation, deren Väter fast immer weg waren, erst im Krieg, dann in der Gefangenschaft, dann geflüchtet – im wesentlichen sind meine Brüder und ich von unserer Großmutter erzogen worden. Und die kam noch aus der alten Kärrner-Generation. Wenn da mal einer auf dem Sofa lag und sich ausruhte, kam immer die Frage: Habt ihr nichts zu tun? Könnt ihr euch das leisten, eine halbe Stunde faul herumzuliegen? So was prägt. Für die Umwelt, für die anderen ist das nicht so angenehm.

Ich bin inzwischen wie meine Großmutter: Ich habe wirklich immer etwas zu tun. Und wenn man älter wird, und die Lebenszeit erscheint begrenzt, versucht man natürlich, das, was man tun möchte, etwas schneller zu tun. Deshalb bin ich auch ein relativ ungeduldiger Mensch. Für meine Umgebung ist das manchmal schwer zu ertragen, weil ich frage: Warum muß das so lange dauern? Warum muß zwanzigmal nachgefragt werden, um einfache Dinge zu regeln?

Das sind Probleme, die ich auch mit der Akademie der Künste habe. Diese ewigen Sitzungen. Warum muß alles fünfmal, achtmal, zehnmal, zwölfmal hin und her bewegt werden, wo man doch relativ schnell weiß, wohin der Hase laufen soll!

Die Vorstellung vom glücklichen Menschen bezweifle ich. Da müßten ja unsere Vorfahren, die einen Zwölf-bis-vierzehn-Stunden-Arbeitstag hatten, alle glücklich gewesen sein. Das waren sie bestimmt nicht. Mit solchen Sprüchen wird viel Politik betrieben, indem man den Leuten ihr hartes Schicksal versüßen möchte. Ich bin jemand, der die Bilder entzaubern will und der es versteht, wiederum mit Bildern hinter die Sprüche zu blicken. Ich will den alltäglichen Schwindel für die Leute erkennbar machen. Da ist die Satire ein gutes Hilfsmittel. Ich gehöre zu den Risikobereiten, zu den Streitbaren, die eine Sache gern austragen möchten. Ich habe keine Begabung, wie man so schön sagt, »hintenherum«.

Ich bin keiner, der sich gern auf Schleichwegen bewegt, sondern ich gehe den direkten Weg. Ich suche die nächste Brücke über einen Fluß und überlege nicht, ob ich irgendwann mal eine Fähre finde, sondern ich orientiere mich an klaren Koordinaten. Und dann büxe ich auch mal wieder aus, das ist der andere in mir, der Künstler, der die Regeln, die er sich selbst aufgestellt hat, konterkariert und durchbricht. Ich bin wie ein Reiter im Zirkus, der zwei Pferde gleichzeitig reitet. Voraussetzung dabei ist aber, daß beide Pferde im Takt bleiben, daß Reiter und Pferde gleichzeitig versuchen, das auszubalancieren. Ich bin ein Balancekünstler. Und diese Stapel, die mich hier im Büro umgeben, sind auch meine Balance-Versuche. Sie so zu schichten, daß sie nicht zusammenbrechen, daß sie nicht wegrutschen, daß sie das Gleichgewicht halten. Das ist eine Angewohnheit, aber ich versuche meine Arbeit so zu machen, wie ich lebe, mit ganz verschiedenen Beschäftigungen die Balance halten. Außenstehende sehen immer ratlos bei dem zu, was ich alles gleichzeitig tue. Sie sind der Meinung, das gehört alles nicht zusammen. Für mich ist es aber trotzdem eine Einheit. Und bei all den für Außenstehende ganz rätselhaften Tätigkeiten, die ich ausübe, geht es doch für mich immer in einem Punkt zusammen.

Es gibt zwei große Felder, die ich wie ein alter Bauer zu beackern versuche. Das ist zum einen das große Feld der Politik, die Ethik in der Politik. Deshalb verteidige ich auch die Politk, so gut ich kann. Sie regelt unsere Beziehungen in der Demokratie. Wer soll das sonst tun? Der Wirtschaft noch mehr Macht übertragen?

Und das zweite Feld ist die Sorge für die Umwelt. Diese Arbeit hat zugenommen. Obwohl wir wissen, was wir anrichten, geht die Zerstörung der Natur weiter. Dem gilt es Einhalt zu gebieten. Wir reden alle von der Klimakatastrophe und selbst die primitivsten Boulevardblätter schreiben darüber. Gleichzeitig lassen wir Rennfahrer hochleben, die mit ihren Rallyes Straßen kaputtmachen, Leute überfahren und die Wüste zerstören. Wir haben die Erkenntnis, daß die Eisbären sich gegenseitig auffressen, weil sie es nicht mehr schaffen, von einer abschmelzenden Eisscholle auf die nächste zu kommen. Energie wird verschwendet, wie es schlimmer nicht mehr geht. Und alles geschieht gleichzeitig. Das bringt mich zur Verzweiflung, macht mich zornig, und ich versuche, jene, die dafür die Verantwortung tragen, vehement anzugreifen und an den Pranger der Öffentlichkeit zu stellen. Trotzdem prallt das künftige Unglück an den meisten Menschen ab. Doch dann sage ich mir, und ich sage es auch jungen Leuten: Es ist unsere Pflicht, uns gemeinsam darum zu kümmern, was mit Euerer Zukunft wird.

Die Drucker haben einen schönen Ausdruck: Rütteltisch. Wenn Papiere aus der Maschine kommen, müssen sie manchmal wieder auf Kante gebracht werden. Ich glaube, daß jede Gesellschaft mal auf den Rütteltisch gehört. Symbolisch gesprochen. Wenn sie erstarrt, wenn sie festgefahren ist. Nun gibt es Leute, die denken, die permanente Bewegung sei schon das Ziel. Ich habe mich darauf festgelegt, eine bestimmte Haltung zu bewahren und trotzdem offenzubleiben. Es ist nicht so einfach, die Balance zu halten zwischen einem Standpunkt, einer Überzeugung, die man sich mühsam erarbeitet hat, und gleichzeitig diese Überzeugung offenzuhalten für Entwicklungen, die unvorhersehbar sind und die von außen kommen, wo andere mit einem was anstellen wollen. Wie geht man damit um? Daß man nicht hilfloses Opfer seiner eigenen Überzeugung wird? Es ist ein ständiger Prozeß, der sich in einem abspielt.

Trotzdem bin ich nicht der Meinung: Nur wer sich ändert, bleibt sich treu. Das könnte allerdings auch der Slogan aller Opportunisten-Verbände sein. Nein – wie schafft man es, daß man sich treu bleibt und dennoch auf die Veränderungen, die außen ständig passieren, so eingeht, daß man seine Überzeugung nicht verrät?

Ich bin am 1. April 1960 in die SPD eingetreten, weil ich unter den damals zur Verfügung stehenden Alternativen in dieser Partei eine Möglichkeit sah, etwas mitzugestalten. Das habe ich gemacht, soweit es ging. Ich wollte nie als freier Intellektueller am Rande stehen und den anderen Zensuren erteilen, aber selber nicht richtig für etwas verantwortlich sein. Das hat mir immer widerstrebt. Ich werde für alle Fehler meiner Partei mit in Haftung genommen. Das ist so. Ich entschuldige mich auch nicht permanent, daß ich da drin bin. Aber ich habe stets darauf geachtet, daß ich von meiner Partei unabhängig bleibe. Keine Aufträge, sondern alles, was ich mache, tue ich im eigenen Auftrag. Man kann anregen, zusammenarbeiten mit Greenpeace oder Amnesty International, kann überlegen, was man gemeinsam machen kann. Das, was wir uns Spaßgesellschaft zu nennen angewöhnt haben – dieser Spaß ist schon längst vorbei. Auch »Brot und Spiele« funktioniert nicht mehr richtig.

Wenn es mit dem Hinweglügen irgendwann nicht mehr klappt, wie füllen die Menschen dann diese Leere? Ob sie wieder nach dem berühmten starken Mann rufen? Wir Deutschen haben eine Neigung dazu. Ob sie wieder alles delegieren wollen auf eine Heilslehre? Oder flüchten sie in seltsame Sekten? Wo werden die Leute ihre Orientierung finden? Sie suchen einen Halt in der immer unübersichtlicheren globalen Welt, die uns zudeckt mit Begriffen, bei denen man das Gefühl hat, eine ganze Industrie arbeite daran, hygienisch einwandfreie Begriffe zu erfinden, um die Bedrohung wegzunehmen, um die Wahrheit mit Lüge zu verdecken.

Die Leute auf den Boden der Realität zurückzubringen, diese Versuche sind für viele nicht angenehm. Aber aufmerksam machen, das möchte ich schon. Ich komme nicht als Kontrolleur und auch nicht als jemand, der die Leute nur beschimpfen will. Ich sage auch nicht: Tu das und tu das nicht! Sondern ich mache mit meinen Arbeiten Angebote, es ist so eine Art Arbeitsmaterial, das ich zur Verfügung stelle. Wenn man dafür eine Überschrift braucht, würde ich sagen: Demokratiebedarf! Ich bin ein Produzent von Materialien, die man als Demokratiebedarf bezeichnen könnte. Und es klappt immer dann, wenn die Leute damit etwas machen. Oft werde ich gefragt: Wie können Sie die Wirkung Ihres Erfolgs messen? Erfolg ist schwer zu definieren. Es klappt nur dann, wenn Sachen, die ich produziert habe, von Menschen in deren eigene Arbeit einbezogen werden. Dann war es erfolgreich!

Ich glaube, jeder, der als Künstler startet, ist erst einmal verunsichert, wenn er nicht ein so überdimensioniertes Selbstbewußtsein hat, das alles andere überdeckt.

Nein. Ich habe ja nie eine Akademie besucht. Ich bin der klassische Autodidakt. Ich bin immer in Ausstellungen gelaufen und habe dann gemalt und gezeichnet, was ich gesehen hatte. Ich habe mich mühsam bis zum Plakat vorgetastet, weil ich immer die Öffentlichkeit suchte und nicht den intimen Galerie-Rahmen wollte. Ich war nie in der Versuchung, mit der Mappe unterm Arm herumzulaufen und zu fragen: Wollen Sie nicht mal meine Sachen ausstellen? Das war mir peinlich. So bin ich stets versucht gewesen, direkt in die Öffentlichkeit zu gehen. Und die vielen Einladungen, die nachher kamen, zu Ausstellungen – ich habe weit über dreitausend gemacht –, die Einladungen auf die »Documenta«, das hat mir eine gewisse Sicherheit gegeben.

Die erste Sicherheit war der Zille-Preis 1970 für sozialkritische Grafik. Da sahen die anderen zum erstenmal, daß man das, was ich mache, offenbar doch ernst nehmen muß. Das ist keine Spielerei, wie das Hobby eines Juristen, der sich in seiner Freizeit mit künstlerischen Dingen beschäftigt. Und natürlich wurde nach dem Lehrmeister gefragt. Jeder hat Lehrmeister, auch wenn er nicht an der Akademie studiert hat.

Einer meiner großen Lehrmeister war wirklich Joseph Beuys. Von ihm habe ich sehr viel gelernt. Er hatte ein sehr starkes, kaum zu übertreffendes Formgefühl.

Er hatte der Häme-Gesellschaft zäh widerstanden, seine Sache allen Widerständen zum Trotz gemacht und zu seinen Ideen gestanden. Mit denen stimmte ich nicht immer überein, und wir hatten mal eine Konflikt-Phase parteipolitischer Art, als er sich zu den Grünen hin bewegte und ich Sozialdemokrat blieb. Da haben viele Leute versucht, Gift in diese Wunde zu träufeln. Das war auch eine Zeitlang erfolgreich. Aber über die schöne utopische These, die er mal aufgestellt hat, sind wir wieder zusammengekommen: Freier demokratischer Sozialismus!

Das ist eigentlich eine Tautologie, aber wir wollten immer den freien Menschen, den Willensbestimmten, nicht den Fremdbestimmten. Und da war Beuys jemand, der mir vorlebte, wie man als Künstler eine Chance bekommt, wenn man einen nichtalltäglichen Weg geht.

Eines Tages bin ich auf ihn zugegangen. Das war zur »Documenta 68« – ich hatte die Vorstellung, die Idee, etwas gegen diese Kitsch-Postkarten zu machen, welche die Städte ihren Touristen anbieten. Ich wollte Künstler bitten, ihre eigenen Postkarten zu den Städten zu entwerfen. Und der erste, den ich ansprach, war Joseph Beuys. Ich habe ihn in Düsseldorf besucht. Und wie das manchmal ist: die Chemie stimmte! Schon nach dem ersten Mal hat er mir in der Kunst-Akademie eine wunderbare Arbeit hinterlegt, die ich hüte wie meinen Augapfel. Und da war klar, daß wir beide uns ergänzen könnten, obwohl wir zwei grundverschiedene Menschen sind. – Beuys, der eher spirituelle Typ, und ich, der letztlich dann doch rationale.

Wir sind wunderbar aufeinander eingegangen, uns hat eine achtzehnjährige Arbeitsfreundschaft verbunden. Ich habe über zweihundert Editionen von ihm verlegt. Wir waren neugierig aufeinander. Und Beuys wußte, wenn er bei mir etwas verlegte, das wurde ordentlich erledigt, zusammen mit Gerhard Steidl, der als Drucker dabei war. Auf uns konnte er sich verlassen. Wir hatten 1974 zusammen eine wunderbare Reise nach Amerika, Beuys, Steidl und ich, es war mein erster USA-Besuch. Über

Beuys habe ich Andy Warhol kennengelernt, denn auch diese Reise war Arbeit, wie alles bei Beuys. Wir waren keine Touristen, sondern teilten Beuys' Credo: »Ich kenne kein Weekend. Die Mysterien finden im Hauptbahnhof statt!« Das waren für mich bestimmende Orientierungen. Trotzdem ist jeder seinen Weg gegangen.

Eine andere prägende Freundschaft war die mit Heinrich Böll. Wir haben zusammen mit Böll und ein paar anderen Künstlern den Versuch unternommen, eine Freie Schule für Kreativität und interdisziplinäre Forschung ins Leben zu rufen. Das wurde dann nichts, weil wir der Meinung waren, die Idee sei zwar wunderbar, aber sie in die Praxis umzusetzen, bringe die Gefahr mit sich, daß aus ihr doch wieder eine ganz normale Schule würde.

Beuys, Böll, Staeck – wir waren ein gutes Dreieck. Es funktionierte so: Von Beuys kam eine Anregung. Dann hieß es: Wer macht einen guten Text dazu? Das war natürlich Bölls Aufgabe. Und das dritte war dann mein Part: das Ganze ein bißchen korrigieren, es praxistauglich machen und unter die Leute bringen. In dieser Konstellation waren wir unschlagbar. Und die vielen Initiativen, die wir damals gestartet haben, waren ziemlich erfolgreich.

Ich habe auch ein paar Theaterplakate, ein paar Filmplakate gemacht. Dafür kam die Anregung von außen. Das war, wenn man so will, ein halber Auftrag. Und da ich nicht nach Auftrag arbeite, ist es ganz logisch, daß es in diesem Genre so wenig von mir gibt. Trotzdem hat es mir immer wieder großen Spaß gemacht, für eine gezielte Sache zu arbeiten, etwa für den Film »Deutschland im Herbst« oder für den Anti-Strauß-Film »Der Kandidat«. Theaterplakate entstanden für Rolf Hochhuths Stück »Der Stellvertreter«. Das waren Dinge, die mich inhaltlich beschäftigten, mit denen ich nachweisen konnte, daß meine Plakate aus sich heraus leben: Das ist der Text, der Slogan, dazu ein Bild, das nicht dazu paßt – und dann die Hoffnung, daß im Betrachter das eigentliche Bild entsteht, ein Puzzle, zusammengebracht aus Bild und Text. Nur so funktioniert, was aber beim Theater- und Filmplakat schwer zu machen ist: Man hat ja einen vorgefertigten Titel und muß ihn eigentlich nur illustrieren. Und das Illustrieren ist nicht so meine Arbeit.

Als wir mit Beuys und Böll versuchten, diese Freie Schule zu gründen, war die erste Frage: Gibt es überhaupt Bedarf für so etwas? Wir waren der Meinung, so wie die Schulen angelegt sind, verhindern sie eher Kreativität. Und ich glaube mehr denn je, das Denken auf ein Karriereziel hin ist schädlich. Das merkt man heute bei vielen Diskussionen. Die jungen Leute haben einen auf ein bestimmtes Ziel gerichteten Karriereblick. Aber wehe, das Ziel wird nicht erreicht. Da man heute weniger denn je so etwas planen kann, vergibt man sich sehr viel. Auch ich habe zuerst alles Mögliche studiert, mich umgesehen. Es wurde uns damals geradezu empfohlen: Versuchen Sie, Ihr Studium so breit wie möglich anzulegen. Aber das »so breit wie möglich« schienen vielen damals eine Art Zeitverschwendung. Was ich heute leider feststellen muß: der Bildungs-Kanon ist auf dem Rückzug, der Unterhaltungs-Kanon auf dem Vormarsch. Die Frage, ob das umkehrbar ist, weiß ich nicht zu beantworten. Ein paar Leute und ich versuchen, dagegen etwas zu tun. Wir haben deshalb jetzt das Jahr der Geisteswissenschaften ausgerufen. Wenigstens ein Ansatz, darüber nachzudenken, denn das Radio schmalzt uns zu. Und den größten Teil ihrer Freizeit verbringen die Leute vor dem Fernseher.

Da ist man mit dem Wort »Verblödung« leicht bei der Hand. Aber mancher Zustand ist leider auch nur so zu begreifen, weil die Voraussetzung für vieles gar nicht mehr existiert. Ich komme oft in Interview-Situationen, wo ich das Gefühl habe, der mich da fragt, der weiß gar nicht, was er mich fragt, weil er die Voraussetzung für die Frage nicht kennt. Und insofern ist eine gefährliche Situation eingetreten – ich behaupte, gefährlich! –, wenn man sich in den Medien mit Dummheit profilieren kann. Ich bin mit einem anderen Gefühl groß geworden: wenn ich dabei ertappt wurde, etwas nicht zu wissen, was ich eigentlich hätte wissen müssen, habe ich mich ganz altmodisch ein bißchen geschämt und wurde lieber ein bißchen leiser. Heute gibt es Leute, bei denen habe ich das Gefühl, die gehen damit hausieren, daß sie viele Dinge nicht wissen. Das ist natürlich für eine Gesellschaft wie unsere, die darauf angewiesen ist, im weitesten Sinne durch Kreativität überleben zu können, eine absolute Katastrophe. Vor diesen Unterhaltungssendungen, diesen Besten-Listen, die Beate Uhse gegen Immanuel Kant ins Rennen schicken, um zu fragen: »Wer ist der Größte?«, kann ich nur schreiend davonlaufen. Wenn Fußballer mit Philosophen verglichen werden oder mit Schauspielern, ist dieser Vergleich einfach gefährlich. Diejenigen die immer gegen die Gleichmacherei geschrien haben, betreiben die Gleichmacherei auf eine brutale Weise, wie ich mir das hätte nie vorstellen können.

Ich habe ein Problem: Ich muß für meine Kunst Öffentlichkeit herstellen. Und damit mir das gelingt, brauche ich, um meine Vorstellung von Öffentlichkeit umzusetzen, diese Medien, Rundfunk, Fernsehen, Presse. Was Wallraff, ein paar andere Leute und ich betreiben, ist der Versuch, eine Art Gegen-Öffentlichkeit herzustellen. Aber auch dafür muß man ein Instrumentarium haben. Und das ist dann doch wieder das vielgeschmähte Fernsehen, das ich kritisiere, weil es eben dem Unterhaltungswahn zu viel Raum gibt. Und trotzdem gehe ich in die eine oder andere Sendung, um zu sagen: Besser, ich gehe jetzt dahin und versuche eben, meinen Widerspruch zu dem Medium, in dem ich mich gerade befinde, deutlich zu machen, als daß ich zu Hause sitze, schmolle und alle beschimpfe. Wieder diese Balance, die man versuchen muß. Immer wieder neu definieren, wie weit ich gehen kann. Das ist eine ständige Frage. Man geht in eine Sendung, und da ist einer dabei, von dem weiß man, daß er eigentlich in dieser Sendung nichts zu suchen hat. Wieso mobilisieren wir jetzt ein handfestes Thema mit diesem Scharlatan? Vieles ist wie ein Drahtseilakt.

Als Kind wollte ich nicht Lokomotivführer werden, obwohl ich leidenschaftlich gern Zug fahre. Ich wollte immer Zirkusdirektor werden. Ich bin auch mal ein Stück mit einem Zirkus mitgezogen. Immer, wenn es darum ging, der Zirkus suchte Freiwillige zum Aufbauen, habe ich mich als Schüler sofort gemeldet. Das war eine spannende Zeit, weil die Zirkuswelt mich fasziniert hat. Dieses Jonglieren, die Tiere, das Dressieren – aber gleichzeitig sich immer wieder auflösen. Und dann auch über das Seil gehen. Ich habe das Gefühl, die Mehrheit unserer Mitbürgerinnen und Mitbürger haben so ein Verhältnis zum Politiker: Er soll aufs Seil, die anderen bleiben auf ihren Zuschauerrängen zurück und warten nur darauf, daß er abstürzt. Und wenn er es auf dem Hinweg nicht schafft, dann vielleicht auf dem Rückweg. Dann haben sie ihre Befriedigung, wenn er in den Sägespänen liegt. Ich gehe lieber selbst in die Arena. Ich fühle mich bei den Sägespänen wohler als auf den Logenplätzen.

Im Grundgesetz, Artikel fünf, gibt es die wunderbare Formulierung: »Die Kunst ist frei.« Ich habe mich in meinen vielen Prozessen nie darauf berufen, sondern immer auf die Meinungsfreiheit, weil ich gewisse Zweifel habe, ob die Kunst denn wirklich frei sei. Ich habe ein Plakat gemacht, auf dem sich die Kunst unter einer Käseglocke befindet, mit dem Zusatz: »Die Kunst ist frei!«, das ist sie nicht, denn sie wird in vielen Bereichen von wirtschaftlichen Interessen beherrscht. Und Zensur – das war früher fast schön, wenn etwas herausgeschnitten wurde und man hatte plötzlich eine freie Fläche –, Zensur heute spielt sich ganz anders ab. Die Schere braucht man heute gar nicht mehr – sie klappert in den Köpfen. Ich habe Zweifel an der Kunstfreiheit, weil die Verfassung vergessen wird.

Die Verfassung ist ein Regelwerk, ein Versprechen, das ausgeführt werden muß. Ein Versprechen, das man sich selber gibt. Und dafür muß man eben etwas tun, denn Demokratie bedeutet ja Arbeit. Viele haben noch nicht eingesehen, daß Demokratie immer Beteiligung, Einmischung bedeutet – und das ist nicht immer erfolgversprechend. Es ist eben kein Lotto-Spiel. Millionen Spieler hoffen, den Jackpott zu knacken, obwohl sie genau wissen, daß Millionen jede Woche immer wieder verlieren, damit ein paar gewinnen können. Merkwürdigerweise wird dieses Prinzip nicht auf andere Bereiche übertragen.

Haben wir in unseren Genen etwas Schizophrenes? Wir wollen etwas, und wenn einer fragt: »Wer packt denn nun an?« – dann sind auf einmal alle weg. Dann haben alle Urlaub oder ein krankes Kind. Alle haben dieses oder jenes und sagen: »Mach du das mal, du hast es doch angeregt!«

In dieser Rolle bin ich sehr oft. Da muß man aufpassen, um nicht zu resignieren, denn es sitzen einem immer zwei Dinge im Nakken: Die Gefahr der Resignation und die Gefahr, zum Zyniker zu werden. Beiden versuche ich zu widerstehen, und ich hoffe, das bleibt bis zum Lebensende so. Aber es gibt leider viele Gründe, jeden Tag daran zu zweifeln. Und gleichzeitig versuche ich immer die zehn Gründe zu finden, warum es doch einen Sinn hat, weiter zu arbeiten.

Ich bin kein mutiger Mensch. Ich habe von der Natur eine gewisse Courage mitbekommen, und ich habe ein bestimmtes Gefahren-Bewußtsein. Wenn ich eine Gefahr erkenne, versuche ich sie im Vorfeld abzuwehren und nicht erst, wenn der Schaden eingetreten ist. Ich bin jemand, der als Beobachter eine Witterung aufnimmt, und gleichzeitig bin ich Feuerwehrmann.

Den Brand orten und dann löschen. Damit ist jedoch bestenfalls ein alter Zustand wiederhergestellt.

Aber wie kommt man darüber hinaus? Indem man einen Schritt weiter geht. Das bedeutet aber auch, sich mit Autoritäten anlegen.

Nur so allgemein sagen, die Umwelt ist gefährdet, das reicht nicht. Nein, auch Personen sind zu benennen. Da besteht natürlich die Gefahr, daß die sich wehren und sagen: Moment mal, der hat uns hier angegriffen. Wir sind bloß Funktionsträger und klagen, und es ist dann ein Erfolg, wenn das Gericht sagt: »Sie sind nicht nur Funktionsträger, Sie sind auch verantwortlich für das, was Sie in dieser Funktion tun.«

Die Satire hat immer mit starken Organisationen, Personen, Konzernen usw. zu tun. Am Anfang mußte ich mich daran gewöhnen, daß die anderen zurückschlagen. Ich habe auch schon tagelang nicht zu Hause geschlafen, weil ich von anonymen Anrufen bedroht wurde. Da bin ich zur Polizei gegangen und habe gefragt: Was muß ich eigentlich ernst nehmen? Und da hat die Polizei gesagt: »Ach, die sollen sich abreagieren, das können Sie gleich vergessen.«

Aber so einfach ist das nicht, wenn deine anonymen Feinde dich ganz ruhig wissen lassen: »Wir wissen genau, wo du hockst. Wir wissen, wann du das Büro verläßt, wo du demnächst bist.«

Die muß man fürchten, da muß man aufpassen, obwohl ich kein ängstlicher Typ bin. Man kann mich in jedes Bahnhofsviertel der Welt schicken, vor dem alle warnen: »Bloß nicht dahin gehen!« Da gehe ich wie ein Wanderer durchs Leben und sage: »Mir kann keiner! Die müssen doch wissen, daß ich jemand bin, der nichts Böses will.« Obwohl mir viele Menschen Böses unterstellen, weil sie Kritiküben nicht als das Salz in der Suppe der Demokratie empfinden, sondern als störend. Viele Menschen empfinden Kritik als etwas Unanständiges.

Die Demokratie lebt aber vom Kritiküben. In Diktaturen darf man keine Kritik üben, wenn man nicht Gefahr laufen will, verhaftet zu werden. Aber auch in der Demokratie darf man nicht zu erkennen geben, daß man Angst hat. Man kann sie ruhig haben, aber man darf auf andere nicht ängstlich wirken, sonst hat man schon verloren. Wenn ich einmal einen Prozeß verloren hätte, würden alle schwanken. Das ist nun mal meine Lebenserfahrung: Die meisten schwanken! Sie teilen die Ideen und sind bereit, zu folgen, solange es keinen Zusammenprall gibt. Kommt der, sind sie ganz schnell auf der anderen Seite.

Deshalb ist die Demokratie immer gefährdet. Deshalb braucht es Angebote. Man muß Lust auf Demokratie machen, damit die Leute über ihren Alltagsverdruß hinwegkommen. Den haben sie natürlich. Wer über zwanzig Jahre Arbeitslosigkeit am eigenen Leibe erfahren hat, dem kann man nicht groß mit Demokratie kommen als der besten aller Staatsformen. Das wird den nicht überzeugen. Der wird sagen: »Schaff mir Arbeit, dann glaube ich auch an deine Demokratie!«

Dies alles auszuhalten, daß es Niedertracht gibt, daß es große Zeitungen gibt, die von der Häme leben, die Menschen vernichten wollen, daß es hochangesehene Menschen in diesem Staat gibt, die keinen Cent Steuern zahlen, die zum Gemeinwesen nichts beitragen, aber Forderungen aller Art stellen: Das sind für mich empörende Dinge.

Wer wird da alles in den Sportsendungen der Medien hochgejubelt, zum Beispiel bei der Fußball-Weltmeisterschaft. Von diesen Moderatoren zahlt kaum einer seine Steuern in Deutschland. Das ist doch ein Skandal ohnegleichen. Aber der Skandal wird zur Normalität erklärt – und da bin ich jemand, der bereit ist, sich mit allen anzulegen. Das ist mein Patriotismus.

Wir haben ja gerade so eine Patriotismus-Debatte erlebt. Wer sich da alles draufsetzte, nur weil die Leute in ihrer Fußball-Begeisterung bereit waren, mit den Fahnen zu wedeln. Ich habe es nicht als große Gefahr gesehen, daß da ein neuer Nationalismus droht. Das schon mal gar nicht. Die Fahnen sind relativ schnell wieder verschwunden. Das war absehbar.

Schwarz-rot-gold, das sind die Farben der Paulskirche und der Befreiungskriege. Darauf können wir wirklich stolz sein. Aber weil mit dem Stolz über Generationen Mißbrauch getrieben wurde, sind wir vorsichtig geworden. Es zeichnet uns auch aus, daß wir uns mit unserer Vergangenheit auseinandergesetzt haben. Viele andere Völker tun das nicht, die wollen lieber den Deckel schließen. Wir haben uns oft in selbstquälerischer Art auseinandergesetzt und sind in ein Stadium gelangt, in dem wir dann auch mal die Fahne zeigen können, ohne daß wir gleich wieder verdächtigt werden, einen neuen Krieg anfangen zu wollen.

Ich habe mich immer als eine Art Patriot verstanden, vor allem im Ausland. Die Bundesrepublik Deutschland habe ich nie, wie das andere getan haben, als einen Polizeistaat bezeichnet. Sondern ich habe immer gesagt: Leute wie ich, die scharf angreifen, haben in dieser Demokratie ein Bleiberecht auf Dauer, das nicht jeden Tag in Frage gestellt wird, und deshalb fühle ich mich verpflichtet, dafür einzutreten, daß dieser Zustand erhalten bleibt. Aber das bedeutet, nochmals sei es festgestellt, Arbeit. Ich habe viele, die man zuerst als Vaterlandsverräter beschimpft hat, dann als Patrioten empfunden, weil sie die gute Verfassung, die wir nun einmal haben, auch verteidigen. Und die Demokratie verteidigen – was kann man denn Besseres tun?

Nationalismus ist immer eine Gefahr, denn ihm folgt schnell der Chauvinismus. Wir sind in einem Stadium der wirklichen Läuterung nach all den grauenhaften Exzessen, durch die unser Volk gegangen ist. Jetzt sind wir in einem Stadium angelangt, in dem wir Europäer werden und uns als gleichberechtigte Mitglieder einer europäischen Gemeinschaft empfinden können.

Manchmal werde ich gefragt: »Als was fühlen Sie sich eigentlich?« In Sachsen geboren, in Sachsen-Anhalt groß geworden – jetzt bin ich sogar Kultur-Senator von Sachsen-Anhalt geworden, übrigens ein wunderbares Land, das zu Unrecht viel zu wenig bekannt ist –, dann bin ich hier Pfälzer, Kurpfälzer ...

Mit dem Satz »Ich bin ein Deutscher!« habe ich nie Probleme gehabt, weil es für mich nicht mit irgendwelchen wilden Emotionen aufgeladen ist. Ich habe einmal gesagt: »Ich bin eigentlich, wenn man so will, ein typischer Deutscher, der anderen nicht auf die Füße tritt und der versucht, mit Disziplin eine Überzeugung zu leben, die bei mir eine demokratische Überzeugung ist.« Das war sehr mühsam.

Für einen wie mich, der aus der DDR kam, wo man mit einem Gegenbild groß geworden war, war es nicht einfach, plötzlich viele Bilder zuzulassen. Ich habe lange gebraucht, um den anderen, der eine andere Meinung hat, zu ertragen und ihn nicht bis aufs Messer zu bekämpfen. Da hat mir die Satire geholfen, mit Bildern in der Sache scharf zu werden, »denn Satire«, hat Heinrich Böll immer gesagt, »ist nun mal kein Himbeerwasser«.

Das war zu begreifen: Gut, die anderen haben die Wahl gewonnen. Jetzt müssen wir besser arbeiten, damit wir das nächste Mal die Wahl gewinnen.

Bei dieser politischen Arbeit ist mir aber auch klargeworden: Das Demokratische entspricht nicht der menschlichen Natur.

Die meisten Menschen leben für ihren Egoismus, wollen die Dinge zuerst für sich und dann für ihre Sippe regeln. Als ich das begriffen hatte, habe ich mir die Parteiprogramme angeschaut, vor allem das sozialdemokratische, das ja kein revolutionäres Programm ist, absolut nicht. Aber die Revolutionen haben bisher selten etwas Gutes gebracht. Für mich sind die wahren Revolutionäre die Reformer. Das ist immer noch das beste: sich mit anderen zusammen energisch für Veränderungen einzusetzen.

Ich hatte nie Sehnsucht nach dem berühmten neuen Menschen, den manche Ideologen als Skizze an den Himmel gemalt haben. Im Grunde wollten sie selber definieren, welcher Mensch ihren Maßstäben entspricht. Da bin ich ganz zurückhaltend. Ich möchte schon meinen eigenen Maßstab bestimmen und nicht, daß andere über mich bestimmen. Ich respektiere die Autonomie des anderen, aber ich erwarte auch Respekt vor meiner Autonomie. Mir schwebt das schöne Bild vom Fackelläufer vor Augen, und ich frage mich, wem drücke ich meine Fackel einmal in die Hand?

III

Kleine Friedensrede

Eberhard Görner
1. Mai 1999

Im April 1999 wurde im Berliner Ensemble der neunzigste Geburtstag von Marianne Hoppe gefeiert, einer der letzten großen Schauspielerinnen deutscher Theatergeschichte in diesem Jahrhundert. In der Intendanz des Theaters verriet man mir, sie käme kurz vor sieben Uhr abends mit einem Taxi vor den Theatereingang gefahren.
Ich wollte sie sprechen, weil mich in den letzten Wochen das Manuskript für einen Dokumentarfilm über den Schauspieler und Regisseur Gustaf Gründgens beschäftigte. Marianne Hoppe und Gustaf Gründgens waren von 1936 bis 1945 miteinander verheiratet. Für den Film ist sie eine der wichtigsten Zeitzeugen.
Bevor Marianne Hoppe kam, blieb mir noch eine Stunde, ich nutzte sie, um mir in Ruhe wieder einmal das Bertolt-Brecht-Denkmal anzusehen, das als eine der letzten Arbeiten des Bildhauers Fritz Cremer Mitte der achtziger Jahre entstand und vor dem Berliner Ensemble aufgestellt worden war.
Die Bronze-Plastik des auf einem Stuhl sitzenden Dramatikers hatte Fritz Cremer in seinem Atelier am Pariser Platz, nahe beim Brandenburger Tor, modelliert, dort hatte Max Liebermann bis 1933 seine Bilder gemalt.
Danach erläuterte in den gleichen Räumen der Architekt und Rüstungsminister Albert Speer seinem Führer des Großdeutschen Reiches, Adolf Hitler, anhand von Holz- und Gipsmodellen seine Umbaupläne, die nach dem Endsieg aus Berlin ein monumentales Germania entstehen lassen wollten.Speers und Hitlers Germania-Träume endeten in den Trümmerhaufen von Königsberg bis Trier. Aus dem jetzt an der Oder endenden Nachkriegs-Deutschland wurden zwei deutsche Staaten.
Sechs Jahre Krieg gegen die Welt hatten das deutsche Volk traumatisiert. Es duckte sich, voller Angst, Scham und Wut über die

verlorene Chance, Europa zu erobern, in die Ackerfurchen auf der Suche nach Kartoffeln und Getreidekörnern.

Im Jahre 1949 gab sich zuerst die Bundesrepublik Deutschland ein Grundgesetz, kurz darauf schrieb sich mit ihrer Verfassung die Deutsche Demokratische Republik in das Buch europäischer Nachkriegsgeschichte ein.

Unter der Kontrolle der Franzosen, Engländer und Amerikaner beschlossen die Westdeutschen, Demokraten zu werden.

Und die Ostdeutschen fügten sich dem russischen Sieger, so hatten es die Alliierten in Potsdam entschieden, und verkündeten ab sofort an jedem Ersten Mai ihre ewige Freundschaft mit der Sowjetunion.

Welche Musik brauchte man für so eine Wende-Politik? Bundeskanzler Konrad Adenauer befand, die Melodie von Haydns »Kaiserquartett« zu »Deutschland, Deutschland über alles« könne bleiben, vom Text dürfe nur die dritte Strophe genommen werden.

Der Erste Sekretär der SED, Walter Ulbricht, stellte dem aus seinem New Yorker Exil zurückgekommenen Komponisten Hanns Eisler und dem aus der Moskauer Emigration heimgekehrten Dichter Johannes R. Becher eine schwierigere Aufgabe: Sie sollten sich ein in die Zukunft weisendes Lied einfallen lassen.

Die Nationalhymne für die DDR ist vielleicht einer der besten Texte, den Becher verfaßt hat. Seine Vision von einer friedlichen Welt wird zum Appell an das Gewissen deutscher Geschichte:

> Auferstanden aus Ruinen
> Und der Zukunft zugewandt,
> Laß uns dir zum Guten dienen,
> Deutschland, einig Vaterland.
> Alte Not gilt es zu zwingen,
> Und wir zwingen sie vereint,
> Denn es muß uns doch gelingen,
> Daß die Sonne schön wie nie
> Über Deutschland scheint.

Anfang der fünfziger Jahre. Ich sehe noch heute die Augen meiner Mutter und die Gesichter der Frauen unseres Dorfes vor mir. Wie sie zusammen mit ihren Männern, die fast alle im Steinkohlenbergbau arbeiteten, vor der Tribüne des Ersten Mai die letzte Strophe dieser Verse von Becher singen. Andächtig, so voller Hoffnung, als wäre es ein Gebet:

> Glück und Friede sei beschieden,
> Deutschland, unsrem Vaterland!
> Alle Welt sehnt sich nach Frieden,
> Reicht den Völkern eure Hand.
> Wenn wir brüderlich uns einen,
> Schlagen wir des Volkes Feind.
> Laßt das Licht des Friedens scheinen,
> Daß nie eine Mutter mehr
> Ihren Sohn beweint.

Als dieser Text Anfang der siebziger Jahre in der DDR verboten wurde und nur noch die Melodie gespielt werden durfte, begann der geistige und moralische Untergang des ersten deutschen Arbeiter-und-Bauern-Staates.

Es ist schon merkwürdig: Die Kunst fühlt und beschreibt sehr genau, wann ein Staat zu erodieren beginnt, und sie schreit immer wieder, rechtzeitig und laut vor Angst, wenn ein neuer Krieg am Horizont steht. Die Kunst ähnelt in solchen Momenten einem kleinen Fisch, der, wenn er in der Ferne den Hai auf sich zukommen sieht, sein Maul vor Schreck weit aufreißt. Doch keiner hört ihn, den kleinen Fisch und seine Wahrheit. Und um ihn herum spielt der lustige Schwarm der Fische das alte Spiel: Es gibt keine Haie!

»Krieg wird sein, solange auch nur ein Mensch am Krieg verdient«, lese ich an einer der schwarzen Marmorsäulen, in die Fritz Cremer Brecht-Zitate eingemeißelt hat.

Je älter ich werde, um so deutlicher begreife ich: Die Politik hat zwei Schwestern. Eine heißt Verdrängung, und die andere Macht. Die Verdrängung und die Macht, diese siamesischen Zwillinge einer verheerenden Weltgeschichte – warum haben die Götter sie den Menschen in die Wiege gelegt?

»Vielleicht braucht jede Generation spätestens nach vierzig Jahren ihren eigenen Krieg«, sagte mir neulich ein Freund.

»Willst du damit bejahen«, fragte ich ihn, »daß sich nur so viel Wahrheit durchsetzt, wie wir durchsetzen, oder willst du damit verneinen, was Brechts Hoffnung war: ›Der Sieg der Vernunft kann nur der Sieg der Vernünftigen sein!‹?«

»Es gibt keine Vernunft auf der Welt«, antwortete er, »also können die Vernünftigen auch nicht siegen.«

Wir feiern in diesem Jahr fünfzig Jahre Bundesrepublik und den zweihundertfünfzigsten Geburtstag von Goethe. Kunst und Krieg waren ihm Thema des Lebens.

Ich bin sicher, die Politiker, die stolz auf ihre Videotafeln jeden Abend im Fernsehen der Welt die Treffsicherheit ihrer neuesten Laserrakete präsentieren, kennen das Goethe-Zitat:

> Manches Herrliche der Welt
> Ist in Krieg und Streit zerronnen;
> Wer beschützet und erhält,
> Hat das schönste Los gewonnen.

Und doch wird man das Gefühl nicht los, sie haben im Geschichtsunterricht nicht zugehört. Die Politik der Zerstörung europäischer Strukturen auf dem Balkan, die bis vor kurzem noch intakt waren, zum Beispiel, ist alles andere als Ausdruck politischer Weitsicht und Vernunft.

Erhalten, bewahren, Goethes Worte stehen in diesen Tagen wie Obdachlose vor den Ohren der Mächte. Die wollen im Kosovo-Krieg auf beiden Seiten ihr Gesicht nicht verlieren. Aber haben sie überhaupt ein Gesicht? Hat der postnationalistische Faschismus der Serben irgendeinen Wert? Und die NATO? Warum hat sie keine Kraft zum Dialog? Muß sie, nach fünfzig Jahren Frieden im Kalten Krieg, ihren Geburtstag unbedingt mit Bomben, Uranmunition und Raketen feiern, die, wenn sie an die falsche Wolke stoßen, in Sofia landen? Warum wird die UNO zum Bettler internationaler Kommunikation gemacht? Wem nutzt das alles?

Die Büchse der Pandora, ein Geschenk des Kriegsgottes Zeus, ist neuerlich, mitten in Europa, geöffnet worden. Diese Büchse enthält keine Hoffnung, aber dafür alle Übel, die über Menschen kommen können.

Wie schwer es ist, das Faß des Leidens wieder zu schließen, wird uns jeden Tag im Fernsehen vorgeführt. Warum, so fragt uns der an seiner Existenzberechtigung interessierte Kriegsteufel frech, soll ich wieder zurück an die Leine? Er weiß, und er rechnet damit, wer Waffen schmiedet und Krieg bereitet, den erwartet nicht der Zither Klang.

Wenn Goethe heute leben würde, er könnte erneut niederschreiben, was er 1824 notierte:

»Es gibt zwei Momente der Weltgeschichte, die bald aufeinander folgen, bald gleichzeitig, teils einzeln und abgesondert, teils höchst verschränkt, sich an Individuen und Völkern zeigen.

Der erste ist derjenige, in welchem sich die einzelnen nebeneinander frei ausbilden: dies ist die Epoche des Werdens, des Friedens, des Nährens, der Künste, der Wissenschaften, der Gemütlichkeit, der Vernunft. Hier wirkt alles nach innen und strebt in den besten Zeiten zu einem glücklichen häuslichen Auferbauen. Doch löst sich dieser Zustand zuletzt in Parteisucht und Anarchie auf.

Die zweite Epoche ist die des Benutzens, des Kriegens, des Verzehrens, der Technik, des Wissens, des Verstandes. Die Wirkungen sind nach außen gerichtet; im schönsten und höchsten Sinne gewährt dieser Zeitpunkt Dauer und Genuß unter gewissen Bedingungen.«

Goethe konnte die letzten Zeilen noch denken, denn er lebte in einer Zeit, wo Kriege noch mit Pulver und Blei geführt wurden.

Wenn morgen eine falsch fliegende deutsche, amerikanische, französische, englische, belgische, norwegische, holländische, italienische, türkische, ungarische, tschechische oder polnische Nato-Rakete aus Versehen das größte serbische Atomkraftwerk in der Nähe von Belgrad trifft, gewährt uns kein Zeitpunkt mehr »Dauer und Genuß unter gewissen Bedingungen«.

Wenn dieses Aus-Versehen-Szenario Realität wird, verbrennt nicht nur die Kunst in Europa.

Auf meinem Schreibtisch steht eine Lithographie, sie stellt eine Marionette dar, die mit einer Schere den letzten Faden, an dem sie hängt, durchschneidet.

»Freund, Du sagst: Geschichte lehre, daß Mensch zu Mensch und Volk zu Volk in Zwietracht lebt seit Anbeginn der Erde«, heißt es in einem Gedicht von Kurt Kretschmann. »Und doch«, so hofft der Autor, »hat sich Vergangenes in unsrer Zeit gespiegelt. Wer sagt mir, daß die Zukunft, verflucht nach ewigem Gesetz, niemals die Pforten sprengt zur Menschlichkeit?«

In der Neuen Züricher Zeitung vom 29. April 1999 klagt ein Journalist, der interessanterweise seinen Namen nicht nennt, unter dem Titel »Deutsche Hoffnungen, deutsche Illusionen«, man hätte den Konflikt im Kosovo von Anfang an »mit allen

Mitteln« verhindern müssen. Am Schluß seines Artikels höhnt er: »Nicht untypisch ist freilich, daß der Ruf ›Nie wieder Krieg!‹ unter kräftiger Mithilfe linker und friedenssüchtiger Kreise der verspäteten Luftoffensive der Nato gilt.«

Ich setze diesem europäischen Mitbürger und Intellektuellen aus der Schweiz, die in diesem miserabel zu Ende gehenden zwanzigsten Jahrhundert noch aus jedem Krieg ihren neutralen Geld-Honig gezogen hat, als Antwort das andere Brecht-Zitat entgegen, das ich auf Fritz Cremers schwarzen Marmorsäulen vor dem Berliner Ensemble zum Thema Krieg fand:

»Man hat gesagt, die Freiheit entsteht dadurch, daß man sie sich nimmt. Nehmen wir uns also zuallererst die Freiheit, für den Frieden zu arbeiten.«

Der Mensch hat den Atomkern und den Zellkern mißhandelt

Erwin Chargaff
1999

Manchmal frage ich mich, wenn ich allein hier am Fenster sitze, auf den verschneiten Central Park schaue, wo die Kinder Schlitten fahren, wie ich eigentlich hineingeraten bin in diese Arbeit als Biochemiker? Wie das alles mit mir gekommen ist, die Hinwendung zur Genforschung? Diese Frage zu beantworten, ist nicht ganz einfach. Schließlich habe ich mich nie als einen hundertprozentigen Naturwissenschaftler betrachtet, und in meiner Jugend, damals, im Wien der zwanziger Jahre, hätte ich auf die Frage, was ich einmal werden möchte, geantwortet: Schriftsteller. Und auf Deutsche Philologie und Literaturkritik habe ich mich ja auch an der Universität einschreiben lassen. Ich habe zusätzlich Sprachen gelernt, so, wie es sich für einen gehört, der sagt, er habe schon als Embryo vom Schreiben geträumt. Die Chemie habe ich später aus materiellen Gründen gewählt.

Meinen Eltern ist es nach der großen Inflation der Jahre 1921/22 – sie war in Österreich etwas früher als in Deutschland – sehr schlecht gegangen. Mein Vater, ein Habsburg-Bewunderer, hat die Welt nicht mehr verstanden. Alles, was er erarbeitet hatte, damit meine Schwester und ich ordentliche Anfänge hätten, war dahin. Gut, habe ich mir gedacht, ich muß Geld verdienen. Welcher Beruf kann mich mit dreiundzwanzig Jahren befähigen, ohne Unterstützung zu leben? So bin ich zu dem Entschluß gekommen, Chemie sei das Einzige für mich, und das war kein schlechter Entschluß. Chemie ist nicht nur eine Wissenschaft, sondern auch eine Technologie. Ein Studium könnte mir die Möglichkeit geben, in eine Chemiefabrik einzutreten. An Forschung habe ich nicht gedacht. Ich wollte mich nur selbst versorgen können. Hauptsächlich deshalb habe ich mich umorientiert, hin zur Chemie.

Ich hätte genausogut alles mögliche andere machen können. Allerdings, Jurist wollte ich nicht werden, weil mir das unsympathisch ist. Für Medizin bin ich zu weichherzig. Sicher hätte ich deutsche, englische oder französische Literaturgeschichte studieren können – aber dafür hätte ich eben finanzielle Unterstützung gebraucht. Und die war nicht vorhanden. So bin ich Chemiker geworden. Nebenbei noch etwas anderes zu studieren, das habe ich später aufgeben müssen. Auf zwei Märkten gleichzeitig, das ging nicht.

Auf die Idee, nach Amerika zu gehen, bin ich nach meiner Dissertation gekommen. Österreich war Ende 1927 wiederum in eine große Finanzkrise geraten, die in Deutschland schon abgeflaut war. Da hörte ich, in Amerika gibt es Yellow Chips, Stipendien, um die man sich bewerben kann, und da habe ich an die Yale-Universität geschrieben.

Zu meinem großen Erstaunen, aber auch zu meinem Kummer – ich hatte mir Amerika nicht gewünscht – bin ich schon im September 1928 nach Amerika gegangen.

Ich war zwei Jahre an der Yale-Universität, und da bin ich auf den Geschmack gekommen. Das Studium selbst war zwar nicht besonders anziehend, aber ich studierte bei sehr netten Leuten damals, jungen Leuten, hilfsbereit und ohne jede Arroganz. Sie haben mir unter die Arme gegriffen, und ich habe mich ganz gut durchgesetzt. Nach kurzer Zeit bereits erschienen einige Publikationen von mir.

Inzwischen hatte ich geheiratet – meine Frau ist vor einem halben Jahr gestorben, deswegen ist es jetzt so still hier, wir sind sechsundsechzig Jahre zusammen gewesen –, also, mit einem Wort: Ich habe meine Verlobte nach Amerika kommen lassen, und 1929 heirateten wir. Kurz danach habe ich ihr erklärt, daß ich nicht länger in Amerika bleiben wollte. Meine Frau war mit mir einer Meinung. Wir haben uns im amerikanischen Alltag jener Jahre nicht wohl gefühlt. So bin ich mit meiner Frau nach Wien zurückgekehrt, und im Sommer sind wir dann nach Berlin gegangen.

Innerhalb von drei Tagen hatte ich eine Stelle an der Friedrich-Wilhelm-Universität, die seit dem Kriegsende Humboldt-Universität heißt. Zuerst war ich Volontär-Assistent, dann Assistent am Bakteriologischen Institut. Obwohl Deutschland damals als Land der Wissenschaften eine weitaus größere Bedeutung hatte als Amerika, haben mir meine amerikanischen Publikationen doch geholfen, die haben einigen Lärm gemacht. Damals hat es ja in der Wissenschaft noch eine wahre Bruderschaft gegeben – das existiert in dieser Weise heute nicht mehr.

Wir hatten eine Dienstwohnung in der Dorotheenstraße. Und dann habe ich alles miterlebt: den Reichstagsbrand, Hitlers Machtergreifung am 30. Januar 1933, den ganzen Nazi-Rummel. Wie durch ein Wunder bekam ich vom Pasteur-Institut in Paris ein Angebot, und im April 1934 sind wir von Berlin nach Paris gefahren. Ursprünglich hat es mir in Berlin sehr gut gefallen. Als geborenem Österreicher waren mir die Berliner seltsamerweise sympathisch, die Arbeiter meine ich, denen ich in der U-Bahn begegnete. Der Alltag in Berlin war damals, trotz aller politischen Auseinandersetzungen, angenehmer als in New York.

Manchmal werde ich gefragt, ob ich vor Hitler geflohen bin. Das bin ich nicht. Ich bin nie ein Flüchtling gewesen. Ich bin immer rechtzeitig weggefahren. Im Jahre 1934, es muß am 7. oder 8. Februar gewesen sein, habe ich meine Habilitation an der Technischen Universität in Berlin-Charlottenburg eingereicht. Und schon im Herbst war ich in Paris. Dort erhielt ich meine Bestätigung als Privatdozent, konnte sie aber nicht ausüben. Also bin ich Ende 1935 aus Frankreich weg und wieder in die USA, nach New York. Was dann in Europa passierte, habe ich nicht kommen sehen. Ich bin kein politischer Kopf. Wir waren von den Ereignissen kaum betroffen. Wir hatten keine Kinder, waren unbelastet und sind halt, wie gesagt, immer rechtzeitig weggefahren.

In Paris konnte man auf Dauer nicht bleiben. Im Februar 1935 gab es die großen Unruhen an den Champs-Elysées. Ganz Frankreich wurde von der nationalistisch-antisemitischen Action Française in Atem gehalten. Und es war klar, daß etwas passieren würde. Obwohl ich politisch ganz unbegabt bin, scheine ich politisch ein gutes Geruchsorgan zu haben.

Ich stand mein Leben lang sehr unter dem Einfluß der Werke von Karl Kraus und seiner Zeitschrift »Die Fackel«. Schon im Jahre 1917 habe ich als Bub seine Vorlesungen besucht und »Die Fackel« gelesen. Das hat mir eine Art Antenne eingepflanzt für manche Strömungen. Ich bin kein ökonomischer Denker, und auch Marxist war ich nie – im Gegensatz zu den meisten Angehörigen meiner Generation. Den ersten Band des »Kapital« habe ich gelesen, dennoch war ich nie Kommunist, nicht einmal ein sympathisierender. Meine soziale Einstellung habe ich mir bei Karl Kraus erworben.

Seine Literatur wird mit der Zeit verschwinden. Er wird sich nicht halten können in der Weltliteratur, weil er heute immer unverständlicher wird. Die Kommentare zu seinen Werken müßten riesenhaft sein. Wahrscheinlich gehöre ich zu einer aussterbenden Generation, die noch »Die Fackel« versteht.

Irgendwann bin ich dann doch in die Forschung gekommen, habe das Forschen bei einem sehr guten Chef gelernt, einem amerikanisierten Schweden. Er hat mir wirklich alles beigebracht, was ich brauchte.

Daß ich in der Forschung geblieben bin, darin eine kommerziell und finanziell abgesicherte Stelle fand, entsprach eigentlich nicht meinem Naturell. Komischerweise haben wir immer mit wenigem leben können.

Meine Frau war in dieser Beziehung ein Wunder. Auch von kleinen Gehältern haben wir noch etwas gespart. Ich weiß nicht, man soll sich ja nicht selbst loben, aber geldgierig bin ich nicht. Wenn man in mehreren Sprachen liest und denkt, wird Geld weniger wichtig. Meine erste Fremdsprache war Französisch. Vor dem Ersten Weltkrieg haben meine Eltern Geld gehabt, und drei Jahre lang hatte ich eine Schweizer Französin als Lehrerin. Dann habe ich im Gymnasium neben Latein und Griechisch privat auch Englisch und Italienisch gelernt. Und später, hier in New York, Russisch, zusammen mit meiner Frau. Aber wirklich nur, um Tolstoi lesen zu können. Ich habe den ganzen Tolstoi gelesen. Ich kann sagen, ich habe das russische Gymnasium, was die Weltliteratur betrifft, absolviert. Ich habe ein gutes Gedächtnis und Sprachen sehr gern gehabt. Das habe ich auch bei Karl Kraus gelernt, die Sympathien für Sprachen hatte ich schon von Anfang an, und ich habe mich weiter dafür von ihm beeinflussen lassen.

Ich lese keine Übersetzungen. Ich habe immer großes Mißtrauen gegen Übersetzungen und deshalb vieles nicht gelesen, was jeder gebildete Mensch gelesen haben müßte, zum Beispiel aus der spanischen Literatur. Ich habe nie Spanisch gelernt.

Mit den Genen habe ich mich eigentlich schon beschäftigt, lange bevor dieser Forschungsbereich so populär wurde. Ich war genaugenommen der zweite in Betracht kommende Forscher unseres Jahrhunderts, der sich damit befaßt hat.

Der erste war der große Bakteriologe Oswald Theodore Avery. Er hat gezeigt, woraus die Gene bestehen und 1944 über die DNA publiziert. Das hat einen so tiefen Eindruck auf mich gemacht, daß ich beschlossen habe, mich ebenfalls mit der Zusammensetzung der Gene zu beschäftigen und das in den Genen aller Lebewesen gleichartige Verhältnis der vier Basen zu bestimmen, aus denen sie bestehen. Zusammen mit Ernst Fischer und einem wunderbaren Schüler aus Basel, er hieß Reichstein, haben wir das Ganze herausbekommen, was dann zur Grundlage für die weitere Forschung wurde.

Aber Avery hatte den Anfang gemacht, und ich habe ihn dann für den Nobelpreis vorgeschlagen, und er hätte mich mit hineinziehen können. Bekommen hätte ich ihn wahrscheinlich nicht, weil ich nicht die geringste Reklame um meine Arbeit gemacht habe. Dieses ganze Getue, dieses Gefeixe und Geschrei, das liegt mir so wenig. Man hat mich oft gefragt, ob die Arbeit, in die ich damals hineingegangen bin, bei der ich diese Entdeckung gemacht habe und dann begriff, was damit angestellt werden kann, ob das ein langsames Erwachen aus einem Forschertraum oder ein schrecklicher Schock war. Nein, in der Sphäre des Schreckens habe ich mich nie bewegt.

Auch Conrad Röntgen hat sofort gesehen, was man mit den Röntgen-Strahlen alles machen kann. Auch Einstein wußte, womit er in die Öffentlichkeit geht. Aber erst diese Öffentlichkeit treibt alles empor, alles wird aufgeblasen. Dabei war Einstein, so wie ich auch, eigentlich ein bescheidener Mensch. Auf meine Wissenschaft habe ich mir nie etwas eingebildet. Auf andere Dinge schon. Ich bin ein Eremit. Meine Frau war es auch. Wir waren Doppeleremiten. Wir sind in die Oper gegangen, ins Theater weniger. Viel Besuch hatten wir nicht, und wir haben auch in New York, als die große Exilwelle aus Deutschland hier anrollte, wenige berühmte Leute getroffen. Einmal ist ein Neffe Einsteins hier bei uns gewesen, der hat komischerweise Marx geheißen. Dieser Herr Marx ist zu mir gekommen und hat gesagt, ich fahre nächste Woche nach Princeton, meinen Onkel besuchen, möchtest du mitkommen? Und ich habe gesagt, nein, ich sammle keine Berühmtheiten. Ich wäre ihm langweilig, und wahrscheinlich wäre er mir langweilig.

Mythen soll man nicht mit warmer Hand schütteln. Man soll sie nicht kennenlernen. Man soll sich von ihnen fernhalten. In dieser Beziehung bin ich wirklich ein Einsiedler. Manche denken, die Exilanten aus Deutschland hätten hier in den USA ein schlechtes Leben gehabt. Also, von Einstein weiß ich, er hat nicht gedarbt. Er war Tag und Nacht ein Zentrum, er wurde eskortiert und durch den unausstehlichen Herrn Ziller dann dazu bewogen, an Roosevelt diesen Brief mit der Aufforderung zum Bau der Atombombe zu schreiben. Einstein muß das Ganze nicht gelegen haben. Vielleicht war das Bild falsch, das ich mir von Einstein gemacht habe. Aber bevor er nach New York gekommen ist, war es richtig.

Auch Einstein war eigentlich ein zurückgezogener Mensch und empfindlich und leicht beleidigt. In Deutschland hatte er es zu gar nichts gebracht. Er mußte in die Schweiz gehen, damit er zu einem Lehrauftrag kam. Ich glaube, er war ein feiner Mensch, obwohl der Brecht ihm bescheinigte, daß er schlecht Violine spielte. Das kommt im Tagebuch von Brecht vor. Brecht war sehr böse auf Einstein, weil dieser antirussische Briefe publiziert hat. Aber vielleicht bin ich auch zu kritisch, wie ja überhaupt viele von mir glauben, daß ich inzwischen sogar gegen die Naturwissenschaften bin. Ich bin nicht gegen die Naturwissenschaften. Ich bin gegen die Naturwissenschaftler unserer Zeit, gegen die Atmosphäre, die sich gebildet hat. Aber darüber habe ich schon so viel geschrieben, ich will mich nicht wiederholen. Jedenfalls ist die Naturforschung amerikanisiert, in dem Sinne, daß Amerika auf diesem Gebiet vorausgegangen ist.

Wenn ich die Briefwechsel früherer großer Naturforscher lese, fasziniert mich immer wieder, was das für Menschen waren, was sie interessierte und worüber sie schrieben. Ich möchte zu gern aus meiner Kenntnis einen Briefwechsel heutiger Naturwissenschaftler schreiben. Es würde eine Parodie auf zwei Nobelpreis-Jäger.

Es hat sich so viel geändert. Ich bin wirklich noch altmodisch, absichtlich altmodisch. Ich bin 1905 geboren und habe mich immer in so einer leicht schäbigen Fontane-Atmosphäre wohl gefühlt, wo alles ein bißchen ordentlich zugeht, aber nicht übermäßig ordentlich, und alles flink ist, aber nicht übermäßig flink, verläßlich, aber nicht übermäßig verläßlich.

Heute leben wir in einer Broadway-Atmosphäre. Die ganze Welt ist ja ein verdreckter Broadway geworden. Und ich fühle mich nicht sehr wohl darin.

Bin ich, aus meinem Wissen heraus, zu einem Menschenfeind geworden? Oder gehe ich wie Schopenhauer – ein großartiger Schriftsteller übrigens – bewußt auf Distanz? Oder geht es mir wie Tasso, den seine vorwitzige und emsige Suche nach Wissenschaft in die Dummheit geführt hat? Sind das meine Schlüsselgeschichten? Tasso war am Ende seines Lebens notorisch wahnsinnig. Ich glaube nicht, daß das eine besondere Pointe für mich wäre.

Nein, sagen wir so: Es gibt verschiedene geistige Betätigungen. Es hat angefangen, wenn wir wollen, bei der Theologie und Philosophie, dann Soziologie und Psychologie. Keine von diesen Lehren, sage ich, hat ein wahres Genie gesehen. Die wahren Genies waren diejenigen, die diese Betätigungsfelder rechtzeitig verlassen haben. Die Naturforschung ist ein Beruf, der sehr anständig ausgeführt werden kann. Verschiedene Charaktere führen sie aus. Man kann ein Schurke und ein Gauner, man kann auch ein Heiliger sein.

Aber keiner von diesen wissenschaftlichen Berufen kann sich vergleichen mit dem eines großen Dichters, eines großen Malers oder Musikers. Es ist eine ganz andere Kategorie. Es ist nicht so, daß ich es mir hätte aussuchen wollen, wo ich mich als Genie betätigen kann. Ich bin kein Genie. Wenn man den eigenen Ehrgeiz zu wichtig nimmt, dann grenzt es an Dummheit. Die Naturforschung fordert dazu heraus. Es ist eigentlich, sehr ernst genommen, ein eher geisttötender Beruf.

Ich glaube, daß man in den Naturwissenschaften weniger wachsen kann. Typischerweise ist man darin ja auch in seinen jungen Jahren am besten. Wenn man eine Grafik machte, sähe man: je jünger, desto besser. In dieser Beziehung ist die Naturforschung der Musik ein bißchen ähnlich. Aber – daran kommt keiner vorbei – die Naturforschung hat unser Leben am nachhaltigsten verändert. Und ich fürchte, da wird noch allerhand kommen. Ich mag keine Voraussagen machen. Nur denke ich, wer immer die Menschheit erfunden hat, sie ist nicht dazu gemacht worden, sich sehr schnell zu bewegen, alles sehr schnell zu tun. Es gibt für alles ein dem Organismus angeborenes Maß. Das haben wir völlig vergessen und sind im Grunde völlig aus der Natur ausgetreten.

Der Austritt des Menschen aus der Natur begann Mitte oder Ende des vorigen Jahrhunderts. Jetzt noch lese ich die naturwissenschaftlichen Schriften Goethes, über die jeder lacht, aber als Naturphilosoph ist er bedeutend gewesen. Ich sympathisiere lieber mit ihm als mit denen, die den universalen Beziehungen heute auf den Grund kommen wollen.

Bin ich ein religiöser Mensch?

Nein, ich gehöre keiner Religion an. Ich bin nicht einmal zum Judentum hingeführt worden. Ich bin religionslos geboren und geblieben. Aber ein Atheist bin ich auch nicht. Mit der Metaphysik bin ich nicht gut belehrt, und sie imponiert mir auch nicht sehr. Eher noch die Theologie. Ich müßte etwas lesen darüber, aber ich würde lieber den heiligen Augustinus lesen. Ich habe einen Aphorismus geschrieben: Wenn man über seinen Glauben reden kann, dann hat man keinen. Deswegen verweigere ich darüber die Auskunft. Wenn der Glaube an Gott mit der Festlegung gepaart ist, man würde sonst bestraft, hat er die Hälfte seines Wertes eingebüßt.

Ich habe die berühmte Wette des Pascal nie verstanden. Pascal ist wahrhaftig einer der tiefsten religiösen Denker der Welt, und er war ein großer Physiker. Die Wette ging so: Gibt es Gott? Ich wette, es gibt einen Gott. Aber was macht es schon, wenn es ihn nicht gibt? Nichts passiert. Wenn es ihn jedoch gibt, habe ich richtig gewettet. Was kannst du schon verlieren?

Diese Wette hat mir nie imponiert.

Mir imponiert auch nicht, wenn man gute Werke tut, damit man nicht in die Hölle kommt, sondern in den Himmel. Wichtig ist, was man gratis tut, was aus einem kommt.

Die Person eines Heiligen der Katholischen Kirche, die ihre heiligen Handlungen vollzieht, ohne es zu wissen, das ist wie eine Sekretion des Organismus. Aber die Heiligen, die so heilig geboren wurden und gelebt haben, wo finde ich sie? Wir leben in einer Zeit der Unheiligen, denn der Mensch hat die ihm von der Schöpfung gesetzte Grenze überschritten. Er hat den Atomkern mißhandelt und den Zellkern auch. Unheilige Handlungen, für die sich die Natur rächen wird.

Die Anständigkeit, dieser unbestechliche Gesetzgeber, ist uns verlorengegangen. Ein Naturforscher sollte sich eigentlich scheuen, Natur zu verletzen. Er ist ja ein Produkt und ein Freund der Natur. Aber das hat sich völlig geändert. Sehr gute Naturwissenschaftler, wie Liebig und Wöhler, haben immer eine Scheu gezeigt. Sie waren besonders vorsichtig, wenn sie etwas entdeckt haben. Es war für sie so, als ob sie in den Memoiren, im Tagebuch der Natur gelesen hätten. Man hat eine neue Seite entdeckt, und auf der steht das und das, und man sagt es der Welt. Der Mensch hat etwas entdeckt, aber es war die Natur, die es ihm gesagt hat.

Das hat man verändert. Jetzt ist die Natur ein Feind, den man belauert, überlistet, den man abbaut, korrigiert, indem man ihm eine Nase einsetzt, die Ohren abschneidet und alles mögliche. Dieser Umschaffungsdrang ist etwas Neues. Das hat es nicht gegeben, als ich noch Kind war. »Aber haben Sie sich selbst nicht auch daran beteiligt?« werde ich oft gefragt. Nein, Nein! Ich bin ja nicht deshalb in das Gebiet gegangen, weil es mir in seinen Weiterungen interessant vorgekommen ist.

Ich habe nie gedacht, daß mein Bereich jetzt zu einer Industrie geworden ist, von der viele Bankrotteure leben. Die Biotech-Industrie lebt nur von geborgtem Geld, das sie nie zurückzahlen kann. Aber viele Menschen haben dort eine gut bezahlte Anstellung. Ich hätte nie gedacht, daß unsere Existence-Professoren zu ihren Patentanwälten jetzt engere Beziehungen haben als zu ihren Doktoranden-Studenten. Ich besitze kein einziges Patent.

»Aber«, werde ich gefragt, »wenn Sie es schon nicht bewußt wollten, das Überschreiten der Grenze von Forschung, hatten Sie nicht manchmal das Gefühl, doch dabeizusein?« Na gut, antworte ich, sagen wir es so: vor Hiroshima war ich ein anderer Mensch. Dieses Ereignis hat wirklich einen der tiefsten Eindrücke bei mir hinterlassen. Da erst habe ich angefangen, Kritik zu üben.

Vorher hatte ich nicht bemerkt, wohin die Reise gehen würde. Seit Hiroshima, seit 1945, hat zunächst alles sehr bescheiden angefangen.

Francis Crick und James Watson haben mit dem Strukturmodell der Doppelhelix selbst noch zur alten Observanz gehört. Sie selbst haben nur einen kleinen Anstoß gegeben, dann haben alle darauf gewartet, daß weitergestoßen wird. Und es ist weitergegangen. Aber daß dann später mit den Re-Kombinationen, mit Gentherapie und so weiter irgendwelche Wirkungen zu erzielen wären, hat sich niemand vorgestellt. Ich bin mir nicht als ein Grenzüberschreiter vorgekommen, jedenfalls nicht mehr, als wenn ich eine Zuckerrübe genommen hätte, um festzustellen, was für Zucker sie enthält.

Einen Katalog der Natur herzustellen, das ist selbstverständlich und durchaus erlaubt. Carl von Lenné hat im achtzehnten Jahrhundert die Pflanzen geordnet und versucht, sie in eine gewisse Beziehung zueinander zu bringen.

Daß mit einem Schritt das Bedürfnis kommen kann, die Natur zu verbessern, habe ich nicht gedacht. Schon der alte Leibniz hat gesagt, wir leben in der besten aller möglichen Welten, womit er nicht gesagt haben wollte, daß es die beste sei. Aber: Er konnte sich eben keine bessere vorstellen, bei allem, was zu haben war.

So dachte ich auch: wir praktizieren doch die beste aller möglichen Naturwissenschaften, die unter anderem darin besteht, einen größeren Einblick in die Natur zu haben und sich dann vielleicht zu größeren Bewunderern der Schöpfung aufzunumerieren, als wir es vorher waren.

Für viele, die gegen mich sind, liegt es auf der Hand zu sagen: »Wenn du so ein Kritiker bist, warum hast du das getan?«

Aber ich bin erst zum Kritiker geworden. Meine geisteswissenschaftliche Bildung hat einen großen Einfluß auf meine naturwissenschaftliche Arbeit ausgeübt. Mit fünfzehn Jahren habe ich ungefähr dieselben Lieblingsschriftsteller gehabt, wie ich sie jetzt immer noch habe. Ich habe mich nicht so verändert. Die Lektüre einer wissenschaftlichen Arbeit und die Lektüre des »Hyperion« von Hölderlin sind ganz verschiedene Kategorien. Ich versuche nicht, das eine mit dem anderen zu vermischen. Ich bin vielleicht ein seltener Fall, einfach, weil ich das Interesse behalten habe und jetzt mit über neunzig Jahren ziemlich ähnlich rede, wie ich es mit fünfundzwanzig Jahren getan habe. Nur habe ich meine Meinung von der Naturwissenschaft insofern geändert, daß ich erkannt habe, wie gefährlich sie werden kann.

Aber meine Stimme der Kritik oder der Vernunft hat nicht den geringsten Einfluß auf meine Kollegen von den Naturwissenschaften. Sie sagen, er spinnt. Da reagieren die Leser meiner Bücher anders. Ich bekomme ziemlich viel Leserbriefe aus Deutschland, aus Österreich. Auch aus Kenia und Ruanda schreibt man mir. Aber die Wissenschaft selbst reagiert nicht auf meine Bücher.

Ich bin Mitglied aller Akademien, zugespitzt gesagt. Aber ich glaube, die sind alle böse auf mich, denn ich bin der Vogel, der sein eigenes Nest beschmutzt. Seltsamerweise heißt aber eine Volksweisheit, daß man besser sein eigenes Nest beschmutzt als das des Nachbarn.

Ich lasse ich mich nicht davon abbringen: die Gentechnologie birgt vorläufig keine positiven Möglichkeiten in sich. Sie hat eher die allgemeine Ethik verschlechtert, als daß sie irgend jemandem geholfen hat.

Damit will ich nicht sagen, daß wir in einem Jahr oder in zwei Monaten von einer großen Entdeckung lesen, die den Krebs bekämpft. Das Mißlingen aller Versuche, Krebs oder Aids wirklich auszurotten, ist jedoch eine große Blamage und zeigt, daß uns Grenzen gesetzt sind. Wenn andererseits doch noch eine Entdeckung gemacht wird, setzt nur wieder eine übertreibende Reklame ein, mit dem Ziel, etwas zu verkaufen.

Mir scheint, es geht heute weniger um die Wissenschaft als um Publicity. Wir haben die Daten-Explosion, den Informations-Highway, lauter solche widerlichen Slogans. Und was kommt dabei heraus? Die Leute wissen weniger als je. Sie glauben, sie wüßten, wo man nachschauen kann, auf welchen CD-Roms, wo was steht. Aber bei Lichte betrachtet, leben wir in einer besonders unintelligenten und ungebildeten Umgebung. Das heißt, das Wissen taugt nichts. Es ist zurückgegangen, hat sich inflationiert. Das Wissen, das die Menschheit verbessern, das ihr Hoffnung geben sollte, hat genau das Gegenteil bewirkt. Das, was man Wissen nennt, der Name, ist geblieben. Aber der Inhalt hat sich völlig verändert. Typischerweise wird es auf englisch »Information« genannt, und das ist es eben. Ich glaube, was man »Information« nennt, hat sich auch geändert. Das genetische Denken und das Computer-Denken sind ungeheuer schädlich gewesen für diesen armseligen menschlichen Intellekt, der schon immer schwer gekämpft hat, aber immer zu einer Balance gefunden hat. Die wurde vollkommen aufgegeben. Es ist schon so viel »Information« geworden, daß es gar keinen Sinn hat, zu versuchen, etwas zu wissen. Ich nehme an, das Gedächtnis der Menschen hat sehr gelitten.

Aber das Prinzip Hoffnung war in mir nie sehr stark ausgebildet. Ich bin kein Anhänger Blochs. Ich leugne, daß der Mensch nur durch Hoffnung lebt. Jeder Mensch weiß, daß er sterben wird, und damit muß jeder leben. Sonst müßte ja jedes Kind, wenn man ihm das eröffnet, sofort Selbstmord begehen. Es unterläßt das, nicht aus Hoffnung, sondern eigentlich aus Lethargie. Ich zum Beispiel bin sehr lethargisch. Man setzt mich hierher, ich bleibe sitzen. Ich übersiedle nicht. Ich bleibe immer in dem

Sessel hier, in meiner Wohnung mit Blick auf den Central Park West. Ich habe nicht das Bedürfnis nach Neuerung. Ich glaube, wir leben zwar nicht in der besten aller Welten, aber in der einzigen aller Welten. Ich werde keine andere sehen.

Die Trottel versuchen ja jetzt auch noch, im Universum herumzuklopfen. Ganze Industrien wollen sie in den Weltraum schicken. Sie denken daran, zu übersiedeln, wenn die Erde unbewohnbar geworden ist. Auf irgendeinem Asteroiden wollen sie dann neu beginnen. Ich sage, der Wahnsinn nimmt kein Ende. In hundert Jahren wird man sich noch weniger zu Hause fühlen als jetzt. Gewisse Errungenschaften der Technologie erkenne ich durchaus an. Ich bin ein Freund des elektrischen Lichts und anderer Sachen wie Zentralheizung oder Klimatisierung. Sie machen einem das Leben leichter. Aber man soll darüber nicht so ein Geschrei machen. Wie viele große und glückliche Menschen haben auch ohne das alles gelebt. Was die Industrie will, ist mir vollkommen egal. Ich bin nicht sicher, ob wir in Zukunft nicht viel weniger Industrie haben werden. Komischerweise scheinen wir alle diese Fortschrittsideen geschluckt zu haben, die uns sagen, es wird immer besser, es muß besser werden. Das ist gar nicht wahr. Riesige Zivilisationen sind vollkommen auf den Hund gekommen.

Wenn man mir sagt, in Rußland vergraben sie den Atommüll sehr oberflächlich und schlecht, aber die Bergwerke in Deutschland sind sicher. Dann sage ich, das ist lächerlich. Einmal wird alles herauskommen, was man vergräbt. Und ich halte es für durchaus möglich, daß wir in fünfzehn- oder zwanzigtausend Jahren – so lange ist die Lebenszeit von gewissen Elementen – auf einer Zivilisationsstufe sein werden, die so tief unten ist, wie wir es uns in unseren schlimmsten Alpträumen nicht vorstellen können.

Wir nehmen an, die Industrie wird immer industrieller – vielleicht wird überhaupt nichts mehr sein. Vielleicht wird man dann wieder in irgendwelchen Höhlen kauern. Und warum auch nicht, das ist ja immer wieder passiert. Der Mensch kann nicht stehenbleiben, das weiß ich. Man kann ihn dazu auffordern, darum bitten, aber ich bin ohne viel Hoffnung, daß das möglich sei. Ich halte mich wirklich nicht für einen Guru. Ich bin nicht einmal so etwas wie der Herr Fromm oder der Herr Freud. Ich schreibe eigentlich nur für mich. Ich mache keine Reklame.

Wenn jemand liest, was ich geschrieben habe, und es leuchtet ihm ein, bin ich froh. Soll er selbst darüber nachdenken oder etwas dazu tun. Aber ich bin kein Propagandist. Ich war befreundet mit Robert Jungk, der in jeder Beziehung das Gegenteil von mir war, zukunftsentflammt, zukunftstrunken, der Zukunftsforscher. Ich habe ihm immer gesagt, ich möchte die Zukunft nicht erforschen, weil sie nicht sehr schön wäre. Er war böse auf mich. Aber er war ein sehr gutmütiger, ein sehr anständiger Mensch. Doch für mich sah ich in seinen Theorien keine Anhaltspunkte. Was ich aus dem Verlauf der Geschichte weiß, ist, daß nichts hinaufgekommen ist, ohne wieder herunterzufallen. Das ist in der Geschichte immer so gewesen. Außerdem wird vergessen, unsere Zivilisation ist ja in dieser Form keine fünfhundert Jahre alt. Wahrscheinlich wäre ich im Mittelalter viel besser verstanden worden als jetzt. Nur hätte es mehr theologischen Beigeschmack gehabt.

Es besteht nicht der geringste Grund anzunehmen, daß irgend etwas besser sei. Nichts bewegt sich. Na schön, man hat ein paar Medikamente, die den Tod bekämpfen. Jetzt gibt es schon Menschen, die sich für die Gene interessieren. Was man daraus machen kann, um möglichst lange zu leben. Methusalem hat angeblich 969 Jahre gelebt. Ich halte das nicht für sehr wünschenswert. Mir würde davor grauen.

Die Reichen, die werden natürlich versuchen, mit Genen das Leben so zu verlängern, wie sie meinen, daß sie es brauchen.

Das wird sehr, sehr teuer sein. Später wird es dann so sein, daß es schon für jedermann erschwinglich ist. Dann wird es zu viele Menschen geben, und es werden keine Kinder mehr geboren. Je älter der Mensch wird, desto weniger zeugungsfähig ist er. Das wäre eine gute Methode, das Bevölkerungswachstum eventuell zu unterbinden, indem man die Leute so alt macht, daß sie keine Kinder mehr zeugen können. Also, man kann sich für die Zukunft überhaupt nicht wappnen, es ist immer die falsche Rüstung, die man sich überstreift.

Und wer trägt dafür die Schuld? Die Menschen – sie sind schuld an den Weltkriegen, an den Naturkatastrophen. Über das Ozonloch machen sie sich heute noch lustig, aber sie werden es schon merken.

Man kann jede Epoche hernehmen: Jerusalem im Jahre 80 nach Christus war ein blühendes Land mit einem schönen Tempel und einer sehr aktiven Bevölkerung. Und dann sind sie alle verschwunden. Der Tempel war zertrümmert. Alle sind sie umgebracht worden oder ausgewandert. Auch Tschingis Khan hat viele Kulturen zerschlagen.

Schon Friedrich Nietzsche hat die ewige Wiederkehr des Gleichen gepredigt. Daß sich die Geschichte der Menschheit in irgendwelchen Zirkeln bewegt, ist fraglos richtig. Es ist nur immer eine andere Nation oder eine andere Rasse eingesprungen. Die Babylonier und die Assyrer, die Perser, nachher die Hethiter – die Welt war klein, es hat sich in einem alles umfassenden Rahmen abgespielt. Als die griechische Zivilisation im Sterben lag, ist die römische eingesprungen. Die war nicht so schön. In ihr hat es eine ausgesprochen defätistische Periode gegeben, in der auch solche Chargaffs herumgelaufen sind, wie Persius und Martialis, und Schreckliches gepredigt haben. Komischerweise haben sie immer recht gehabt. On the long, wie man auf englisch sagt. Nicht sofort. Den Propheten wird meist vorgeworfen, es ist ja nix eingetroffen. Dann sagt der Prophet, ja, wartet ein bißchen. Es ist noch nicht aller Tage Abend. Und ich glaube, das ist richtig. Die Argumente sind immer zu früh gekommen, und tatsächlich haben wir Pessimisten immer recht gehabt.

Wenn mich jemand fragen würde, was ist denn in Ihrem Kopf für eine Alternative, dann würde ich ihm antworten: Die eine große Alternative wäre die wirkliche religiöse Frömmigkeit. Ich beneide immer die Menschen – Neid ist eigentlich kein schönes Motiv –, die fest an etwas glauben. Die kennt man ja meistens nicht. Eher die, die man im alten Wien die »Kerzlweiber« nannte. Das sind jene, die jeden Sonntag mit einer Kerze in die Kirche gegangen sind. Wenn man das paaren könnte mit ein bißchen Intelligenz – aber das ist anscheinend sehr schwer –, dann wäre man ein glücklicher Mensch.

Ich beneide die frommen Katholiken. Ob es sie wirklich gibt, ist eine andere Frage. Es gibt sie sicher, nur daß ich sie nicht kenne. Aber das gilt auch für die Kommunisten.

Alle Religionen, ob sie nun auf Gott gerichtet sind, auf die Menschheit, auf die Zukunft, haben etwas Ähnliches.

Auch der Marxismus hat ein religiöses Element. Die wirklichen Kommunisten waren politisch Entflammte. Lenin wahrscheinlich mehr als Robespierre. Ein kalt denkender, sehr gescheiter Mensch, so mehr wie ein Schachspieler.

Es gibt bestimmt auch ehrliche Kommunisten. Es ist blöd, wir leben jetzt in einer vertrottelten Zeit. Wir lesen schon wieder vom Ende Gottes, vom Ende der Ideologie, vom Ende der Weltgeschichte, vom Ende des Marxismus – lauter Enden.

Die Tatsache, daß Mozarts Musik die Menschen nicht besser gemacht hat, macht einen doch noch lange nicht zum Mozart-Hasser. Ich bin ein Mozart-Verehrer.

Auch in Amerika gibt es wahrscheinlich viel mehr anständige Menschen, als ich weiß. Aber ich kann sie nicht kennen. Das sind die Verborgenen. Was man sieht, ist abscheulich. Es trägt bei zu dem trüben Bild, das man sich von einem Volk macht. Es kann sein, daß der Bonhoeffer auch so ein Verborgener war. Ich weiß es nicht, ich nehme es an. Oder die Geschwister Scholl. Ich habe eine Verwandte von Sophie Scholl einmal in der Schweiz kennengelernt. Also, die Verborgenen, sie gibt es sicher. Aber ich habe mich damit abgefunden, daß ich sie nicht kennen kann. Trotzdem – ich bin nicht hoffnungslos.

Also, wenn ich jetzt mein Abendessen kochen werde in meinem Mikrowellenofen, dann ist das auch ein Zeichen von Optimismus. Ich könnte ja sagen, jetzt sitze ich da und verhungere. So ein furchtbarer Pessimist bin ich nicht. Die Frage nach Selbstmord wäre eine dumme Frage.

Niemandem glaubt der Philosoph weniger als sich selbst.

Er schreibt es, und er meint es. Aber selbst zieht er keine Konsequenzen daraus. Und zweitens sind das zwei verschiedene Kategorien, das Denken und das Leben, zwei verschiedene Ebenen, auf denen sich das abspielt. Gott soll würfeln, wenn er Lust hat. Ich bin kein Würfelwerfer vor Gott. Nur wenn Gott will, dann kommt jeder Würfel so auf, fällt, wie er will. Einstein hat gemeint, es gibt keinen Zufall. Ich sage, es gibt Zufälle.

Daß die Naturwissenschaften dabei sind, zur Ausrottung der Menschheit beizutragen, ist auch kein Zufall. Es ist nicht ganz klar, wie der Aids-Virus entstanden ist. Ich weiß es nicht. Aber alles ist möglich. Pestizide und anderes haben den Boden vergiftet. Ich glaube, durch die Bevölkerungszunahme werden in zehn oder zwölf Jahren möglicherweise fünfzehn Milliarden Menschen auf der Erde leben. Wenn die alle Auto fahren, dann ist es schon denkbar, daß wir allmählich ersticken.

Das kann zwar noch hundert Jahre dauern, so schnell wird das nicht gehen. Aber ich bin der Meinung, daß es irgendwie eine ungeheure Explosion sein wird. Ich meine nicht eine Atom-Explosion, sondern eine der Bevölkerung.

In Amerika besitzen ungefähr ein Prozent der Bevölkerung die Hälfte des Gesamteinkommens. Deshalb ist für Amerika auch die schwarze Gefahr groß. Sie ist ein wirklich unlösbares Problem, denn sie ist psychisch bedingt.

Der Urenkel eines kleinen Sklaven hat im Inneren irgendwo einen derartigen Haß gegen die Weißen, der mit fast nichts vergleichbar ist. Afrikanische Stämme haben einen Haß, und die Gangs hassen einander. Die Schwarzen hassen die Weißen aber nicht grundlos. Sie kennen viele anständige Weiße und wissen, daß viele ihnen helfen wollen. Aber sie sind zugleich so voller Haß über den Umstand, daß ihnen geholfen werden müßte. Sie werden das Stigma nie wieder los. Nicht, daß sie in Afrika so frei gewesen wären – aber man hat sie bei der Überfahrt gestempelt, und das hat man wirklich in sie eingebrannt: Du bist mein Werkzeug, du gehörst mir, ich habe dich geholt, ich arbeite dich zu Tode! Und das geht so Generationen um Generationen.

Der einzige Soziologe, der das wirklich erkannt hat, war Tocqueville, der vor hundertfünfundsiebzig Jahren seine große Reise durch Amerika gemacht hat. Er hat damals, im Jahre 1832, diese ganze Spannung erkannt – im Norden hat es keine Sklaverei mehr gegeben, im Süden aber noch immer. Und er hat gesagt, es fällt ihm nichts ein, wie man das Verhältnis zwischen Schwarzen und Weißen verbessern könnte.

Auch mir fällt keine Lösung, kein mögliches Szenario ein, außer – aber das wäre auch keine Lösung –, einige Bundesstaaten werden den Schwarzen übergeben. Das hieße aber Spaltung. Und auch das würde bald zu einem Krieg führen. Es gibt keine Lösung. Der Mensch merkt sich die Vergewaltigungen, die ihm angetan worden sind. Ob die Natur die Vergewaltigungen speichert, die ihr der Mensch zugefügt hat und jetzt erst recht zufügt, das weiß ich nicht. Das würde eine Personalisierung der Natur voraussetzen, an die zu glauben ich nicht bereit bin. Anstatt Natur sollten wir lieber Gott sagen oder Zeus.

Ich habe gerade etwas über den Polytheismus gelesen. Das hat mich sehr beeindruckt. In mancher Beziehung war das eine sehr gute Religion, der griechisch-römische Polytheismus. Er hat auch sehr lange gedauert, jedenfalls einige tausend Jahre länger als das Christentum.

Daß nichts vergessen wird auf der Welt, das glaube ich auch. Den Mechanismus des Nichtvergessens kann ich mir nicht ausmalen. Tatsächlich hat ja Darwin im umgekehrten Sinne so etwas gedacht, wenn er von der Entwicklung der Spezies gesprochen hat. Das wäre ja auch etwas, was von der Natur gekommen ist. Aber ich habe keinen sehr festen Glauben. Was ich so sage, halte ich für mehr oder weniger richtig. Aber wann es sein wird, in welcher Form und ob Gott mich wirklich berufen hat, das zu erkennen, das weiß ich nicht.

Natürlich gibt es auch auf meinem Gebiet Konkurrenten. Aber ich glaube nicht, daß diese Art von Kulturkritik oder Zivilisationskritik, wie ich sie geübt habe, heutzutage weit verbreitet ist. Und was die Chaosforschung betrifft, die wissenschaftliche, die verstehe ich nicht ganz. Denn ein selbstgebildetes Chaos kann ich mir weniger vorstellen als eines, das von den Leuten in der Bronx praktiziert wird. Die Amerikaner sind sehr gut im Produzieren von Chaos, nicht zu reden von den Polen. Aber was ist das Chaos der Amerikaner und der Polen gegen die Tatsache, daß zwei Weltkriege das Gewissen und das Bewußtsein der Menschen zerstört haben. Auf die Frage, wie weiter, weiß ich keine Antwort.

Hoffentlich gibt es nicht die genetische Vererbung geistiger Eigenschaften. Gott sei Dank gibt es nur wenige Anzeichen dafür, daß man sagen könnte, die Enkel von denen wollen schon wieder die Öfen anheizen.

Bewußtsein oder Gewissen, an sich eine dem Menschen eigene Eigenschaft, sollte sich wieder einstellen. Ich bin in eine bessere Welt hinein geboren worden, zumindest bis zum Jahre 1914. Diese ersten neun Jahre meines Lebens habe ich sicherlich eingeatmet.

Natürlich, die Erztrottel haben die Welt zerstört, weil sie selber gestört waren. Sie haben ihren Enkeln eine schwere Welt hinterlassen.

Wenn ich heute die Wirtschaftsseiten der »New York Times« lese, dann sehe ich, wie das vor sich geht: Bestie frißt Bestie, fortwährend. Wenn das so weitergeht, wird es auch hier neue Kräche und Zusammenbrüche geben.

Der Pessimist wird ein Optimist, wenn er sich eine vollkommene Katastrophe vorstellt. Er sagt sie voraus, ist froh, wenn sie eintrifft, weil er es gesagt hat, und zugleich merkt er dann: Es ist nicht alles ganz so, wie er es vorausgesagt hat. Und schon wird ihm widersprochen. Das heißt, ich will keine Aktien verkaufen auf meinen Pessimismus. Ich glaube nur, ich habe recht.

Meine Reaktionen sind wahrscheinlich normale menschliche Reaktionen. Aber sie sind unpopulär. Ein Kritiker hat über mein letztes Buch, »Das zweite Leben«, geschrieben, man dürfe von ihm nicht erwarten, es sei eine angenehme Lektüre. Die Leute wissen das, und natürlich wollen sie nicht einen Jeremias lesen. Mit dieser Wahrheit muß ich leben.

Ich bin ein Verehrer der Langsamkeit. Ich bin nicht ungeduldig und ich will nicht aus allen Menschen Chargaffs machen. Ich bin vielleicht nur ein Mahner vor dem Ausbau der Wissenschaft, die ja vorgibt, die Menschheit gesünder machen zu wollen, aber in Wirklichkeit macht sie die Menschheit immer kränker. Manche wollen das nicht wissen.

Andererseits: Alle meine Bücher sind ins Japanische übersetzt. Die einzige Sprache, in der alle Bücher gekauft werden können, die sich Chargaff nennen. Zwei Bücher wurden komischerweise ins Italienische übersetzt, ins Französische nur Auszüge, nichts ins Englische, überhaupt nichts! Wenn ich bedenke, was da für ein Mist in diese Sprache übersetzt wird! Ein Zeichen zu großem Jubel ist das nicht.

In Amerika bin ich völlig unbekannt. Meine Kollegen wissen überhaupt nicht, daß ich Bücher schreibe. Das einzige Buch, das ich zuerst in englischer Sprache geschrieben habe, war »Das Feuer des Heraklit«. Das gibt es sogar als Reprint.

Davon werden so sechzig Kopien im Jahr verkauft. Manchmal frage ich mich, ob ich denn überhaupt noch eine Beziehung zu Amerika habe. Ich bin eben ein Europäer, und das ist nicht zu ändern. Ich habe viel mehr in deutsch geschrieben als in englisch. Und die Österreicher? Sie lesen wie die Italiener, nämlich keine Bücher. Irgendwie ist ihnen die Literatur zugeflogen.

Meine Generation, soweit sie geistig tätig war, haben sie aktiv ausgerottet. Das haben sie aber wohl inzwischen bereut. Deshalb haben sie einen Orden geschaffen, das Ehrenzeichen für Kunst und Wissenschaft, ähnlich dem französischen »Pour le Mérite«. Da haben sie mich hineingewählt. Das ist auf nur zwanzig Menschen beschränkt. Dabei habe ich kaum noch Zugang zu Forschungen und wissenschaftlichen Ergebnissen. Es ist auch schwer für mich. Seit meiner Hüftoperation komme ich nicht mehr so viel herum, und ich habe nicht das Geld, Zeitschriften zu halten. Die meisten würde ich auch nicht verstehen. Jetzt ist die Wissenschaft so: Wenn irgendein Wissenschaftler seine Forschungen unterbricht und auch nur ein halbes Jahr draußen ist, so muß er sehr jung sein, um zurückzufinden. Das sagt jeder. Mit meinen alten Kollegen hat jeder Kontakt aufgehört. Ich meine, ich höre nur die Chroniques scandaleuses, wenn irgendwo eine Schandtat begangen wird, ein Schwindel auffliegt oder so etwas. Dann höre ich darüber. Meine Beziehungen nach draußen sind kaum der Rede wert.

Ich bin allein. Meine Wohnung ist leer. Für ein paar Stunden am Tag habe ich zeitweise eine Helferin. Meine Freunde sind alle tot. Ich kenne ein paar Kollegen, die zum Teil seniler sind als ich. Mit denen kann man überhaupt nicht mehr anständig reden. Ich kann noch reden, und ich kann die Debatte noch halbwegs aufrechterhalten, wenn sie nicht zu fachmännisch ist. Jüngere Leute in Amerika haben geradezu eine metaphysische Angst vor alten Leuten. Sie halten das Alter für ansteckend.

»Warum«, fragen mich manche Leute, »ist Ihnen nach dem Ausscheiden aus der Forschung nie die Idee gekommen, wieder nach Europa zurückzugehen?«

Da sage ich, vor zwanzig Jahren, ja, da habe ich daran gedacht. Aber ich habe dann beschlossen, daß es zu schwer wäre. Nach Deutschland möchte ich nicht. Meine Mutter – sie wurde als Österreicherin im polnischen Teil, im alten Galizien geboren – haben die Deutschen ermordet. Ob in Auschwitz, das weiß man nicht. Irgendwo dort. Sie ist zuerst in Wien in ein Zwangslager verlegt worden. Aus unserer Wohnung haben sie sie abgeholt und dabei auch alle meine Bücher, ich hatte eine kleine Bibliothek, zerstört. Ein solches Verhalten muß man wirklich als eine Massengeisteskrankheit betrachten. Warum haßten uns die Deutschen plötzlich?

Mein Vater wurde in Czernowitz geboren, in der Bukowina. Tschernowitz, das weiß kein Mensch mehr, war eine deutschsprachige Stadt. Mit Ausnahme von Oberösterreich, Niederösterreich und der Steiermark, war es die einzige Stadt der Monarchie, in der man mehr Deutsch als jede andere Sprache gesprochen hat. Es gab auch eine deutsche Universität, ein deutsches Theater. Und meine Muttersprache war wirklich Deutsch. Ich habe zu Hause keine andere Sprache gehört.

Ich bin nicht rachsüchtig und sicher nicht so blöd, so etwas der jetzigen Generation gegenüber zu empfinden. Ich habe die deutsche Sprache sehr gern, es ist meine Muttersprache.

Ich spreche nicht von Sippenschuld, das wäre Wahnsinn. Ich würde ja sonst nicht in deutsch publizieren. Doch was die Deutschen unter Hitler angerichtet haben, das sollen sie meiner Ansicht nach nicht vergessen.

Wohin also? Nach Österreich zurückzugehen, wäre eine Möglichkeit gewesen. Aber ich konnte keine Wohnung finden. Wenn ich ein abgetakelter Operntenor wäre, hätte mir die Regierung eine Ehrenwohnung in der Hofburg überlassen, genauso wie die Franzosen ihre Schriftsteller, wenn sie zurückkommen, in Palästen unterbringen.

Wenn man nicht willkommen ist, bleibt man am besten da, wo man sich auskennt. Alle Zimmer dieser Wohnung sehen aus wie dieses. Ich habe hier eine Riesenbibliothek untergebracht. Ohne die Bücher möchte ich nicht leben. Ich lese noch immer sehr viel, obwohl ich gerade eine Operation am Star hinter mir habe. Mein Sohn ist Polizeidetektiv im Morddezernat von Los Angeles. Ich habe nicht versucht, aus meinem Sohn einen Molekularbiologen zu machen. Er hat einen Master in Administration. Er hat Verwaltungslehre studiert und war für kurze Zeit Direktor in einem Spital. Aber das war ihm sehr zuwider. Er hat schon immer mit der Polizei geliebäugelt. Meine Bücher nimmt er mit Ehrfurcht und ohne Interesse zur Kenntnis. Er kann nicht Deutsch. Er weiß, daß es so etwas gibt, und er findet es besser, daß sich der alte Mann damit beschäftigt, statt auf seinem Buckel zu sitzen. Das Verschwinden der Familie ist auch ein Menetekel unserer Zeit. Sie ist abgewertet wie der Geist.

Es gibt überhaupt keine Hemmungen mehr. Aber eine gewisse Hemmung, ein Gewissen, ist sehr notwendig. Das Leben an sich, das Geheimnis des Lebens, muß immer wieder als größtes Geschenk betrachtet werden, das Gott, oder wer immer, uns gegeben hat.

Sein schönster Traum

Golo Mann im Gespräch mit Eberhard Görner
1989

Eberhard Görner:
Herr Professor Mann, welche Erinnerungen haben Sie an ihren Vater, was sein Verhältnis zum Kino während der Schweizer Exilzeit betrifft?

Golo Mann:
Ich muß offen gestehen, daß ich mich kaum an einen speziellen Film erinnern kann. Da ich damals überwiegend in Paris lebte, kannte ich den französischen Film. Diese Zeit war ja die allergroßartigste: Jean Renoir, René Clair, der Raskolnikow-Film – das werde ich nie wieder erleben.
Ich nehme an, daß er diese Filme ebenfalls gesehen hat. Sie kamen unvermeidlich auch nach Zürich. Da ich aber abwesend war, kann ich das nicht beschwören. Ich weiß nur, daß er außerordentlich gern ins Kino ging. Die Mutter mußte ihn chauffieren. Wenn ich da war, tat ich es. Er hat sich im Kino immer wohl gefühlt und kam danach entspannt nach Hause. Er trank dann noch einen Kakao, das war ihm sehr wichtig, etwas Warmes, Süßes im Magen, da fühlte er sich wohl.
Das Kino gehörte eigentlich zu seiner Existenz. Nicht des ernsten höchsten Genusses halber, wie der Plattenspieler, sondern zur Entspannung, aber auch aus Neugier auf das, was sich da Neues entwickelte. Und was er natürlich für wichtig hielt. Vielleicht nicht für ihn persönlich so wichtig, aber er war doch hell genug, zu sehen, daß der Film für die Gesellschaft im allgemeinen eine immer wachsende Bedeutung haben würde. Er wollte nicht zurückbleiben. Und keineswegs wollte er Feind seiner eigenen Zeit sein. Und zu seiner eigenen Zeit gehörte der Film mehr und mehr, und da wollte er mitmachen. Aber die Hauptsache war Neugier, Entspannung, Vergnügen, Beobachtung. Ob er für

seine eigene Arbeit dabei etwas gelernt hat, wie es zum Beispiel bei Franz Werfel ganz ohne Zweifel der Fall war, das vermag ich nicht zu sagen. Sehr weit dürfte das nicht gereicht haben. Obwohl er sich zum Beispiel »Joseph und seine Brüder« durchaus als Film vorstellen konnte und sogar darauf gehofft hatte, daß dieses Buch verfilmt würde. Ob das jemals gemacht wird, weiß ich nicht. Gerade dieses Thema hat er für ein ungeheures Filmsujet gehalten, das an zwei Abenden hätte laufen sollen, wie es bei »Krieg und Frieden« gewesen war. Mit Tolstoi ist es ja auch gelungen. Das war sein schönster Traum – der »Joseph«-Film.

Ist Ihr Vater schon zur Stummfilmzeit ins Kino gegangen?

Ja, sehr gerne. Er sagte immer: »Wir gehen heute abend ins Schauhaus!« In München gab es ein Filmtheater, ganz großartig, das hieß »Phöbus-Palast«, da ging er oft hin. Damals hatten wir einen Wagen mit Chauffeur. Dergleichen machte ihm ja auch Spaß, daß er wie sein Vater, der Senator, in der Pferdekutsche und später im Auto vorfahren konnte.

Einer der ersten bedeutenden Tonfilme war bekanntlich »Der blaue Engel« nach dem Roman »Professor Unrat« von Heinrich Mann. Den hat er natürlich gesehen, und es hat ihm Eindruck gemacht. Diesen Film haben wir später noch einmal in Hollywood gesehen, in Beverly Hills, und da waren meine Eltern gar nicht mehr so sehr davon angetan. Da merkte man erst, wie ungeschickt die Schauspielerbesetzung war, zum Beispiel mit den Schülern. Man nahm ja Dreißigjährige und hat sie dem Zuschauer als Gymnasiasten vorgestellt.

Damals, als man den Film drehte, wußte man noch nicht, daß man Jugend als Jugend hinstellen konnte, daß man sie gewinnen konnte.

So wie Visconti den Tadzio gewonnen hat. Das gab es damals noch nicht. Aber natürlich hat das meinen Vater alles interessiert, und es hätte ihn immer gefreut, schon in den zwanziger und frühen dreißiger Jahren, wenn nach einem seiner Bücher ein Film entstanden wäre, was ja nicht geschehen ist. Es gab Pläne. Sein jüngster Bruder Victor – in seinem Buch »Wir waren fünf« ist manches erfunden – hatte sich den schönen Filmnamen »Orchidee« ausgedacht. Dafür wollte er meinen Vater gewinnen. Aber da ist nichts draus geworden.

Hat Thomas Mann die Entwicklung vom Stummfilm zum Tonfilm verfolgt?

Ja, ja. Der Stummfilm hatte eine kurze, doch recht bedeutende Zeit.
Der klassische Vertreter des Stummfilms unter den Männern ist der Schauspieler Emil Jannings gewesen. Dessen Mienenspiel war von sehr starken Übertreibungen geprägt und hatte viel von Pantomime. Es war künstlerisch eine durchaus interessante Epoche, die nicht dauern konnte und nicht dauern sollte. Aber einige Jahre lang lohnte es sich schon.
Ich kann mich zum Beispiel noch an einen Film mit Emil Jannings erinnern, den ich gesehen habe: »Sein letzter Befehl« unter der Regie von Josef von Sternberg, ein Film, den er in Hollywood bei der Paramount drehte und wofür der Schauspieler 1927/28 den Oscar bekam. Dieser Film machte einen starken Eindruck. Oder auch »Der letzte Mann«, der gegen Ende des Jahres 1924 Premiere hatte und zu dem Carl Mayer das Drehbuch schrieb. Friedrich Wilhelm Murnau führte Regie. Oder »Metropolis«, dieser beeindruckende Film von Fritz Lang. – Mein Vater hat sie alle gesehen.
Später hat Emil Jannings meinen Vater sogar besucht. Erika und Klaus hatten Jannings während ihrer Reise um die Welt kennengelernt und waren überrascht gewesen, wie gutbürgerlich es bei Jannings zuging. Sie dachten, sie treffen auf die äußerste Boheme und fanden statt dessen ein gutbürgerliches Haus mit Schokoladenpudding. Die beiden haben Jannings dann in das Haus meines Vaters nach München gebracht. Mein Vater hat sich königlich amüsiert. Weil Jannings eben auch im Gespräch große Ausdrucksstärke hatte, so daß unbedeutende Erlebnisse, die er erzählte, sonderbar gesteigert wurden. Mein Vater bewunderte diese Kunst.

Aus den Tagebüchern von Thomas Mann ist zu ersehen, daß Ihr Vater während seiner Exilzeit in der Schweiz die verschiedensten Züricher Kinos besuchte ...

Ja, das hing vom jeweiligen Film ab. Da war unsere gute Freundin Therese Giehse, und sie sagte: »Den Film müßt ihr sehen!« – Da hat er sich dann auch gern überreden lassen.

Hat sich Ihr Vater über Schauspieler, über Tendenzen in den Filmen aus Deutschland geäußert, das ihm ja verschlossen war?

Ja, natürlich. Kino war ihm wichtig. Über Wochenschauen, in denen Hitler immer zu sehen war, hat er gesagt: »Ein ekelhafter Kerl, der Adolf! Wilhelm war zum Küssen, im Vergleich!« An diese beiden Sätze kann ich mich noch recht gut erinnern. Er war angeekelt, tief angeekelt vom Dritten Reich. Er beschrieb Hitler ja dann in seinem Aufsatz »Dies öffentliche Vorkommnis« – stärker kann man es eigentlich nicht sagen.

Thomas Mann hat in einer Tagebuchnotiz Mussolini und Hitler verglichen. Im Gegensatz zu Hitler hat er Mussolini eine »fast göttliche Physiognomie« zuerkannt ...

Mussolini hat sich an Hitler verkauft, was seinen eigenen, wohlverdienten Untergang herbeiführte. Als er noch Hitlers Gegner war, im Jahre 1934, als er Österreich zu einem italienischen Satellitenstaat küren wollte, da hat Mussolini über Hitler gesagt: »Dieses Gesicht ist eine Schande für die Menschheit!« Das hat Mussolini über Hitler gesagt.

Hat das Gespräch über Film und Schauspieler im väterlichen Kreis eine entscheidende Rolle gespielt?

Entscheidend würde ich nicht sagen, aber eine bedeutende Rolle. Er hat sich ja auch gern erzählen lassen. In Kalifornien, wenn ich bei meinen Eltern war und allein ins Kino gegangen bin, fragte er stets, wie es gewesen sei. Da sah ich den englischen »Oliver Twist«, und ich sagte ihm über die Geschichte: »Zum Schluß ist alles in Ordnung. Reichtum und Tugend triumphieren, und die Armut erhält ihre verdiente Strafe.« Da mußte er lachen und entgegnete: »Na ja, das waren doch eigentlich ganz bequeme Zeiten.«
Ich glaube, den Film hat er sich nie angesehen. Er wollte nur hören, ob es sich lohnt.

Ist eigentlich während der Exilzeit von Thomas Mann in Zürich eine Schweizer Wochenschau gelaufen, oder gab es nur die deutsche?

Es muß eine schweizerische gegeben haben. Aber natürlich hat sie viele Berichte aus anderen Ländern enthalten. Ich kann mich an die schreckliche Ermordung des Königs von Jugoslawien und des französischen Außenministers Barthou in Marseille erinnern. Dieses Attentat haben die Franzosen aufgenommen, während es geschah, und das kam hier in die Schweizer Wochenschau, während der deutsche Propagandaminister Goebbels mit der für ihn typischen Häme erklärte, aus Gründen internationalen Taktes werde man diesen Mord nicht zeigen. Dazu sagte er, der Schutz für den jugoslawischen König und den französischen Außenminister sei in Marseille erbärmlich gewesen, etwas Vergleichbares könne in Deutschland nicht passieren. Was stimmt. Hitler und Goebbels wären auf solche Weise nie zu ermorden gewesen. Aber hier in Zürich hat man die Morde gesehen. Ich kann mich erinnern, daß mein Vater darüber mit Grauen sprach. Wie sie dann auf den Mörder einhieben. Polizisten zu Pferd begleiteten den Wagen. Das hat mein Vater dann in sein Tagebuch notiert, weil ihn so ergriff, was er gesehen hatte.

War Ihre Mutter, Katia Mann, auch filmbegeistert, oder ist sie nur als Begleitung mitgegangen?

Vielleicht war sie weniger intensiv daran interessiert als er, aber sie hat seine kleinen Hobbys immer mitgemacht. Es hat ihr auch Spaß gemacht.

Hat es in der Familie noch andere Filmpläne gegeben, etwa von Klaus oder Erika Mann? Beide haben ja Theater und Kabarett gespielt und auch dafür geschrieben – aber hat es auch gegenüber dem Medium Film irgendwelche Wünsche und Pläne gegeben?

Ja, Wünsche schon, aber keine verwirklichten. Über Erikas Kabarett »Die Pfeffermühle« gab es keinen Film. Sie ist leider nie bei einem ihrer Auftritte gefilmt worden. Es ist in den dreißiger oder vierziger Jahren auch kein Roman meines Bruders verfilmt worden.
Den großen Erfolg des »Mephisto«-Filmes hat er ja leider nicht mehr erlebt. Das ist eine Tragödie. Er hätte sich darüber gefreut. Erika und Klaus hätten es sich gewünscht, daß der Film zu ihren Zeiten an sie herangetreten wäre.

Der Tschaikowski-Roman »Symphonie Pathétique«, geschrieben 1935, war für meinen Bruder Klaus auch ein Film.

Die Zuneigung zum Film, die Offenheit gegenüber diesem künstlerischen Medium war ebenso auch bei Ihrem Vater und bei Ihnen selbst vorhanden?

Ja, Erika und Klaus haben erkannt, was man damit machen kann. Und da ihre Generation jünger war, standen sie dem Film auch näher. Beide waren mit mehr oder weniger berühmten Schauspielerinnen und Schauspielern befreundet. Das war eine Welt, die ihnen lag. In dieser Beziehung stand ihnen ihr Onkel Heinrich näher als ihr Vater Thomas, dem die Boheme ja als solche nicht lag.

Wenn Bruder Heinrich im französischen Sanary-sur-Mer zur Teezeit um fünf Uhr nachmittags unerwartet in Begleitung einer kleinen, leicht bekleideten Bande von Schauspielerinnen und Schauspielern kam, dann war mein Vater immer ein bißchen schockiert. »Das ist nicht meine Welt«, sagte er. »Bei mir zum Tee zu kommen und nicht anständig gekleidet zu sein ...«

Ich war zwei Jahre Lektor in St. Cloud bei Paris und habe alle großen Filme gesehen, die es damals in Paris gab. Dann hielt ich mich für ein Jahr in Rennes auf. Im Gegensatz zu Paris ein sehr konservativer Ort, auch, was den Kino-Spielplan betraf, der sich an die Wochenzeitschrift hielt, die der Erzbischof von Rennes herausgab. In diesem Blatt wurden alle Filme, die in der betreffenden Woche und der darauffolgenden in der Stadt liefen, zensiert. Das ging von »sehr zu empfehlen« bis »absolut zu verwerfen«. Und wenn das bischöfliche Amt einen Film absolut verworfen hatte, dann hat er sich mit Mühe diese eine Woche halten können. Jedenfalls habe ich auch da eine Menge Filme gesehen. Für mich gehörte der französische Film zum interessantesten. Es gab einmal einen deutschen Film nach Döblins Roman »Berlin – Alexanderplatz«, das Reklamematerial für ihn war vor 1933 entstanden. Der Regisseur Piel Jutzi hatte ihn 1931 gedreht. »Heute in Deutschland verboten!« – diese Werbung zog die Leute sogar im erzkonservativen Rennes an.

Hat Thomas Mann zu den Filmen, die er in der Schweiz sehen konnte, Programme oder ähnliches Werbematerial gesammelt?

Nein. Es wurden, wie das ja auch heute noch ist, ehe der Film begann, kleine Fragmente aus den folgenden Filmen im gleichen Kino gezeigt. Aber das hat ihm nicht gefallen. Er wurde ungeduldig. Es dauerte jedesmal furchtbar lange, bis der eigentliche Film begann. Thomas Mann wollte immer gleich den Hauptfilm sehen. Erst kam Reklame – unendlich lang, dann kamen die nächsten Filme in ganz kurzer Fassung. Dann ging es endlich los. Für ihn hätte es gleich beginnen sollen.

Gibt es zwischen Ihnen und Ihrem Vater Briefe, in denen Sie sich über Film verständigen?

Ja, das ist geschehen, aber soweit das nicht in seinem Tagebuch verzeichnet ist, wird sich nichts mehr finden. Übrigens, ich habe von 1930 bis 1940 Tagebuch geführt, aber darin habe auch ich darüber nichts geschrieben. Erst 1948 habe ich wieder mit dem Tagebuchschreiben begonnen ...

In den Briefen Ihres Vaters ist nachzulesen, daß er an Stefan Zweig geschrieben hat, um ihn zu fragen, was er von einer Verfilmung von »Der Tod in Venedig« hält. Hat er solche Fragen auch an Sie gerichtet?

Nein. Wenn er sich darüber beriet, dann mit meiner Schwester Erika, auf deren Weltgewandtheit, Kenntnisse, Geschicklichkeit und Intelligenz er sehr großen Wert legte. Aber mit seinen Söhnen, mit Klaus oder mir, hat er das nicht gemacht. Mit meinem Bruder Michael, der Musiker war, beriet er sich über Konzerte. Mit mir unterhielt er sich mehr über Geschichte.

Ich habe hier in Zürich, im Thomas-Mann-Archiv, mit Interesse in Ihre Zeitschrift »Maß und Wert« hineingeschaut, um das geistige Umfeld Ihres Vaters zur Zeit des Schweizer Exils zu studieren. Der Redakteur der Zeitschrift taucht des öfteren in den Tagebuchnotizen von Thomas Mann auf.

Der Redakteur Ferdinand Lion war ganz miserabel. Er war ein intelligenter Mensch, aber politisch charakterlos. Es durfte absolut nichts gegen Italien geschrieben werden, weil er immer nach Italien fahren wollte. Er selber hatte kein Geld, doch gab es

Gönner, die ihn einluden. Uns Emigranten wollte er nicht, aber er hatte nichts Besseres zu bieten.

Ich habe »Maß und Wert« dann für ein Jahr übernommen. Bei Kriegsausbruch mußten wir sie einstellen. Ich glaube, ich habe drei Nummern herausgebracht. Aber ich hatte zuvor schon eine Reihe von Artikeln dafür geschrieben. Gut war der kritische Teil. Aber die Leute, die Ferdinand Lion beigebracht hat, waren schwach. Ein Freund meines Vaters urteilte: »Die Zeitschrift war von Anfang an unlesbar.«

Aber heute ist es natürlich ein Zeitdokument. Mein Vater hat ein schönes Vorwort geschrieben, und dann wurde ein Kapitel aus »Lotte in Weimar« abgedruckt. Es hat in dieser Zeitschrift natürlich auch ein paar gute Artikel gegeben. Sie gibt Auskunft über das Bedürfnis, sich in einer Zeit geistig auszutauschen, in der deutsche Emigranten sich von Deutschland bedroht fühlten und in der Schweiz die Möglichkeit hatten, der Welt zu melden: »Hier sind wir!«

Für mich war die Zeitschrift sehr wichtig. Ich konnte in ihr gewissermaßen meine Gesellenarbeit einbringen. Für mich war diese Arbeit sehr gut, sehr wichtig. An Klaus wollte Lion gar nicht ran. Er wollte neue Leute, aber die gab es nicht.

Meines Bruders antifaschistische Zeitschrift »Die Sammlung«, die ab September 1933 erschien, hatte ja auch nur eine Lebenszeit von zwei Jahren. Sie kostete zuviel, und er mußte sie aus finanziellen Gründen aufgeben. Der Amsterdamer Verleger Emanuel Querido, den die Nazis später in Auschwitz ermordet haben, war ein sehr honoriger Mann. Er hat sehr viel für uns getan. Er hat Heinrich Mann verlegt, Verträge gemacht. Aber trotz seines Engagements war »Die Sammlung« nicht zu halten. Auch Fritz Landshoff, Queridos Lektor, hat damals für die Emigrantenschriftsteller Großes geleistet. Er verschaffte ihnen monatliche Renten, so daß sie schreiben und halbwegs davon leben konnten. Heinrich hat außerdem für die »Weltbühne« in Prag Artikel geschrieben, für wenig Geld.

Es waren harte Zeiten.

Die Filme, in die Ihr Vater gegangen ist, waren vom Genre her zum Teil recht unterschiedlich. Nach einem Operettenfilm schrieb er in sein Tagebuch: »Ein beschämender Genuß.« Hat er sich wirklich für seinen Kinobesuch geschämt?

So recht geschämt hat er sich wohl nicht. Nein. Warum soll man sich nicht ein bißchen entspannen? So feierlich hat er sich im Alltag nicht genommen. Und er hätte es ja in seinem Tagebuch verschweigen können.

Hat Thomas Mann Filmmusik auf Platten besessen?

Was er sehr liebte, war Kabarett auf Schallplatten, englische oder französische Kabarettisten. Songs oder Parodien hat er sehr genossen und oft auch mitgesungen. Es gab da einen französischen Künstler, er machte europäische Sprachen nach, einen russischen Sänger oder einen deutschen Sänger und so – da mußte er jedesmal lachen, das hat ihn königlich amüsiert.
Mein Vater wollte sich entspannen, wollte vergessen. Wie hat er sich über Chaplin amüsiert und über Curt Bois. Beide lernten wir später in Beverly Hills kennen. Chaplin war ein glänzender Schauspieler, der sich aber in manchen Dingen etwas überschätzte. Er glaubte, er hätte eine neue, die Menschheit rettende ökonomische Theorie erfunden. Er war ein bißchen hochfliegend, während Bois bescheiden blieb.

Hat Chaplin irgendwann die Idee geäußert, Literatur von Thomas Mann zu verfilmen?

Nein, die hätte ihm überhaupt nicht gelegen. Er hatte seine eigenen Ideen, und seine Filme hat er auch alle selber geschrieben. Später wurde er immer ehrgeiziger. Je schwächer seine Filme wurden, um so ehrgeiziger wurde er. Wir trafen uns oft mit ihm bei Max Reinhardt.

Wo hat die Bekanntschaft mit Chaplin begonnen?

In Amerika. Mein Vater hat Europa 1938 verlassen und ist in die USA emigriert. Der Chaplin der zwanziger Jahre war der Liebling meiner Geschwister, und natürlich kannte auch mein Vater alle seine Filme. Den Film »The Kid« hat damals jeder gesehen. Aber da wären wir wieder in der Stummfilmzeit – und ich muß jetzt auch meinen täglichen Spaziergang machen.

Für mich ist Politik,
an eine bessere Zukunft zu denken

Elisabeth Mann Borgese
im Gespräch mit Eberhard Görner
1995

Eberhard Görner:
Ich finde es aufregend, hier an diesem Platz zu sein. Wenn man aus dem Fenster hinausschaut, sieht man den Atlantischen Ozean, und es überkommt einen das Gefühl, man sei am Ende der Welt.
Was hat Sie bewogen, verehrte Elisabeth Mann Borgese, an dieses Ende der Welt zu ziehen?

Elisabeth Mann Borgese:
Das ist eine gute Frage. Wie entscheidet man über sein Leben? – Man entscheidet doch gar nicht. Man kann ja gar nicht entscheiden. Es war ein Zufall, der mich hierherbrachte. Aber es war eben der rechte Zufall, denn es hat mir gleich sehr, sehr gut gefallen. Und da habe ich einfach beschlossen, hierzubleiben. Wenn man über die Meere arbeitet, dann ist das hier der richtige Platz. Man wohnt direkt am Meer. Man hört das Meer. Nachts, tags. Das Licht wechselt alle zehn Minuten. Es ist so schön. Die Seevögel, die sich hier bei uns niederlassen. Es könnte nicht schöner sein.

Mit der Arbeit geht es gut hier: Die ganze Universität beschäftigt sich mit dem Meer, und auch die Wirtschaft der maritimen Provinzen von Kanada ist komplett an den Meeren orientiert. Ich fühle mich hier sehr wohl.

Sie sind seit Jahrzehnten eine heftige Verteidigerin der Meere. Bei der Tochter eines so berühmten Dichters ist das nicht unbedingt naheliegend. Wie ist es denn dazu gekommen, daß Sie Ihr Leben nicht dem Schreiben, sondern den Ozeanen widmeten?

Schreiben wäre für mich überhaupt nicht in Frage gekommen. Dagegen habe ich mich von früher Jugend an gewehrt und mich in die Mathematik und die Musik geflüchtet. – So weit wie möglich weg von der Literatur. Daß mein Leben so angefüllt ist von der Liebe zu den Meeren und Ozeanen, liegt nun wiederum nicht so fern, denn das Meer hat während meiner ganzen Kindheit und Jugend eine sehr große Rolle gespielt. Das Meer war für meinen Vater lebenswichtig, und das hat er ganz bestimmt an mich weitergegeben. Aber ich habe mich ja mit dem Meer anfangs nicht so sehr von den Wissenschaften her beschäftigt, sondern mein Ausgangspunkt war: Die Welt ändert sich! Sie ändert sich grundsätzlich. Die internationale Ordnung ändert sich. Und gerade auf dem Gebiet der Meere konnten wir einen Durchbruch bewerkstelligen, der das Weltsystem als Ganzes sehr stark beeinflussen wird.

Im Juni dieses Jahres waren Sie auf Einladung des Ostdeutschen Rundfunks Brandenburg zu Dreharbeiten in Nidden auf der Kurischen Nehrung. Die Kurische Nehrung liegt in Litauen. Dort hat Ihr Vater 1930 mit dem Geld seines Nobelpreises ein Sommerhaus bauen lassen. Welche Gefühle bewegten Sie beim Wiedersehen mit dieser Landschaft Ihrer Kindheit, und woran haben Sie gedacht, als Sie die alten Wege gegangen sind?

Man denkt natürlich ein bißchen an die Sonderbarkeiten des Lebens. Ich war sechzig Jahre nicht dort gewesen, und sich nach so langer Zeit an demselben Ort, an derselben Stelle zu finden, ist natürlich merkwürdig. Das Haus steht noch oder wieder da wie es immer war, und wie ich es als Kind so sehr geliebt habe. Aber alles Drum und Dran hat sich natürlich ganz phantastisch verändert. Im eigenen Milieu bemerkt man den Wechsel nicht so stark. Aber wenn man sechzig Jahre nicht an einem Platz war, dann empfindet man ihn natürlich viel, viel intensiver. In Teilen war es dort oben noch dieselbe Welt, die Ostsee war dieselbe, das Haff war dasselbe, der Strand war derselbe, der Wind war derselbe. Und der Geruch von den Pinien war derselbe. Aber die Menschen waren vollkommen anders. Vor sechzig Jahren sprach man dort die kurische Sprache.
Jetzt sagte man mir, es gäbe tatsächlich nur einen einzigen Menschen, der diese Sprache noch spräche. Eine alte Frau. Heute

sprechen alle litauisch und manche russisch. Die Leute sehen anders aus. Ihr Lebensstil ist ein anderer. Eine andere Welt.

Sie sind im Exil aufgewachsen. Ihr Leben bewegte sich zwischen Frankreich, der Schweiz, Italien und den USA – seit längerem leben Sie nun hier in Halifax. Fühlen Sie sich noch als Deutsche, oder als was fühlen Sie sich?

Ich glaube, ich fühle mich als Weltbürgerin. Aber irgendwo fühle ich mich natürlich sehr deutsch. Besonders empfinde ich immer noch eine große und tiefe Liebe zur deutschen Musik. Besonders zu deutschen Liedern, die es sonst nirgends gibt. Natürlich verbindet mich auch noch vieles mit deutscher Literatur. Aber, ich war halt erst vierzehn Jahre alt, als wir weggingen, und ich habe in so vielen anderen Ländern gelebt, dort Wurzeln gefaßt, Freundschaften geschlossen. Meine Kinder gehören einer ganz anderen Kultur an. Ich selbst spreche nur ausnahmsweise deutsch. Es fällt mir gelegentlich auch ziemlich schwer, obwohl man das nicht hört – nehme ich an –, aber allein als Deutsche fühle ich mich nicht mehr. Ich fühle mich *auch* als Deutsche, aber ich empfinde doch Kanada, Italien, die Schweiz ebenfalls als meine Heimat.

Wenn Sie die deutsche Sprache nicht mehr so oft sprechen, dann kommt mir das doch wie ein Verlust vor. Anläßlich Ihrer Geburt im Jahre 1918 hat Ihnen Ihr Vater das Gedicht »Gesang vom Kindchen« gewidmet. In ihm geht es so deutsch zu, wie man es sich überhaupt nur vorstellen kann. Deshalb empfinde ich es als einen Verlust, wenn Sie sagen, Sie sprechen nur noch selten deutsch. – Aber wenn wir schon einmal bei Ihrem Vater sind, was sind Ihre stärksten Erinnerungen an Thomas Mann?

Ach, da habe ich natürlich so viele Erinnerungen – wie jedes andere Kind aus jeder anderen Familie. Einen sehr wichtigen Teil im Leben eines Kindes bilden die Eltern, Vater und Mutter. Ich will nicht sagen, daß meine Eindrücke stärker wären als die jedes anderen Menschen.
Ich bin mit meinen Eltern sehr, sehr gut, sehr herzlich und warm gestanden. Ich habe sie zeitlebens immer geliebt. Und ich finde, die Beziehungen waren sehr normal.

So normal, daß Sie sagen, ich muß gar kein besonderes Erinnern erzählen – es war wie in jeder Familie, nur daß der Papa geschrieben hat?

Ja, eben – aber jeder Papa hat etwas Besonderes, für jedes Kind.

Das stimmt, das stimmt.

Und jedes Kind hat auch mal Probleme mit seinen Eltern. Ich habe mit meinen Eltern relativ wenig Probleme gehabt. Meine Geschwister ein bißchen mehr. Ich war das einzige von uns Sechsen, das die ganze Kindheit zu Hause verbracht hat. Bis ich geheiratet habe, war ich immer zu Hause. Die anderen sind alle auf Landschulheime gegangen. Sie waren weg. Aber ich war bis zu meiner Heirat zu Hause und habe wirklich herzlich wenig Probleme gehabt.

Gab es zwischen den Geschwistern und Ihnen so etwas wie Argwohn? Gerade im letzten Band der Tagebücher Ihres Vaters klingt an, daß Erika, Ihre älteste Schwester, doch in Spannungen zu Ihnen gelebt hat. Man liest es fast heraus, es war eine Art Reviergeschichte. Erika war eifersüchtig darauf bedacht, daß ihr niemand den Platz in der Familie streitig macht. Wenn man aber die Geschichte aus den Tagebüchern kennt, weiß man, wie sehr der Vater auch an Ihnen gegangen hat. Wie wichtig Sie ihm waren. Gab es in seinen letzten Lebensjahren Konflikte zwischen den Kindern?

Gott sei Dank gerade in der allerletzten Zeit nicht mehr. Durch viele Jahre hindurch – ja. Erika war eine sehr eifersüchtige Natur, die besonders nach dem Ende des Zweiten Weltkrieges auf das Zuhause angewiesen war und als Begleiterin meines Vaters außerordentlich viel getan hat. Sie half ihm bei seinen Vortrags-Touren. Sie hat ihr ganzes Dasein dem elterlichen Zuhause gewidmet.
Solange ich jung war, als Kind, hatte ich zu Erika sehr herzliche Beziehungen. Ich habe zu ihr hinauf geschaut, und ich habe sie geliebt und bewundert. Als ich dann erwachsen wurde und begann, mein eigenes Leben zu führen, da war sie eifersüchtig auf mich. Und das hat leider ziemlich lange gedauert. Mindestens

über zwei Jahrzehnte hinweg. Ganz zuletzt hat sich – Gott sei Dank – die alte warme und freundschaftliche Beziehung wiederhergestellt. Und ich war in Zürich, als sie dort starb. Aber Erika war halt eine leidenschaftliche Natur, und Eifersucht war einer ihrer starken Charakterzüge.

Die Eifersucht Ihrer Schwester Erika hat sich nicht nur auf Sie bezogen. Sie war ja auch eifersüchtig auf Golo, ihren älteren Bruder?

Ja – sie war eine eifersüchtige Natur. Meine Mutter hingegen war überhaupt nicht eifersüchtig. Eifersüchtig ist man geboren oder man ist es nicht – und Erika war es.

Sie sind in einem sehr musischen Elternhaus aufgewachsen. Bruno Walter ist oft zu Gast gewesen und hat Klavier gespielt. Ihr Vater besaß eine große Schallplattensammlung. Er war ein Verehrer von Richard Wagner. Was hat dieses durch und durch musische Elternhaus für Auswirkungen auf Ihre eigene Entwicklung gehabt?

Auf jeden Menschen übt eine solche Umwelt natürlich kolossalen Einfluß aus. Musik war zu Hause eine Art Naturgegebenheit. Und das hat mich sehr beeinflußt. Ich habe mit zwölf Jahren begonnen, mich ebenfalls für Wagner zu begeistern. Ich habe auch selber Musik studiert, was einen großen Einfluß auf mich gehabt hat. Natürlich hat auch die Literatur eine große Rolle in meinem Leben gespielt, obwohl ich weniger davon mitbekommen habe, wohl auch wegen der Emigration und anderer Einflüsse, die stärker waren als die der deutschen Literatur.
Was zu Hause seltsamerweise gefehlt hat, war eine Kultur der Bildenden Künste. Meine Eltern haben sich beide herzlich wenig um Malerei, um Bildhauerei, Architektur gekümmert. Auch das hat sich auf mein Leben ausgewirkt. Erst viel später habe ich begonnen, mich ein wenig mit Malerei zu beschäftigen.

Die Familie Mann ist nach wie vor fest im Bewußtsein, im Interesse der Öffentlichkeit verankert. Im vorigen Jahr erschien eine neue Thomas-Mann-Biographie, geschrieben von Klaus Harpprecht. In diesem Jahr stellte Inge Jens das abschließende Tagebuch Ihres

Vaters von 1953-1955 vor. Wie gehen Sie als letzte unmittelbare Vertreterin der Familie Thomas Manns damit um?

Das Buch von Klaus Harpprecht habe ich ganz gelesen, und ich muß sagen, daß ich es bewundere. Es ist eine großartige Leistung. Die Tagebücher habe ich natürlich auch gelesen, und ich hatte kürzlich Gelegenheit, bei einer Veranstaltung in Zürich zu sein, als Inge Jens den letzten Band vorgestellt hat und ihre eigene Arbeit daran ein wenig beschrieb – das hat mir einen sehr großen Eindruck gemacht von dieser Leistung.
Und natürlich tut es mir wohl, zu sehen, daß man das Werk, das Leben, das Schicksal meines Vaters so gut versteht.

Wie muß man sich das vorstellen – die Tagebücher waren versiegelt, und es gab das Testament, wonach sie erst nach zwanzig Jahren zu öffnen seien. Haben Sie vor der Veröffentlichung der Tagebücher Einblick in die Originale nehmen können?

Ja – nach zwanzig Jahren, wie sie also aufgemacht wurden, habe ich die Tagebücher gesehen. Ich habe sie natürlich nicht alle gelesen. Aber ich habe doch Einblick nehmen können. Große Überraschungen gab es nicht dabei.

Sind die Überraschungen für Sie dann in den Anmerkungen gekommen, die ja den jeweiligen Tagebüchern reichlich beigegeben wurden?

Überraschungen eigentlich nicht, nein – ich bin mit den Anmerkungen zu neunzig Prozent einverstanden. Gelegentlich unterläuft es mir einmal, daß ich nicht ganz einverstanden bin und kleine, unbedeutende Fehler bemerke.
Es ist natürlich seltsam, wenn man die Tagebücher liest – ich war ja, wie gesagt, bis 1939 immer zu Hause und danach jedes Jahr mehrfach, weil ich meine Eltern sehr oft besucht habe, und sie haben mich auch besucht. Es ist in jeder Hinsicht, als ob man seine eigenen Tagebücher liest. So viel eigenes Geschick und eigene Entwicklung und eigenes Erlebnis ist drin. Das ist ein sehr merkwürdiges Gefühl.

Darf ich Sie fragen, ob Sie auch selbst Tagebuch schreiben?

Nein. Niemals. Ich finde, es hat genug Tagebücher gegeben.

*Und haben Sie die Absicht, einmal Ihre Lebensgeschichte aufzu-
schreiben?*

Nein, nein – sicher nicht.

*Sie waren die erste Frau, die in den »Club of Rome« aufgenom-
men wurde. Mittlerweile sind eine ganze Reihe Frauen mit dabei.
Wie kam es dazu, wie kam es zu diesem Entree in den Club der
Weisen dieser Welt?*

Es war für mich selber eine Überraschung. Ich hatte damals
schon begonnen, mich mit den Meeren und ihrem Zustand zu
befassen. Und wenn man über die Meere arbeitet, muß man um-
denken lernen. Eine Grundlage, die man sehr schnell begreifen
muß, ist: In den Meeren sind alle Probleme sehr eng miteinander verbunden. Man kann sich nicht mit der Fischerei abgeben,
ohne an die Ölförderung zu denken oder an den Tourismus oder
an die Schifferei.
Man kann auch nicht an irgendeine geographische Zone unter
einer nationalen Herrschaft denken, ohne die Einflüsse, die von
außen her kommen, zu berücksichtigen.
In den Meeren fließt halt alles, und es geht ineinander über. Dieses Ineinanderübergehen, dieses Wissen über die Abhängigkei-
ten des einen vom anderen bilden auch die Grundphilosophie
des Clubs von Rom.
Mein verstorbener, großer Freund Aurelio Peccei nannte es *die
Problematique*, daß heutzutage alle Schwierigkeiten der Welt
sehr eng miteinander verbunden sind. Und man kann keines der
großen Probleme, die uns vor Augen stehen, isoliert betrachten.
So käme man nicht weiter. Man muß die Zusammenhänge erfassen. Man muß die Räume zwischen den Problemen studieren.
Nur dann kann man Fortschritte machen. Bei der Beschäftigung
mit den Ozeanen haben wir das sehr schnell und an Hand prak-
tischer Vorgänge herausgefunden.
Vielleicht waren es diese gemeinsame Erfahrung und die daraus resultierende gemeinsame Philosophie, die Peccei und seinen Mitarbeiter Alexander King, einen großen Wissenschaftler,
dazu veranlaßten, mich einzuladen.

Zuerst habe ich mich etwas gesträubt: Mir schien der »Club of Rome« damals zu sehr auf die Industrieländer konzentriert, zu sehr von deren Perspektiven beeinflußt. Zu viele Großindustrielle waren dabei, die obersten, die allerobersten Schichten der Bevölkerung. Ich hingegen habe mich zeit meines Lebens auf die Unterdrückten konzentriert, und in der Nachkriegszeit besonders auf die Entwicklungsländer.

In unseren Ländern geht es den Arbeitern ja Gott sei Dank nicht mehr so schlecht wie im 18. oder 19. Jahrhundert.

Ich habe mich also anfangs etwas gesträubt. Aber dann hat mich besonders Alexander King darauf hingewiesen, daß der Club erst an seinem Anfang sei und ich könne mich darauf verlassen, daß die Entwicklungsländer in zukünftigen Jahren mindestens ebenso stark vertreten sein würden wie die Industrieländer. Auch er selbst sei Sozialist, und ich brauche mir keine Sorgen zu machen. Und so hat er mich überredet, beizutreten, die Einladung anzunehmen, und ich habe es nie bereut.

Die Atmosphäre im »Club of Rome« war und ist immer noch sehr anregend. Wenn man hundert Leute aus der ganzen Welt zusammenbringt, von denen wirklich jeder etwas zu sagen hat, wenn jeder eine Lebenserfahrung hat, die interessant und wichtig ist, dann kommt schon irgend etwas dabei heraus.

Die Sensation des ersten Bucherfolges, »Die Grenzen des Wachstums«, hat sich allerdings nicht wiederholt. Ich war dem Buch gegenüber sogar ziemlich kritisch eingestellt. Es ist eines der frühen Werke, in dem der Standpunkt der Industrieländer mehr als jener der Entwicklungsländer berücksichtigt war. Aber in den folgenden Jahren hat sich das alles sehr ausgeglichen, ist gereift, und ich bin immer noch froh, daß ich mit dabei bin.

Wie muß man es sich vorstellen, wenn der »Club of Rome« zusammenkommt? Trifft er sich regelmäßig in Rom, oder trifft er sich an allen Punkten der Welt? Gibt es ein Thema, das vorgegeben wird? Oder bespricht man eine Frage, die gerade aktuell ist – zum Beispiel die neuerlichen Atombombenversuche der Franzosen? Wie funktioniert die Kommunikation in einer solchen weltweiten Organisation?

Man trifft sich jedes Jahr woanders. In Brasilien, in Hannover, in Tokio – jedes Jahr woanders. Und jedes Jahr hat natürlich sein besonderes, geographisch und zeitlich bestimmtes Thema. Wenn wir uns in Südamerika treffen, dann beschäftigen wir uns vorwiegend mit den Problemen der Armut in Südamerika. Wenn wir uns in Afrika treffen, diskutieren wir die furchtbare Krisis, die Afrika befallen hat. Als wir in Europa waren, in Hannover, vor zwei, drei Jahren, haben wir das Problem der Arbeitslosigkeit in Europa erörtert.

Sehr häufig werden neue Berichte bestellt. Man einigt sich darauf, daß sich ein Autor oder eine Gruppe von Autoren mit diesem oder jenem Problem befassen und einen Bericht erarbeiten. Dieser Bericht wird diskutiert, besonders bevor er abgeschlossen wird.

Wo geht der Bericht hin – an die Vereinten Nationen?

Nein, er wird veröffentlicht, und dann überall in verschiedenen Seminaren und Arbeitsgruppen diskutiert. Der »Club of Rome« verfügt ja über verschiedene nationale Untergruppen, auch in Kanada, in den Vereinigten Staaten, überall in der Welt – und die veranstalten Diskussionsabende. Und da meist wirklich einflußreiche Leute dabei sind, hat das einen gewissen Einfluß auf die Politik und das Verhalten einzelner Länder. Aber ich will diesen Einfluß nicht überschätzen.

Wenn Sie Mitglied des »Club of Rome« sind und eine Verteidigerin der Ozeane und Meere – wie wirkt der Vorgang der Wiederaufnahme der Atombombenversuche im Pazifik durch die Franzosen auf Sie?

Ich bin sehr empört über diese neuen Versuche. Ich finde sie menschlich, vom Umweltstandpunkt her und politisch wie sogar intellektuell unverantwortlich. Ich finde sie so böse wie dumm. Was soll man machen?

Ich hatte das Gefühl, diese neuen Atombombenversuche wirken wie eine Ohrfeige in das Kultur-Antlitz der französischen Nation. So habe ich es empfunden. Eine Ohrfeige für die Kultur, die von allen in der Welt geschätzt wird!

Zuerst habe ich mir gedacht, es sei vielleicht eine innenpolitische Geste. Eine Konzession an die Rechtsstimmen, von denen

248

Chirac abzuhängen glaubt. Aber dieses Kalkül ist ziemlich fehlgeschlagen, denn in Frankreich selbst ist die Sache ja gar nicht populär.

Andere haben es als eine Unabhängigkeitserklärung den USA gegenüber aufgefaßt. Ich bin zwar ansonsten sehr für Erklärungen der Unabhängigkeit von den Amerikanern. Aber das war wirklich nicht die beste Form dafür.

Frau Professor Mann, wie sehen Sie heute – fünf Jahre vor dem Ende des Jahrhunderts – die Grenzen des Wachstums, die vor zwanzig Jahren in dem Buch des »Club of Rome« doch etwas anders gesehen worden sind? Wenn Sie jetzt hier am Atlantischen Ozean sitzen, mit dem Blick in die freie Natur, was haben Sie da für Gedanken, wenn Sie an die Grenzen des Wachstums denken?

Ja, tatsächlich man hat damals alles ganz anders gesehen, oder mindestens zu neunzig Prozent anders. Vor zwanzig Jahren hat man wirklich wieder einmal gedacht, wie schon so oft in der Vergangenheit, die Rohstoffe gingen aus. Das Erdöl zum Beispiel. Davon kann aber bis heute gar nicht die Rede sein – jedenfalls nicht in absehbarer Zukunft. Was hingegen ausgeht, ist die Kapazität der Umwelt, die ständigen Schmutzladungen der Zivilisation zu verdauen, sie zu assimilieren. Es sind das Wasser, die Atmosphäre, die erschöpfbar sind. Das ist eine ganz andere Grenze des Wachstums als jene, die der »Club of Rome« anfangs vor Augen hatte.

Trotzdem hat der »Club of Rome« schon damals eine große Leistung vollbracht, denn er hat die Menschen aufgerüttelt, einmal an das zu denken, woran vorher nicht gedacht wurde. Dieses Vorausbedenken ist heutzutage zu einem wichtigen Teil unseres Lebens, unserer Kultur und unserer Politik geworden. Heute haben wir das umgedacht in das *Sustainable Development*. Auch wieder ein undeutlicher und zweideutiger Begriff. Für mich ist eine Entwicklung, die sich selber tötet, die ihre eigenen Ressourcen vernichtet, einfach keine Entwicklung.

Wenn man aber den Begriff wirklich durchdenkt, all das, was er in sich birgt, was er von uns verlangt, dann, finde ich, kommt man zu dem einzig möglichen Schluß, das *Sustainable Development* ist der Sozialismus des 21. Jahrhunderts.

Was meinen Sie mit dem Begriff Sozialismus? Als gesellschaft-
liche Praxis ist der Sozialismus ja gerade gescheitert. Von Ostber-
lin bis zum Pazifischen Ozean.
Ist es ein Sozialismus, der über andere Strukturen verfügt, an
den Sie denken? Oder ist es ein Sozialismus, der sich aus Struk-
turen entwickelt, die möglicherweise schon vorhanden sind? Es
müßte doch eine Vision geben für dieses Wort, das Sie eben be-
nutzt haben?

Man stellt heute fest, von der Weltbank bis zu den großen Ge-
schäftsführern: Eine Vorbedingung des sogenannten *Sustainab-*
le Development ist die Abschaffung der Armut. Die allgegenwär-
tige Armut, der wir heute überall ins Gesicht starren, schlimmer
als sie je gewesen ist, muß abgeschafft werden. Wie man das
machen soll, liegt noch ein wenig im Nebel. Aber ganz bestimmt
wird es mehr und nicht weniger öffentliche Investierungen geben müssen, wird es mehr und nicht weniger öffentliche Regu-
lierungen geben müssen.
Der Markt, die sogenannte Marktwirtschaft, kann weder das
Problem der Armut noch das Problem des Umweltschutzes lösen.
Wenn wir das lösen wollen, müssen wir an öffentliche Wege, an
Gemeinschaftswege, an das Gemeinschaftserbgut der Menschheit, an solche Begriffe denken.
Der Sozialismus, wie wir ihn gekannt haben und wie er sich im
19. Jahrhundert zu formulieren begonnen hat – der kommt nicht
wieder. Damit ist es vorbei. Es wird eine neue Art des Sozialismus sein. Und es wird bestimmt nicht die Marktwirtschaft sein.
Die wird sich ändern müssen. Sie wird sich so ändern müssen
wie der Sozialismus. Wir müssen im nächsten Jahrhundert eben
etwas Neues haben, wenn wir die Probleme lösen wollen, die wir
lösen müssen: hauptsächlich die Abschaffung der Armut und
den zuverlässigen Schutz der Umwelt, wenn wir es damit wirklich ernst meinen.

Wenn ich sagte, Sie hätten sich dem Seerecht zugewendet und
weniger dem Schreiben, so ist das nicht korrekt, denn inzwi-
schen haben Sie ja eine Menge Bücher veröffentlicht. Besonders
eines Ihrer Bücher, »Das Drama der Meere«, hat weltweite Auf-
merksamkeit ausgelöst. Wenn Sie ein Buch schreiben über den
Zustand der Weltmeere, wie erarbeiten Sie sich das Material? Ein

gefährlicher Umstand beim Schreiben über dieses Thema scheint mir zu sein, daß man dabei leicht ins poetische Schwärmen verfallen kann. Das Meer hat ja etwas Poetisches, aber dann ist ja vor allem auch das streng Wissenschaftliche zu beachten. Wie behalten Sie die Balance und wie verarbeiten Sie das vielfältige Material, das auf Sie zukommt?

Das Material ist ungeheuer groß, aber wie immer man heutzutage die Weltproblematik anfaßt: Das Material ist immer ungeheuer groß.

Was so reizvoll am Meer ist: Es hat eine poetische Seite, sogar eine philosophische, und man kann die Aufgabe nicht allein lösen. Man ist sehr auf die Zusammenarbeit mit Meereswissenschaftlern angewiesen. Man muß mit Leuten aus der Wirtschaft arbeiten. Man muß mit Juristen arbeiten.

Die Probleme sind, wie immer heutzutage, aber ganz besonders beim Thema Meer, ineinander verschlungen. Für die Meere gilt das in noch zugespitzterer Form, noch nachdrücklicher. Es ist eine ungeheure interdisziplinäre Arbeit. Und keiner kann sie allein meistern, das gibt es gar nicht. Aber man kann halt versuchen, seins dazu beizutragen, dort, wo man sich am stärksten oder am wenigsten schwach fühlt.

Worin besteht die konkrete wissenschaftliche Arbeit Ihres Ozean-Instituts hier in Halifax? Was ist Ihr Programm?

Ich habe ein zweifaches Programm, sozusagen. Ich bin Professorin an der Universität und habe regelmäßig meine Studenten, auch Doktoranden. Das bringt ziemlich viel Arbeit mit sich, aber es ist auch sehr stimulierend. Ich tue das sehr gern. Ich müßte es ja gar nicht mehr tun, weil ich ja längst schon die Altersgrenze überschritten habe. Aber ich tue es gern, solange ich es kann.

Elisabeth Mann Borgese, Sie haben Seerecht studiert und sind darüber in die Politik gekommen. Was ist Ihnen heute wichtiger?

Seerecht oder Politik? Das ist ein bißchen dasselbe. Ich sehe keine Trennung, Seerecht und Politik zu machen. Es kommt darauf an, wie man beides definiert. Für mich ist Politik, an eine bessere Zukunft zu denken. Und genau dazu dient mir das Seerecht.

Sie haben an der Formulierung des modernen Internationalen Seerechts mitgearbeitet. Und soviel ich weiß, soll im nächsten Jahr in Hamburg ein Internationaler Seerechtsgerichtshof eröffnet werden. Was ist das für eine Einrichtung und was ist der Gedanke dabei?

Es ist einer der größten Erfolge des Seerechts, daß es zum ersten Mal ein bindendes und sehr umfassendes Konfliktschlichtungssystem errichtet hat. Und ein Element dessen ist dieser neue Internationale Seerechtsgerichtshof.

Man hätte sich natürlich einfach auf den Gerichtshof im Haag beschränken können, aber man traut diesem Gericht nicht hundertprozentig, denn es ist in der Vergangenheit mehr von den Industrieländern als von den Entwicklungsländern auch zum eigenen Vorteil genutzt worden.

Außer dem Ozean-Institut in Halifax gibt es das Ozean-Institut auf Malta. Das ist früher gegründet worden als das in Halifax, wenn ich es richtig sehe. Wie kam es dazu, und welche Aufgaben hat dieses Institut im Mittelmeer? Wie hält man die Beziehungen zwischen beiden Einrichtungen aufrecht und wie verliert man sein eigenes Konzept nicht aus den Augen?

Mit unseren jetzt acht Instituten ist das eine ziemlich komplizierte Angelegenheit.

Ich habe die Arbeit für dieses Institut angefangen, als ich noch in Kalifornien war. Und damals haben wir uns entschlossen, das Institut in Malta zu gründen.

Malta hatte viele Vorteile. Erstens hat der Botschafter von Malta bei der UNO überhaupt mit dieser ganzen Seerechtsgeschichte angefangen. Und zweitens lag Malta damals genau zwischen den Polen entwickelt und unentwickelt, zwischen Ost und West, in der Mitte des Mittelmeeres. Geographisch und historisch wirklich ein idealer Platz. Und wir haben also das Institut in Malta gegründet.

Wie ich dann nach Kanada kam und von Anfang mit alldem zu tun hatte, haben wir eben hier in Kanada noch ein Institut eröffnet. Das ging ganz handlich zwischen Kanada und Malta. Ich bin jedes Jahr nach Malta gefahren. Ein Problem ist es auch jetzt nicht. Aber es ist zu einer komplizierten und recht modernen

Angelegenheit geworden. Einerseits kann man über einen solchen Gegenstand wie die Ozeane natürlich nur global forschen. Andererseits lassen sich aber jetzt sogar Geschäfte nicht mehr nur zentralisiert abwickeln.

Wer ist denn für ein solches Institut der Geldgeber?

Der kanadische Staat war immer sehr generös, er war anfangs unser wichtigster Förderer. Bis sich dann zusätzlich die UNO selbst intensiv für uns eingesetzt hat. Eine ihrer Institutionen hat über die vergangenen drei Jahre einen großen Beitrag geleistet, so daß wir in letzter Zeit ziemlich viel machen konnten. Acht Länder in Nordamerika, in Europa, Asien und Afrika geben jedes Jahr sehr viele Kurse für Leute aus den Entwicklungsländern – und sie beteiligen sich auch intensiv an der Forschung. Nicht etwa ozeanographische Forschung. Dazu braucht man ja viel größere Institute, dafür ist ein viel größerer Aufwand nötig. Aber wir haben sehr viel am Mittelmeer gearbeitet, und das hat sowohl von den Erkenntnissen her wie auch praktisch etwas eingebracht. Es hat sich gelohnt.

Wir praktizieren hier bei uns kein von oben nach unten beherrschtes System, sondern wir folgen dem Begriff des *Networking*: Wir arbeiten alle auf gleicher Stufe zusammen, jeder genießt sehr viel lokale Autonomie und Selbstbestimmung. Und unsere acht Zentren – im nächsten Jahr werden es sogar zwölf bis dreizehn sein, es werden jetzt immer mehr – sind wirklich sehr autonom. Selbstverständlich treffen wir die Direktoren von allen Zentren jedes Jahr zweimal. Wir tauschen Material aus. Wir haben einen Ausschuß, der unsere Programme berät, wir lernen viel voneinander. Vieles läßt sich durch Austausch gewinnen. Auch unsere Lehrkräfte und unsere Studenten tauschen wir untereinander aus. Das erweist sich als sehr nützlich.

Gerade an der Problematik des Mittelmeeres haben wir hier in Halifax sehr intensiv mitgearbeitet und zwar mit Hilfe der Regierung von Malta. Die Veränderungen, die man jetzt im Barcelona-Vertrag zum Schutz des Mittelmeeres vorgenommen hat, die kommen alle von uns.

Wenn man den Begriff Ozean-Institut hört, dann könnte man sich vorstellen, daß dort U-Boote ausgerüstet werden, um un-

ter Wasser zu forschen. Daß von dort Expeditionen in die Arktis geschickt und Forschungsgemeinschaften auf entlegenen Inseln der Welt etabliert werden – ist das eine sehr romantische Vorstellung?

Das können wir nicht. Dazu braucht es, wie gesagt, viel größere Institutionen. So etwas machen die großen Institute in den Vereinigten Staaten, Woods Hole und Scripps, oder auch das größte Ozeanographische Institut von Kanada hier in Bedford. Es ist das drittgrößte in Nordamerika und, ich glaube, auf der Welt. Dafür braucht es Millionen und Millionen, jedes Jahr! Darauf können wir uns nicht einlassen.

Nein – was wir machen, sind politwissenschaftliche Forschungen, wirtschaftlich, juristisch und sozial. Natürlich arbeiten wir mit den Naturwissenschaftlern an all den anderen Einrichtungen sehr eng zusammen. Man kann auf den Meeren nichts tun, wenn man nicht die Wissenschaften intensiv einbezieht.

Wir sind hier am Atlantischen Ozean. Die kanadische Fischerei hat es sehr schwer, auch weil die Fischbestände zum Teil drastisch zurückgehen – wie verkraftet man das, wenn man sich selbst für die Erhaltung der Meere einsetzt und darüber Bücher schreibt und doch zusehen muß, wie die wirtschaftliche Praxis das Drama der Meere auf dramatische Weise bedient?

Mit der Fischerei ist es ein sehr komplizierter Vorgang. Man hat die Meere tatsächlich kolossal überfischt – ich meine, die Fischerei von heute ist mit der Jagd vor zehntausend Jahren zu vergleichen.

Stellen wir uns vor, man hätte die Jagd industrialisiert wie die Fischerei – es gäbe schon längst kein Wild mehr auf der Erde. Aber genau das hat man mit den Meeren getan. Man hat gedacht, die Menge der Fische sei weltweit unerschöpflich. Und man hat zum Fangen die fürchterlichsten Maschinen benutzt, und das geht halt nicht. Das Meer ist ein Jagdgebiet. Man kann die Jagd nicht industrialisieren.

Dazu kommt ein ungeheurer Bevölkerungsdruck, gerade in den Küstengegenden. Schon jetzt wohnen über sechzig Prozent der gesamten Menschheit innerhalb einer Zone von sechzig Kilometern entlang den Meeresküsten. Diese Zahl wird sich im nächsten Jahrhundert auf achtzig Prozent verstärken: die Großstädte am Meer, die Hafenstädte, der Verkehr am und über das Meer, das bewirkt einen fürchterlichen Druck auf die Meeresumwelt. Dieser Druck macht die Bestände kaputt, zerstört die Brutstellen der Fische. Dann sterben bestimmte Arten eben aus. Ein Bestandserhalt zwischen Verschmutzung, Verengung und Überfischen, das geht nicht mehr.

Andererseits wächst der Bedarf an Fisch immer mehr. Je mehr Menschen es gibt, desto mehr Fisch wird gebraucht. Besonders, da auch die Fleischwirtschaft nicht mehr so problemlos wächst, wie es früher möglich war. Was soll man tun? Ich glaube, daß wir eine große Umstellung erwarten können. Man muß sich von der Jagdwirtschaft auf eine Aquakulturwirtschaft umstellen. Und das hat eine ziemlich große Zukunft. Aber die Umstellung ist, wie jede Umstellung, nicht leicht. Und gerade die kleinen Fischer, die in den Küstengewässern fischen und deren Existenz davon abhängt, müssen umgeschult werden. Das ist keine Kleinigkeit.

Wenn wir über die Zukunft der Menschheit reden, bringen Sie auch immer das Problem des weltweiten Terrorismus ins Spiel als eine Gefahr für die Weltpolitik. Und wenn Sie sagen, die Probleme des Meeres und der Ozeane müssen vernetzt werden, um sie zu beherrschen, so wird sicher auch wahr sein, daß die Weltpolitik größere Vernetzung braucht. Aber je intensiver diese Vernetzung wird, um so sensibler wird sie und deshalb auch angreifbarer.
Sie sind ein Mensch, der sich weltweit bewegt – was ist denn Ihre Ansicht zu dieser Problematik?

Der Terrorismus ist die neue Form des Krieges.
Manchmal, wenn ich mir die Lage anschaue, die Bombenangriffe in New York, Madrid oder in Oklahoma, die Gasangriffe in der Untergrundbahn von Tokio oder die Bürgerkriege, die wir überall haben – auch die Piraterie, die jetzt schon sehr weit verbreitet ist –, das ist der neue Weltkrieg, so sieht der aus! Das ist nicht mehr ein Krieg zwischen Ländern und Armeen, souveränen Ländern und geordneten Armeen, sondern das ist der internationale Terrorismus, der internationale Bürgerkrieg, das ist der neue Weltkrieg. Das hängt natürlich mit der Krise des

Nationalstaates zusammen. Solange wir ordentliche Nationalstaaten hatten, hatten wir, zynisch gesagt, auch einigermaßen
»ordentliche« Kriege.

Und das geht zusammen. Ich meine natürlich nicht, daß die Kriege jemals schön gewesen wären, aber jedenfalls gab es so etwas
wie ein Kriegsrecht. Kriege hatten einen Anfang und ein Ende,
und sie hatten auch noch einen wirtschaftlichen Zweck. Heute gibt es weder einen Anfang noch ein Ende, noch einen wirtschaftlichen Zweck. Kurzfristig bin ich nicht sehr optimistisch.
Es wird noch längere Zeit dauern, bis man zu einer neuen Ordnung kommt, in der die Nationalstaaten wahrscheinlich noch
existieren, aber eben ganz anders organisiert sein werden. Mit
sehr viel mehr lokaler, kultureller und sprachlicher Autonomie
innerhalb ihrer Territorien und mit sehr viel mehr gegenseitiger
Bindung von überstaatlicher, übernationaler Basis, wie es eben
die Wirtschaft, die Technologie und der Umweltschutz verlangen.

*Elisabeth Mann Borgese, Sie sind Mitglied des »Club of Rome«,
Sie sind Mitgestalterin einer neuen Seerechtsverfassung für die
Welt. Sie arbeiten für die Vereinten Nationen. – Gibt es neben
den nationalen Regierungen schon heute so etwas wie eine Welt-
regierung, die Weltgewissen und Weltvernunft verkörpert? Sind
Sie Mitglied dieser Weltregierung?*

Weltregierung möchte ich es nicht gern nennen. Denn darunter
stellt man sich etwas vor, das einem Staat ähnelt, eine Art Über-
staat – und das wird es nicht werden. Wie sich die Staaten selbst
verändern, so verändert sich auch der Begriff der Weltregierung.
Es wird eine Ordnungsform werden, wo Nationales und Super-
nationales oder Internationales ganz anders ineinandergreifen,
als das bisher der Fall war.

Bisher waren Staaten die einzigen Subjekte des Völkerrechts
und die einzigen Mitglieder der Vereinten Nationen. Aber das
hat sich schon jetzt sehr geändert. Jetzt gibt es schon viele andere Einrichtungen, die mit ihren Aktivitäten Subjekte von Inter-
nationalem Recht sind.

Die bedeutsame internationale Funktion der Vielzahl von Nicht-
regierungsorganisationen hätte man noch vor fünfzig Jahren
nicht für möglich gehalten. Deren Einfluß auf die Weltpolitik

von heute war zuvor unvorstellbar, Greenpeace zum Beispiel, das hat es nicht gegeben. Dazu kommt die Globalisierung der großen Geschäfte – die nationale und internationale Ordnung sieht eben heute doch schon grundlegend anders aus als etwa nach dem Ende des Zweiten Weltkrieges. Diese Verschiebungen und Veränderungen entwickeln sich zweifellos weiter.

Fünfzig Jahre weiter, von jetzt an gerechnet, wird die politisch-ökonomische Weltkarte nochmals vollkommen anders aussehen als heute. Was aus den großen Nationalstaaten, Kanada oder den Vereinigten Staaten, in den nächsten hundert Jahren werden wird, kann man sich nur schwer vorstellen. So, wie man sich den Zerfall der Sowjetunion vor zwanzig Jahren auch nicht vorstellen konnte.

Wenn wir über die Veränderung von Staaten sprechen, liegt ja nahe, auch darüber nachzudenken, daß Deutschland durch die Wiedervereinigung einen völlig neuen Status hat. Daß es seit fünf Jahren dabei ist, sich neu zu ordnen.
Was haben Sie für einen Eindruck von diesem neuen Deutschland? Und vor allem – was hat Deutschland in Europa und in der Welt an Perspektiven und wie wird es sie in das Gesamtgeschehen einbringen?

Theoretisch hätte Europa sehr schöne Möglichkeiten. Es kann sich nicht mehr auf die Souveränität seiner Einzelstaaten verlassen. Es geht weiter im Sinne einer europäischen Zusammenarbeit. Das kann man sich schon gar nicht mehr anders vorstellen. Und innerhalb einer europäischen Ordnung und eines europäischen Marktes muß die Deutsche Bundesrepublik eine bedeutende Rolle spielen.

Aber man verpaßt viele Chancen. Man lehnt sich immer noch viel zu sehr an die Vereinigten Staaten an. Das tut nicht gut. Wenn sich Europa wirklich ein bißchen mehr als unabhängiger Partner gebärden würde, wäre das viel sinnvoller, sollte ich denken. Und gar die Bundesrepublik in ihrer unselbständigen Anlehnung an die Vereinigten Staaten: Sie hängt viel zu stark an ihnen. Man braucht die USA in diesem Maße als Wirtschaftsmacht, als militärische Macht und als politisches Vorbild wirklich gar nicht mehr so sehr. Die Vereinigten Staaten sind nicht mehr das, was sie bis zum Ende des Zweiten Weltkrieges waren. Aber bis die

Welt sich wieder an die neuen Veränderungen gewöhnt und merkt, daß sie von den Vereinigten Staaten längst unabhängiger ist, als sie denkt ... Ich weiß nicht, wie lange das braucht.

Sie haben in Ihrem Buch »Das Drama der Meere« geschrieben, Wirtschaft und Umwelt seien ein ungleiches Paar. Wie kann man diese Ungleichheit versöhnen oder wenigstens ausgleichen?

Das ist sehr schwer und wird lange dauern. Ich wundere mich immer wieder. Ich gehe ja sehr oft zu diesen internationalen Kongressen. Ich war jetzt gerade wieder in Slowenien und am Mittelmeer, wo wir gehandelt haben. Jetzt habe ich noch drei große Konferenzen vor mir: in London, Costa Rica und Tokio. Die Leute wissen alle, daß man Wirtschaft und Umweltschutz zusammenschließen muß. Und zwar in dem schon erwähnten Begriff *Sustainable Development*. Aber wenn man sich dann die Vorträge und Beiträge der gelehrten Herren anhört, die reden ja doch immer noch so wie vor zehn Jahren. Jeder auf seinem engen Gebiet – der eine über chemische Verschmutzung, der andere über wirtschaftliche Entwicklung, und die Herren haben sich sehr wenig zu sagen. Sie verstehen sich gar nicht. Sie reden verschiedene Sprachen. Die neue Wirtschaftslehre, die wir brauchen, um diese beiden Begriffe zu integrieren, die tut es noch nicht. Es gibt verschiedene Versuche, es gibt verschiedene Ansätze, aber was wir wirklich brauchen, das gibt es noch nicht.

Wenn diese »babylonische Sprachverwirrung« gleichsam immer noch vorhanden ist, was kann der Mensch überhaupt tun, um den Tod der Meere im nächsten Jahrhundert aufzuhalten?

Natürlich wird trotzdem einiges getan. Wenn wir auf die letzten dreißig Jahre zurückschauen, dann haben wir eben doch ziemlich viel dazugelernt und auch manches getan. Sonst wäre die Situation heute schon viel schlimmer. Wenn einfach alles ungehemmt seinen Weg gegangen wäre. Wir haben die Seerechtskonvention, die sehr wichtig ist. Wir haben Regionalabkommen im Mittelmeer, in der Karibik, in den verschiedensten regionalen Meeren, die eben doch einiges bewirkt haben.
Zum Beispiel war die Tyrrhenische Küste zwischen Genua und La Spezia vor vierzig Jahren ein hochbeliebter Ferienaufenthalt.

Der Zustand des Meeres hat sich dann wegen der ungereinigten Abwässer aus den Städten und der Industrie kolossal verschlechtert. Man konnte am Strand wirklich nicht mehr baden, man konnte die Fische nicht mehr essen, die Bäume sind eingegangen. Die wohlhabenderen Leute sind alle weggezogen und haben ihre Ferienhäuser aufgegeben. Das hat sich jetzt doch sehr gebessert, und die Leute sind wieder zurückgekehrt. Und es gibt da wieder schöne Ferien. Also, einiges hat man schon getan, und man weiß auch, daß man es tun kann.

Es ist eine Frage der Kosten und des politischen Willens. Die Kosten sind wirklich kurzfristig. Was dabei herauskommt, ist jedoch von langfristigem Nutzen. Gerade am Mittelmeer floriert die Wirtschaft inzwischen sehr weitgehend durch den Tourismus. Wenn man das Meer kaputtmacht, dann ist der Tourismus fertig. Und das hat man wohl mittlerweile verstanden. Wir haben schon längst vorgeschlagen, den Touristen eine ganz kleine, bescheidene Steuer aufzuerlegen, die international ausschließlich für jene Programme verwendet werden sollte, über die man sich schon geeinigt hat, die teilweise aber steckengeblieben sind, weil nicht genug Geld da ist. Die könnte man mit diesen Mitteln beenden und anschließend neue Programme auflegen.

Es gibt jetzt im Mittelmeer jährlich über hundert Millionen Touristen. Und im Verlauf des nächsten Jahrhunderts soll diese Zahl auf dreihundert Millionen Touristen steigen.

Das bedeutet zum ersten an sich eine Umweltbelastung und zwar eine ziemlich gehörige. Zum zweiten beruht der Tourismus auf einer sauberen Umwelt. Und drittens verfügen die Touristen durchaus über ein bißchen lockeres Taschengeld. Ob sie für ihre Ferien einen Euro mehr ausgeben oder nicht, ist ihnen ganz gleich. Das wäre wirklich eine sehr natürliche Quelle für internationale Gelder, die man braucht, um die notwendigen Programme durchzuführen. Ich glaube, das ist ein Vorschlag, der sich leicht durchsetzen läßt und der immer mehr an Aufmerksamkeit gewinnt.

Sie sind eine Verfechterin dreier Thesen: der von der Aquakultur, der von der Abrufbarkeit des Meeres für die Erholung des Menschen, und Sie befürworten die Nutzung der in den Ozeanen vorhandenen Energiereserven. Diese Perspektiven verfolgen ganz unterschiedliche Ziele, und man möchte fast meinen, sie widersprechen einander. Aber Sie haben über die Möglichkeiten der Energiegewinnung aus dem Meer im nächsten Jahrhundert optimistische Vorstellungen?

Ich glaube, an Energie wird es künftig nicht mangeln. Woran es hapert, ist die Fähigkeit der Umwelt, die Wärme, die man durch Energie erzeugt, zu absorbieren.

Immer noch hängen wir in starkem Maße von Öl und Kohle ab, was kolossal umweltschädigend ist. Gas ist besser als Öl. Und gerade im Mittelmeer gibt es einen gewaltigen Vorrat an Gas. Und man sollte sich für jene Übergangszeit, bis man über sichere alternative Energiequellen verfügt, stärker auf das Gas im Meer verlassen als auf Öl. Das wird man tun. Ich glaube, das ist jetzt allgemein anerkannt.

Auf Dauer müßte man natürlich Sonnenenergie, Windenergie und die Energie der Meere, Wellenenergie, Gezeitenenergie und andere Formen der Energiegewinnung nutzen, die im Meer schlummern und die viel umweltfreundlicher sind, als es die Verbrennung von Öl und Gas ist. Ich glaube, daß sich die Energiewirtschaft der Zukunft auf die Gesamtheit sehr vielfältiger Energieressourcen verlassen wird und daß sie nicht nur von einer Energieform, etwa dem Öl oder gar der Atomenergie, abhängig sein darf.

Außerdem kann man natürlich ungeheuer viel Energie sparen. Man kann den Energieverbrauch einschränken, ohne den Lebensstandard zu senken. Das hat man in Japan und in Teilen Europas schon weitgehend verwirklicht.

Elisabeth Mann Borgese, Sie kommen in der Welt herum. Sie sehen die Schönheiten der Welt, Sie sehen aber auch das Elend in der Welt. Das Elend der Welt ist auch ein Thema Ihres Instituts und Ihres Lebens. Woher kommt denn dieser ungebrochene Optimismus bei Ihnen, daß die Dinge sich zum Guten wenden? Hat der auch etwas mit Ihrer Mutter zu tun, die nicht weniges in ihrem Leben zu bewältigen hatte– also, was glauben Sie, wo diese Kraft bei Ihnen herkommt, die Dinge positiv zu sehen?

Es ist oft nicht leicht, aber ich halte es, wie soll ich es sagen, für eine moralische Pflicht, sich zum Optimismus zu zwingen. Wenn man das nicht tut, kann man ja gar nicht handeln. Wenn man pessimistisch ist, kann man nichts tun. Und man muß doch versuchen, etwas zu tun. Wenn man nichts tut, dann ist der Pessimismus eine sich selbst erfüllende Prophezeiung. Es gibt einen ethischen Imperativ, einen gewissen Optimismus zu erzwingen, um handeln zu können. – Aber es fällt einem oft nicht leicht.

Lassen Sie mich zurückkommen auf Ihre Familie. Die Mutter, Katia Mann, war doch eine sehr starke Persönlichkeit?

Das will ich meinen. Ohne sie wäre der ganze Laden nicht gelaufen.

War sie die heimliche Energiequelle für den Vater, war sie auch die Energiequelle für die Kinder, die ja alle sehr unterschiedliche Individuen waren?

Sie hat die Familie zusammengehalten. Man kann sich das Leben meines Vaters ohne sie nicht vorstellen. Der ganze Haushalt, die schwierigen Umstände: zuerst der Erste Weltkrieg, dann die Emigration, der Zweite Weltkrieg. Es war nicht leicht, das alles zu meistern. Und sie hat alles geleitet. Sie hat alles zusammengehalten. Sie war von großer politischer Intelligenz, und sie urteilte realistisch. Sie hat alles kommen sehen, wie es kam, und sie hat geplant und organisiert. Ohne meine Mutter wäre das alles nicht möglich gewesen.

Sie muß auch ein sehr ausgleichendes Wesen gehabt haben, um die extremen Charaktere in der Familie beieinanderzuhalten?

Sie war sehr tolerant. Sie hatte viel Verständnis, auch für Extremes. Sie hat sich mit allem abgefunden. Und war sehr rational. Und hat dabei halt eine große Wärme ausgestrahlt, sie hatte immer etwas sehr Mütterliches. Man hat ihr vertrauen können.

Sie war sozusagen die Grundmauer, auf der das Haus Thomas Mann stand?

Absolut! Aber daß er sich so eine Frau ausgesucht hat, ist auch für ihn wieder sehr charakteristisch. Ich meine, er hat auch in dieser Beziehung einen guten Instinkt gehabt.

Der Harpprecht stellt es in seiner Biographie ein bißchen so dar, als ob die Heirat meiner Eltern mehr gesellschaftlich bedingt gewesen wäre. Das halte ich für etwas übertrieben. Eigentlich war es das nicht. Es war eine große Liebe, die er für sie hatte, noch ehe er sie kannte. Da ist doch die berühmte Geschichte mit dem Bild: Der Münchner Maler Franz von Lenbach hatte Katharina Pringsheim im Alter von neun Jahren gemalt. Und der sieben Jahre ältere Gymnasiast Thomas Mann hatte eine Reproduktion dieses Bildes über seinem Bett hängen. Als er die junge Frau dann zum ersten Mal sah, in der Trambahn, da hat er sich schon in sie verliebt. Und erst dann war er angeregt, seine spätere Frau Katia auf dem Weg über die Münchner Gesellschaft kennenzulernen. Aber zu sagen, er sei ein gesellschaftlicher Streber gewesen, der nach oben wollte und die reiche Pringsheim-Tochter aus gesellschaftlichen Gründen geheiratet hat, das stimmt nicht.

Es muß eine Liebe der beiden gewesen sein, von Anfang an …

Nein, von seiten meiner Mutter nicht – und das hat sie mir oft erzählt. Eigentlich wollte sie ihn gar nicht heiraten. Sie hat es dann getan, weil er es so gern wollte. Und es haben ihr dann auch ihre Brüder zugeredet. Aber sie wollte eigentlich viel lieber zu Hause bleiben, wo sie es ja sehr gut hatte.
Und sie war anfangs eigentlich nicht in ihn verliebt. Nein – es ging von ihm aus. Das hat sie mir oft erzählt.

Was ist das für ein Gefühl, wenn Sie jetzt hier am Atlantik sitzen – Golo Mann ist vor zwei Jahren gestorben, und das Haus in Zürich steht zur Disposition. Haben Sie das Gefühl, das Familienerbe sei über die ganze Welt verstreut? Oder sagen Sie, es ist alles aufgehoben im Werk Ihres Vaters und Ihrer Geschwister?

Das ist eine schwierige Frage. Natürlich ist das Erbe im Werk aufgehoben. Trotzdem, was so auf der Welt herumgelaufen ist, es hat sich sehr weit verstreut, und es ist nicht mehr da. Ich denke mir oft, wenn ich an etwas denke aus der Vergangenheit der Familie: Ich bin die Einzige, die das noch weiß.

Sind Sie in Ihrem Leben oft nach Ihrer Familie gefragt worden, oder hätte man sich bemühen sollen, mehr von Ihnen zu erfahren?

Ich habe mich immer gewehrt, mich über die Familie auszulassen. Oder gar einen Beruf daraus zu machen. So etwas war mir immer fremd und nicht begehrenswert. Ich habe das anderen überlassen. Aber jetzt, wo ich sozusagen die letzte bin, ist es natürlich ein bißchen anders.

Da gibt es eine ethische Verpflichtung?

Ja, eben. Ich muß mich jetzt um die Sachen viel mehr kümmern als früher – das ist doch klar.

Wenn man daran denkt, daß wir in fünf Jahren das Jahr zweitausend feiern, stellt sich natürlich die Frage, verehrte Elisabeth Mann Borgese, was Sie sich für die Zeit nach dem Jahrtausendwechsel vorgenommen haben?

Ich habe mir niemals vorgestellt, daß ich dieses Jahr erleben würde. So wie die Sache heute steht, ist es nun aber durchaus möglich, daß ich es erlebe. Das Jahr 1998 ist von den Vereinten Nationen zum »Jahr der Ozeane« erklärt worden. In dem Jahr werde ich achtzig. Und weiter denke ich jetzt nicht.

Danke für das schöne Gespräch.

Zu den Autoren und Texten

Jiskor Lübeck

Hans Keilson: geb. am 12. Dezember 1909 in Bad Freienwalde; Sohn eines Textilhändlers; Schriftsteller, Arzt, Psychoanalytiker; lebt in Bussum (Niederlande) — 1928-1934 Medizinstudium in Berlin, *Das Leben geht weiter* (Autobiografischer Roman, 1933), Flucht in die Niederlande, während der deutschen Besetzung Kampf im Untergrund, nach der Befreiung Behandlung traumatisierter jüdischer Kinder, 1985-1988 Präsident des PEN-Zentrums »German speaking writers abroad«, *Der Tod des Widersachers* (Roman, 1959), *Sprachwurzellos* (Gedichte, 1963), *Wohin die Sprache nicht reicht* (Essays, 1996). Die hier abgedruckte Rede zur Einweihung eines Synagogenneubaus in Lübeck (1998) ist dem Band *Gedichte und Essays* entnommen, erschienen im S. Fischer Verlag, Frankfurt am Main, 2005.

»Der Leutnant Yorck von Wartenburg« oder Antifaschismus in der DDR

Eberhard Görner: geb. am 7. September 1944 in Niederwürschnitz/ Erzgebirge; Sohn eines Bergmanns; Dramaturg, Autor, Filmprodu- zent; lebt in Bad Freienwalde bei Berlin — 1963-1967 Studium der Ger- manistik und Geschichte in Leipzig, 1970-1990 Dramaturg und Autor beim Fernsehen der DDR, Mitbegründer und Autor der Reihe »Polizei- ruf 110«, 1976 Abschluß eines Studiums für Regie und Dramaturgie in Potsdam-Babelsberg, *Der Leutnant Yorck von Wartenburg, Die Erste Reihe, Die Zeit der Einsamkeit* (Drehbücher nach Stephan Hermlin, 1981, 1984 und 1987), *Selbstversuch* (Drehbuch nach Christa Wolf, 1989), *Der kleine Herr Friedemann* (Drehbuch nach Thomas Mann, 1990), 1990-1997 Gastprofessuren in den USA und in Kanada, 1991- 2000 Redakteur, Autor, Regisseur bei der Provobis-Film in Berlin, *Nikolaikirche* (Drehbuch nach Erich Loest, 1995), seit 1998 Honorar- professor an der Hochschule für Technik und Wirtschaft in Dresden, *Der neunte Tag* (Drehbuch zu einem Film von Volker Schlöndorff, 2004), *Ein Himmel aus Stein* (Roman, 2005), Zahlreiche Dokumen- tarfilme und filmische Porträts zum antifaschistischen Widerstand.

Dem Aufsatz liegt ein Interview zugrunde, das Eberhard Görner und Katharina Steinke für eine Studie des Luisenstädtischen Bildungsvereins in Berlin führten, veröffentlicht unter dem Titel *Antifa-Filme als Nische?*, 1994.

Es war immerhin das Leben, das er gab

Marion Gräfin Yorck von Wartenburg: geb. am 14. Juni 1904 in Berlin; Juristin, Widerstandskämpferin gegen das Nazi-Regime; Mitglied des Kreisauer Kreises — Schulkameradin von Dietrich Bonhoeffer, Jurastudium, 1930 Heirat mit Peter Yorck Graf von Wartenburg, 1946 Richterin am Amtsgericht Lichterfelde in Berlin, 1952 als erste Frau zur Vorsitzenden eines Schwurgerichts ernannt, bis 1969 Leitung der 9. Großen Strafkammer des Landgerichts Berlin, *Die Stärke der Stille* (Erinnerungen, 1987).
Peter Graf Yorck von Wartenburg: geb. am 13. November 1904 auf dem Gut Klein Ols bei Ohlau/Niederschlesien; entstammt einer Großgrundbesitzersfamilie; Mitglied des Kreisauer Kreises.
Besuch der Klosterschule Roßleben (Thüringen), ab 1923 Studium der Rechtswissenschaften in Bonn und Breslau, 1930 Gerichtsassessor, 1932 Beamter der Osthilfe, 1938 Weigerung, der NSDAP beizutreten, Bekanntschaft mit Helmuth von Moltke, Kontakt zu NS-Gegnern, im Zweiten Weltkrieg Leutnant und Adjutant eines Panzerregiments, 1940 Kontakt zum Kreisauer Kreis, am 21. Juli 1944 Verhaftung, am 8. August 1944 Verurteilung durch den »Volksgerichtshof« und Tod durch Erhängen in Berlin-Plötzensee.
Das leicht bearbeitete Gespräch geht zurück auf ein Interview, das Marion Gräfin Yorck von Wartenburg Ulrich Dietzel und Eberhard Görner in Westberlin gab und das in der Zeitschrift »Sinn und Form«, Heft 3/1983, abgedruckt wurde.

... daß man sich verändern muß

Freya Gräfin von Moltke: geb. am 29. März 1911 in Köln; Juristin, Widerstandskämpferin gegen das Nazi-Regime; Mitglied des Kreisauer Kreises; lebt in den USA — 1931 Heirat mit Helmuth James Graf von Moltke, nach dem Krieg längerer Aufenthalt bei der Mutter ihres Mannes in Südafrika, 1960 zu Eugen Rosenstock-Huessy nach Vermont/USA umgesiedelt, Bearbeitung des Nachlasses ihres Mannes (*Helmuth Graf von Moltke, Briefe an Freya 1939-1945*, 1988), *Erinnerungen an Kreisau* (1997), 2005 Gründung einer »Freya von Moltke Stiftung für das Neue Kreisau«.

Helmuth James Graf von Moltke: geb. am 11. März 1907 auf dem Gut Kreisau/Niederschlesien; entstammt einer altadligen Großgrundbesitzers- und Offiziersfamilie aus Schlesien; Jurist; Mitglied des Kreisauer Kreises — 1927-29 Studium der Rechtswissenschaften, Arbeit mit Jugendlichen, 1934 Assessorexamen, 1935 Weigerung, der NSDAP beizutreten, Rechtsanwalt für Völkerrecht, 1935-1939 mehrere Aufenthalte in Großbritannien, Mitarbeiter der Abwehr/Ausland unter Admiral Canaris, 1944 Verhaftung, am 11. Januar 1945 Verurteilung durch den »Volksgerichtshof« und am 23. Januar 1945 Tod durch Erhängen in Berlin-Plötzensee.

Das leicht bearbeitete Gespräch geht zurück auf ein Interview, das Eberhard Görner in Wałbrzych/Polen führte und das in der Zeitschrift »Sinn und Form«, Heft 6/1984, abgedruckt wurde.

Man kann nicht an der Politik vorbeileben

Rosemarie Reichwein: geb. am 27. Juli 1904; Sportlehrerin, Krankengymnastin; Widerstandskämpferin; Mitglied des Kreisauer Kreises; starb am 23. August 2002 in Berlin — Heirat mit Adolf Reichwein, lebte seit 1945 in Westberlin, führte bis 1982 eine Praxis als Heilgymnastin.

Adolf Reichwein: geb. am 3. November 1898 in Bad Ems; Pädagoge; Mitglied des Kreisauer Kreises — Nach dem Ersten Weltkrieg Studium der Pädagogik in Frankfurt am Main und Freiburg, nach 1920 Bildungspolitik in Berlin und Thüringen (Volkshochschule und Leitung eines Arbeiterbildungsheims in Jena), 1929-1930 sozialdemokratischer Berater des preußischen Kultusministers in Fragen der Reformpädagogik, 1930-1933 Professor an der Pädagogischen Akademie in Halle/Saale, mit Beginn der Nazizeit Volksschullehrer in Tiefensee bei Berlin, *Schaffendes Schulvolk* (1937), *Film in der Landschule* (1938), ab 1939 Museumspädagoge in Berlin, Ende 1943 Kontakt zur operativen Leitung der illegalen KPD, am 4. Juli 1944 Verhaftung, nach einem Prozeß vor dem »Volksgerichtshof« am 20. Oktober 1944 Tod durch Erhängen in Berlin-Plötzensee.

Das leicht bearbeitete Gespräch geht zurück auf ein Interview, das Rosemarie Reichwein und Ulrich Dietzel in Westberlin führten und das in der Zeitschrift »Sinn und Form«, Heft 6/1984, abgedruckt wurde.

Nachdenken über den Pfarrer Harald Poelchau

Harald Poelchau: geb. am 5. Oktober 1903 in Potsdam; Theologe; Mitglied des Kreisauer Kreises; starb am 29. April 1972 in Berlin —

Studierte in Bethel, Tübingen und Marburg Theologie, Lehrer und Freund von Paul Tillich, Geschäftsführer der deutschen Vereinigung für Jugendgerichte und Jugendgerichtshilfe, 1933 Gefängnispfarrer in der JVA Plötzensee, Seelsorger und Helfer vieler Nazigegner, *Die letzten Stunden. Erinnerungen eines Gefängnispfarrers* (Autobiographie, 1949), *Die Ordnung der Bedrängten. Autobiographisches und Zeitgeschichtliches seit den zwanziger Jahren* (1963).
Eberhard Görner veröffentlichte den Aufsatz zu einer graphischen Folge von Fritz Cremer *Für Mutter Coppi und die Anderen, Alle!*, Akademie der Künste der DDR, 1986.

Salman Schocken – Zionist, Verleger, Philanthrop

Salman Schocken: geb. am 30. Oktober 1871 in Margonin bei Posen; Kaufmann und Verleger; starb am 6. August 1959 in Pontresina — Nach einer kaufmännischen Lehre Arbeit im Zwickauer Warenhaus seines Bruders, Gründung einer Vielzahl von Filialen einer Warenhauskette in Bayern und Sachsen, 1915 Mitbegründer der Zeitschrift »Der Jude«, nach dem Tod des Bruders Alleininhaber der Firma, 1929 Gründung des »Schocken-Instituts zur Erforschung der hebräischen Poesie«, 1931 Gründung des Schocken-Verlags in Berlin, 1934 Emigration nach Palästina, Kauf der Zeitschrift »Ha'aretz«, 1940 Übersiedlung in die USA, Neugründung seines Verlages, nach dem Krieg Rückkauf von einundfünfzig Prozent der Geschäftsanteile an seinen Warenhäusern, späterer Verkauf an Helmut Horten.
Eberhard Görner veröffentlichte den Aufsatz zuerst in »Tribüne. Zeitschrift zum Verständnis des Judentums«, Heft 126/1993.

Heilige Erde.
Gedanken bei der Arbeit an einem Dokumentarfilm

Eberhard Görner veröffentlichte diesen Aufsatz zu seiner Arbeit an einem Dokumentarfilm über das KZ Mittelbau Dora bei Nordhausen zuerst in den »Dachauer Heften, Studien und Dokumente zur Geschichte der nationalsozialistischen Konzentrationslager«, Nr. 22/2006: *Auseinandersetzung mit dem Konzentrationslager.*

»Der siebente Brunnen« von Fred Wander.
Die Geschichte eines nichtgedrehten Films

Fred Wander: geb. am 5. Januar 1917 in Wien; Sohn galizischer Zuwanderer; Schriftsteller; starb am 10. Juli 2006 — Lehre im Textilhandel, 1938 Flucht nach Marseille, 1942 Deportation nach Auschwitz, 1945 Rückkehr nach Österreich, 1950 Beitritt zur KPÖ, 1955 Student am Literaturinstitut »Johannes R. Becher« in Leipzig, *Der siebente Brunnen* (Autobiografischer Roman, 1971), *Ein Zimmer in Paris* (Erzählung, 1975), 1977 Tod seiner Frau Maxie Wander, 1982 Rückkehr nach Wien, *Hotel Baalbek* (1991), *Das gute Leben oder Von der Fröhlichkeit im Schrecken* (Erinnerungen, 2006).

Eberhard Görner veröffentlichte diesen Aufsatz zuerst in *Fred Wander. Leben und Werk*, herausgegeben von Walter Grünzweig und Ursula Seeber, Weidle Verlag, Bonn 2005.

Im Dialog bleiben

Eberhard Görner hatte sich auf dem IV. Kongreß des Verbandes der Film- und Fernsehschaffenden der DDR, Berlin 15. bis 17. September 1982, zu Wort gemeldet. Er konnte aus Zeitgründen dort nicht sprechen, sein Redemanuskript wurde aber in einem verbandsinternen Protokollheft abgedruckt.

Film in Zeiten der Erstarrung

Bernhard Wicki: geb. am 28. Oktober 1919 in St. Pölten; Filmregisseur; starb am 5. Januar 2000 in München — Studium der Kunstgeschichte, Geschichte und Germanistik in Breslau, 1938 Besuch der Schauspielschule des Schauspielhauses Berlin, 1939 wegen Mitgliedschaft in der Bündischen Jugend für mehrere Monate in das Konzentrationslager Sachsenhausen eingewiesen, nach der Entlassung Übersiedlung nach Österreich und weiter in die Schweiz, Internationale Berühmtheit erlangte Wicki mit seinem Film *Die Brücke* (1959), weitere Filme (Auswahl): *Das Wunder des Malachias* (1961), *Der Besuch der alten Dame* (1964), *Die Eroberung der Zitadelle* (1977), *Die Grünstein-Variante* (1984), *Das Spinnennetz* (1989).

Das Gespräch führten Eberhard Görner und Bernhard Wicki in München, es wurde in der Hamburger Zeitschrift »Alert«, Heft 4/1992, abgedruckt.

Opposition ist eine demokratische Verpflichtung

Klaus Löwitsch: geb. am 8. April 1936 in Berlin; Sohn eines österreichischen Ingenieurs und einer deutschen Ballett-Tänzerin; Schauspieler; starb am 3. Dezember 2002 in München — Tanzausbildung und Besuch des Max-Reinhardt-Seminars in Wien, zahlreiche Thea-

ter-Engagements, ab 1970 Zusammenarbeit mit R. W. Fassbinder, Hauptdarsteller in der Fernsehserie *Peter Strohm*.
Der Text geht zurück auf ein Gespräch, das Eberhard Görner mit Klaus Löwitsch in Bad Freienwalde für »Die Welt im Gespräch« vom 17. Februar 1997 führte.

Die politische Vernunft beginnt in der Familie

Klaus Maria Brandauer: geb. am 22. Juni 1943 in Bad Aussee; Schauspieler, Regisseur — Studium an der Hochschule für Musik und Darstellende Kunst in Stuttgart, Engagement am Theater in der Josefstadt in Wien und seit 1972 am Wiener Burgtheater, Titelrollen in *Jedermann, Hamlet, Cyrano de Bergerac, Nathan der Weise,* Filmrollen: *Mephisto* (1981), *Oberst Redl* (1985), *Jenseits von Afrika* (1985), *Hanussen* (1988), *Mario und der Zauberer* (1994).
Das Gespräch für die Hamburger Zeitschrift »Alert« führten Eberhard Görner und Klaus Maria Brandauer in Wien. Es wurde in Heft 4/1992 abgedruckt.

Wann wir schreiten Seit' an Seit' ...

Klaus von Bismarck: geb. am 6. März 1912 auf Gut Jarchlin/Hinterpommern; Sohn eines Gutsbesitzers; Journalist, Rundfunkintendant; starb am 22. Mai 1997 — Als Jugendlicher Mitglied der Bündischen Jugend und des Stahlhelms, Militärdienst, im Zweiten Weltkrieg Frontoffizier, danach Jugenddezernent, 1960-76 Intendant des WDR, 1977-79 Präsident des Deutschen Evangelischen Kirchentages, 1977-89 Präsident des Goethe-Instituts.
Das Gespräch zwischen Eberhard Görner und Klaus von Bismarck wurde in Hamburg geführt und in der Zeitschrift »Film & Fernsehen«, Heft 10/1990, abgedruckt.

Ich versuche, Fragen zu stellen ...

Klaus Staeck: geb. am 28. Februar 1938 in Pulsnitz bei Dresden; Grafiker, Plakatkünstler — Kindheit in Bitterfeld bei Leipzig, 1956 Übersiedlung nach Heidelberg, seit Anfang der siebziger Jahre als freischaffender Grafiker im Bereich der Politsatire tätig, Postkartenvertrieb seiner Werke, aktives Mitglied der SPD, seit 2006 Präsident der Berliner Akademie der Künste.
Der leicht bearbeitete Text geht zurück auf ein Gespräch in Heidelberg, das Eberhard Görner für einen Dokumentarfilm mit dem Titel

Klaus Staeck. Der Präsident, der Künstler, der Provokateur führte, Ursendung am 18. März 2007 im MDR-Fernsehen.

Kleine Friedensrede

Rede von Eberhard Görner anläßlich einer Galerie-Eröffnung im Bahnhof Bad Freienwalde am 1. Mai 1999.

Der Mensch hat den Atomkern und den Zellkern mißhandelt

Erwin Chargaff: geb. am 11. August 1905 in Czernowitz; Biochemiker, Schriftsteller, starb am 20. Juni 2002 in New York — Gymnasium in Wien, 1923-1928 Studium der Chemie, Fellow in Connecticut/USA, 1930 Rückkehr nach Europa, Fortsetzung seiner Forschungen zum Tuberkulosebakterium in Berlin, 1933 Wechsel zum Institut Louis Pasteur in Paris und 1935 an die Columbia-Universität in New York, ab 1952 Professor für Chemie, mit den vier nach ihm benannten Regeln lieferte er entscheidende Erkenntnisse bei der Entschlüsselung der menschlichen DNA-Struktur, nach seiner Emeritierung 1974 betätigte er sich vornehmlich als belletristisch-essayistischer Autor und als Lyriker, *Kritik der Zukunft* (Essay, 1983), *Das Feuer des Heraklit. Skizzen aus einem Leben vor der Natur* (1984), *Abscheu vor der Weltgeschichte. Fragmente vom Menschen* (1988), *Über das Lebendige* (Essays, 1993), *Armes Amerika – Arme Welt* (Essay, 1994), *Stimmen im Labyrinth. Über die Natur und ihre Erforschung* (2003), *Brevier der Ahnungen. Eine Auswahl aus dem Werk* (2002).
Der stilistisch leicht bearbeitete Text geht zurück auf ein Gespräch, das Eberhard Görner und Lothar Schmidt-Mühlisch am 18. Februar 1996 in New York mit Erwin Chargaff führten.

Sein schönster Traum

Golo Mann: geb. am 27. März 1909 in München; drittes Kind von Thomas und Katia Mann; Historiker, Schriftsteller, Philosoph; starb am 7. April 1994 in Leverkusen — Besuch der Internatsschule Schloß Salem, Studium der Geschichte und Philosophie bei Karl Jaspers in Heidelberg, Weggang aus Deutschland am 31. Mai 1933, Lektor für deutsche Sprache in St. Cloud bei Paris und an der Universität Rennes, 1939 Übersiedlung nach Princeton/New Jersey, als Kriegsfreiwilliger nach Frankreich, Internierung durch die Franzosen im Lager Les Milles, 1940 mit Heinrich Mann, Franz Werfel und deren

Ehefrauen Flucht über die Pyrenäen, erneute Überfahrt in die USA, Aufenthalt bei den Eltern in Pacific Palisades, Angehöriger der US-Armee, 1944 Tätigkeit bei Radio Luxemburg, Kontrolloffizier beim Nürnberger Kriegsverbrecherprozeß, Ausscheiden aus der US-Armee, Professor für politische Wissenschaften in Münster und Stuttgart, lebte seit 1965 in der elterlichen Wohnung in Kilchberg am Zürichsee, *Deutsche Geschichte des 19. und 20. Jahrhunderts* (1958), *Wilhelm II.* (1964), *Von Weimar nach Bonn. Fünfzig Jahre deutsche Republik* (1970), *Wallenstein – Sein Leben* (1971), *Erzählungen und Gedanken. Eine Jugend in Deutschland* (1986), *Wissen und Trauer* (Essays, 1992).
Eberhard Görner führte das Gespräch mit Golo Mann in Kilchberg/Schweiz für die Zeitschrift »Film und Fernsehen«, Heft 1/1989.

Für mich ist Politik, an eine bessere Zukunft zu denken

Elisabeth Mann Borgese: geb. am 24. April 1918 in München; fünftes Kind von Thomas und Katia Mann; Menschenrechtlerin, Meeresforscherin, Schriftstellerin; starb am 8. Februar 2002 in St. Moritz/Schweiz — Besuch des Luisengymnasiums in München, 1933 zusammen mit den Eltern ins schweizerische Exil, 1937 Lehrexamen als Pianistin am Konservatorium Zürich, 1938 Übersiedlung nach Princeton/New Jersey, 1939 Heirat mit Giuseppe Antonio Borgese, 1940 Präsidentin des »Komitees für eine Weltverfassung«, 1945 Übersiedlung nach Florenz, nach dem Tod ihres Mannes lebte sie mit dem Schriftsteller Corrato Tumiati zusammen und beschäftigte sich mit Literatur und Kunst, *Aufstieg der Frau – Abstieg des Mannes* (1963), 1967 Bekanntschaft mit Arvid Pardo, dem UN-Botschafter von Malta, erarbeitete 1968 am »Center for the Study of Democratic Institutiones« den Entwurf einer Seerechtsverfassung, 1970 einziges weibliches Gründungsmitglied des »Club of Rome«, *Die Zukunft der Weltmeere. Ein Bericht für den Club of Rome,* 1972 Gründerin und erste Direktorin des »International Ocean Institute« auf Malta und Gründung der »Unabhängigen Weltkommission für Meere«, *Das Drama der Meere* (Sachbuch, 1975), Professorin an der Dalhousie University in Halifax/Kanada, bestimmte maßgeblich das Seerechtsübereinkommen von 1982, *Der unsterbliche Fisch* (Erzählungen, 1998), *Mit den Meeren leben. Über den Umgang mit den Ozeanen als globaler Ressource* (1999).
Eberhard Görner führte das Gespräch mit Elisabeth Mann Borgese im November 1995 in Halifax/Kanada.

271

Impressum

© 2007 by Faber & Faber Verlag GmbH Leipzig
Alle Rechte vorbehalten

Lektorat und Typographie Günther Drommer, Berlin
Korrektorat Christel Dobenecker, Berlin
Druck und Bindung Offizin Andersen Nexö, Zwenkau
Printed in Germany

ISBN 978-3-86730-037-7

Angaben zu diesem Buch und zum Verlagsprogramm
finden Sie auch auf unserer Internetseite:
www.faberundfaber.de